Brigitte vom Wege, Mechthild Wessel

Spielen im Beruf

Spieltheoretische Grundlagen für pädagogische Berufe

1. Auflage

Bestellnummer 8828

Bildungsverlag EINS - Stam

www.bildungsverlag1.de

Gehlen, Kieser und Stam sind unter dem Dach des Bildungsverlages EINS zusammengeführt.

Bildungsverlag EINS
Sieglarer Straße 2 · 53842 Troisdorf

ISBN 3-8237-**8828**-0

Inhalt

D   Qualifikation: Spielpädagogin/Spielpädagoge

Einführung

Eine spezifische Ausbildung zur Spielpädagogin/zum Spielpädagogen gibt es derzeit nicht. An Fachhochschulen und anderen Hochschulen wird Spielpädagogik allerdings als selbstständiges Spezialgebiet der Pädagogik in Seminaren und Vorlesungen angeboten. Allein in den Fachschulen für Sozialpädagogik zählt *Spielerziehung* zu den eigenständigen Unterrichtsfächern, die Bestandteil der staatlichen Abschlussprüfung sind. Qualifizierte Akademien sowie private Aus- und Weiterbildungsinstitute führen darüber hinaus professionelle Veranstaltungsreihen zu aktuellen und traditionellen Bereichen der Spielpädagogik durch.

Die Waggons – das sind die Stühle.
Die Lokomotive – das ist das Bett.
Und wenn Du das nicht glaubst,
Und wenn Du das nicht glaubst,
Und wenn Du das nicht glaubst,
Dann kannst Du auch nicht spielen.

Roman Sef
In: *Das große Lalula,*
Ellermann Verlag München 1971

Spielpädagogik ist eine spezifische Tätigkeit der pädagogisch ausgebildeten Fachkräfte in Kindergärten und anderen Kindertageseinrichtungen wie auch in betreuten Freizeiteinrichtungen für Jugendliche. Anwendungsbereiche der Spielpädagogik sind hauptsächlich in der Kinder-, Jugend- und Erwachsenenarbeit zu finden. Hier gilt Spiel als wichtiges methodisches Erziehungsmittel, insbesondere in der außerschulischen Kinder- und Jugendarbeit.

Spielpädagogik

Das vorliegende Buch wendet sich hauptsächlich an Auszubildende in der Fachschule für Sozialpädagogik (die Inhalte stimmen mit den Richtlinien des Landes NRW für das Unterrichtsfach *Spielerziehung* überein) sowie an Auszubildende in der Berufsfachschule für Kinderpflege, aber auch an andere sozialpädagogische Fachkräfte, die das Spiel der Kinder beruflich begleiten, unterstützen und anleiten wollen.

Zielgruppe

Konkrete Möglichkeiten und Kriterien für Spielprojekte und Spieltätigkeiten werden mit der Intention beschrieben, die individuelle Spielfähigkeit zu reflektieren sowie die eigene spielpädagogische Handlungskompetenz zu erweitern um Spielprozesse in sozialpädagogischen Arbeitsfeldern zu initiieren.

Intention

Der konzeptionelle Ausgangspunkt berücksichtigt dabei gleichermaßen subjektive Spielerfahrungen, relevante Aspekte kindlicher Spielentwicklung, spielpädagogische Handlungsorientierung sowie die Umsetzung in sozialpädagogische Handlungsfelder.

Konzeption

Fachtheoretisches Basiswissen gibt Einblick in die Spieltheorien und die Spielentwicklung. Die weitere systematisch vertiefende Erarbeitung erfolgt

Basiswissen

u. a. in den Unterrichtsfächern Didaktik-Methodik, Erziehungswissenschaften, Sport/Bewegungserziehung sowie im Selbststudium spieltheoretischer Fachliteratur.

Fachpraktisches Basiswissen wird mittels variationsreicher, an der Spielpraxis orientierter Aufgabenstellungen erweitert. Didaktische und methodische Überlegungen verweisen dabei auf Bedingungen für die Analyse, Planung, Begleitung und Reflexion von Spielbedingungen, Spielsituationen, Spielprozessen und Spielprojekten in Kindertageseinrichtungen.

Symbol

Das vorliegende Buch findet eine praktische Ergänzung in dem Band *Spielen im Beruf Extra*. In dem Ergänzungsband werden im ersten Kapitel „SpielAktiv" unterschiedliche Spielformen charakterisiert und durch variable Spielanregungen verdeutlicht. Darüber hinaus sind in dem 2. Kapitel *SpielKreativ* Beispiele und Anleitungen zur Anfertigung von Spielzeug zu finden. Die Verbindung zwischen beiden Büchern stellt das nebenstehende Symbol her, das die schnelle Auffindung der entsprechenden Spiele im Text erleichtert.

A

Spielen:
früher und heute

Zur Annäherung an das Unterrichtsfach *Spielerziehung* entfaltet die alphabetische Spielesammlung stichwortartig und subjektiv die Vielschichtigkeit von Spiel. Zum Warming-up werden einige Spiele zum Kennenlernen der Gruppe vorgestellt. Des Weiteren folgen Spiele, die zum Erzählen erlebter Spielgeschichten auffordern. Dadurch werden Erinnerungen an das Spiel in der eigenen Kindheit geweckt. Segmente der Kindheitserinnerungen ermöglichen Ableitungen für Fragestellungen, die mit der gesellschaftlich-historischen Entwicklung des Spiels zu tun haben. Die Beantwortung des Fragebogens verdeutlicht Spieltypen und Spielhaltungen und aktualisiert das persönliche Verständnis von Kinderspiel.

1 Das Spiel-ABC
2 Spielgeschichten aus der eigenen Kindheit
3 Welcher Spieltyp bin ich?
4 Spiel und Spielzeug im antiken Ägypten, bei unseren Großeltern und in anderen Kulturen

1   Das Spiel-ABC

Wort- &
Sprachspiele

Der Begriff „Spiel" wird in der Fachliteratur auf vielerlei Weise definiert und im Alltagsleben für unterschiedlichste Vorgänge benutzt. In sprachlicher Verbindung mit anderen Bezeichnungen ergeben sich nicht selten neue Aussagen. Namen, Ausdrücke oder Bezeichnungen erhalten einen neuen Sinn und dieser Umstand verleitet zum Spielen mit Wörtern und Begriffen.

Spielaufgaben

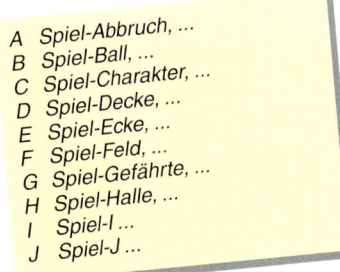

A   Spiel-Abbruch, …
B   Spiel-Ball, …
C   Spiel-Charakter, …
D   Spiel-Decke, …
E   Spiel-Ecke, …
F   Spiel-Feld, …
G   Spiel-Gefährte, …
H   Spiel-Halle, …
I   Spiel-I …
J   Spiel-J …

Zur ersten Annäherung an das Unterrichtsfach Spielerziehung *bietet das nebenstehende Spiel-ABC vielfältige Spielmöglichkeiten.*

1. *Erweitern Sie das Spiel-ABC.*

2. *Wählen Sie Begriffe aus dem Spiel-ABC und stellen Sie diese in Ihrer Lerngruppe pantomimisch dar, während ein Mitspieler diesen Begriff erraten muss.*

3. *Wählen Sie einen Begriff und beginnen Sie eine Wortkette, z. B. Spielwiese, Wiesenblume, Blumenduft, Duft usw.*

4. *Stellen Sie fest, welchen Begriffen andere Bedeutungen zukommen, wenn deren Wortteile getauscht werden, z. B.* Spielhallen – Hallenspiel.

5. *Wer findet die meisten Wörter mit den Buchstaben, die in dem Wort „Sprachspiel" vorkommen, z. B. Sache, Preis, Reis?*

6. *Entwickeln Sie Kriterien, nach denen das Spiele-ABC geordnet werden könnte.*

7. *Stellen Sie einen Würfel (ca. 6 x 6 cm Seitenlänge) her. Bringen Sie auf jeder Würfelseite je einen anderen Begriff aus dem Spiele-ABC an. Würfeln Sie (x-mal); bilden Sie mit den Begriffen einen Satz, eine kurze Geschichte oder einen Reim.*

8. *Spielen Sie in Ihrer Lerngruppe Spiele zum Kennenlernen, z. B. die folgenden Spiele.*

Spieltitel:	*Hatschi Patschi*
Mitspieler:	*beliebig*
Alter:	*ab 4 Jahren*
Ort:	*beliebig*
Spielform:	*Sitzkreis*
Spielzeit:	*beliebig*
Material:	*–*
Spielverlauf:	*Eine Spielerin (1) verlässt die Spielgruppe. Die Gruppe einigt sich auf eine Mitspielerin (2) als Hatschi Patschi. Spielerin (1) kommt wieder in die Gruppe, geht zu einer beliebigen Person, begrüßt sie mit Handschlag und dem Satz: „Guten Morgen, ich heiße ... und wie heißt du?" Die Begrüßte antwortet: „Guten Morgen, ich heiße ...!" Solange fortführen, bis Spielerin (1) auf Spielerin (2) trifft, diese antwortet: „Guten Morgen, ich heiße Hatschi Patschi!" Jetzt springen alle auf und tauschen ihre Plätze. Spielerin (1) versucht ebenfalls einen freien Platz zu erreichen. Wer keinen Platz erwischt, beginnt die nächste Spielrunde und verlässt den Raum.*
Spielfunktion:	*Kennenlernen der Namen, Spannung, Reaktionsfähigkeit.*
Variation:	*Kleidung oder Eigenschaften benennen, z. B. „Ich heiße ... habe heute gute Laune und trage deshalb rote Strümpfe!"*

Spieltitel:	*Kennst du meinen Stundenplan?*
Mitspieler:	*beliebig*
Alter:	*ab 6 Jahren*
Ort:	*beliebig*
Spielform:	*Sitzkreis*
Spielzeit:	*beliebig*
Material:	*–*
Spielverlauf:	*Die Spielleiterin fragt ihre Nachbarin: „Kennst du meinen Stundenplan?" Nachbarin: „Nein". Spielleiterin: „Montags erste Stunde Sport, hugh!"*
	Nachbarin zur nächsten Nachbarin: „Kennst du meinen Stundenplan?" Nachbarin: „Nein".
	Nachbarin: „Montags erste Stunde Sport, zweite Stunde Sport, hugh!"
	Nachbarin zur Nachbarin: „Kennst du meinen Stundenplan?" Nachbarin: „Nein".
	Nachbarin: „Montags erste Stunde Sport, zweite Stunde Sport, dritte Stunde Spiel, hugh!"
	Nachbarin zur Nachbarin: „Kennst du meinen Stundenplan?" Nachbarin: „Nein".
	Nachbarin: „Montags erste Stunde Sport, zweite Stunde Sport, dritte Stunde Spiel, vierte Stunde Spiel, hugh!" Beliebig lange Aufzählungen der Unterrichtsfächer und der Wochentage bis die 1. Runde bei der Spielleiterin anlangt. Mehrere Spielrunden sind möglich.
Spielfunktion:	*Kennenlernen, Konzentration, Spaß*
Variation:	*Zu jedem Unterrichtsfach eine typische Bewegung ausführen z. B. „Montags erste Stunde Sport, da fühle ich mich so ...! hugh!"*

Spieltitel:	*Namensecho*
Mitspieler:	*beliebig*
Alter:	*ab 5 Jahren*
Ort:	*beliebig*
Spielform:	*Steh-/Sitzkreis*
Spielzeit:	*beliebig*
Material:	*-*
Spielverlauf:	*Die Gruppe steht im Kreis. Die erste Spielerin tritt in die Mitte, nennt ihren Vornamen verbunden mit einer speziellen Bewegung. Die Gruppe beobachtet genau, welche Körperhaltung, welcher Tonfall vorgegeben wurde und ahmt ihn möglichst genau gemeinsam nach.*
Spielfunktion:	*Kennenlernen, Beobachtung, Spaß*
Variation:	*Jede denkt sich eine Persönlichkeit/Figur/Tier aus, tritt in die Mitte, macht eine charakteristische Bewegung vor, die Gruppe ahmt nach und errät die Persönlichkeit.*

2   Spielgeschichten aus der eigenen Kindheit

individuelle Spielerfahrungen

Soziale und emotionale Erfahrungen prägen unsere Verhaltensweisen beim Spielen ebenso wie die Auswahl und Organisation von Spielen. Die individuelle Bereitschaft sowie die persönlichen Spielerfahrungen bestimmen dabei die Intensität eines Spielverlaufs.

Beobachtete oder erlebte Spielsituationen, wiedergefundenes Kinderspielzeug oder der Anblick von Kinderspielplätzen lösen Erinnerungen an eigene, fast vergessene Spielerlebnisse aus. Wenn derartige Spielerinnerungen sprachlich oder spielerisch hervorgekehrt werden, ergeben sich neue Spieleindrücke. Die subjektive Wahrnehmung erweitert sich und gleichzeitig kann mit den eigenen, aktuellen Spielhandlungen während der sozialpädagogischen Ausbildung das Verständnis für das kindliche Spielverhalten wachsen.

Spielaufgaben!

Spielkartei:
→ Spieltitel: ....
→ Mitspieler: ....
→ Alter: ....
→ Ort: ....
→ Spielform: ....
→ Spielzeit: ....
→ Material: ....
→ Spielverlauf: ....
→ Spielfunktion: ....
→ Variation: ....

1. *Bringen Sie ein beliebiges Spielzeug aus Ihrer Kindheit mit und erzählen Sie dazu ein Ereignis. (Falls Sie kein Spielzeug mehr besitzen, malen Sie Ihr Lieblingsspielzeug oder bringen Sie etwas Stellvertretendes mit).*

2. *Erinnern Sie sich an Ihr Lieblingsspiel? Spielen Sie es mit der Lerngruppe und schreiben Sie die Spielregeln auf (siehe nebenstehendes Formatbeispiel für Ihre Spielesammlung).*

3. *Wenn ich an „Kinderspiele" denke, fällt mir dazu ... ein! Stellen Sie Ihren Einfall pantomimisch der Lerngruppe vor.*

4. „Spielende Kinder stelle ich mir ... vor!"
Platzieren Sie Ihre Mitspieler zu einem Standbild.

5. *Malen Sie auf vorbereitete Karten (5 x 5 cm) jeweils sieben verschiedene Spielorte, Spielzeuge und Personen. Wie beim Memoryspiel deckt nacheinander jeder Spieler drei Karten auf und erzählt dazu eine Spielgeschichte.*

6. *Wenn die Spielgruppe sich schon etwas kennt, bringt jeder von sich ein Kinderfoto in einer Spielsituation mit. Alle erraten, wer auf dem Foto abgelichtet ist und welches Spiel dort abgebildet ist.*

7. *Schreiben Sie Ihre Spielbiografie.*

8. *Beobachten Sie Kinder auf einem öffentlichen Spielplatz. Vergleichen Sie die Eindrücke mit Ihren persönlichen Spielplatzerlebnissen.*

9. *Finden Sie zu dem nachstehenden Gedicht* kinderspiel *eine Melodie oder eine Spielanleitung.*

---

kinderspiel

ich dreh mich im kreise
und weiß nicht warum
ich bin noch nicht weise
ich bin nicht mehr dumm

ich will auch mal träumen
vom lehrer im mond
auf den höchsten bäumen
hab ich nie gewohnt

ich flieg zu den sternen
da kenn ich mich aus
ich will nicht nur lernen
sondern denk gern mal kraus

ich will tun was ich will
und nicht was ich soll
dann tu ich gern viel
und find es noch toll.

VOLKER ERHARDT in: Fuhrmann (Hg.), Gedichte für Anfänger, Rowohlt Hamburg 1980.

---

3   Welcher Spieltyp bin ich?

Eigene Einstellungen zum kindlichen Spiel bewusst zu erfassen, über persönliche Erziehungshaltungen nachzudenken und gegebenenfalls mit anderen in einen Meinungsaustausch zu treten, wird bei der Bearbeitung des folgenden Fragebogens möglich. Die Auseinandersetzung mit der Charakterisierung einzelner Spielertypen regt dabei an, eigenes Spiel- und Erziehungsverhalten zu überprüfen und gegebenenfalls Einstellungen zu verändern. *subjektive Spieleinstellung*

Zu den folgenden 20 Fragen gibt es jeweils vier Antwortmöglichkeiten. Bitte kreuzen Sie in jeder Fragengruppe nur **eine** Antwort an, auch wenn es Ihnen manchmal schwer fällt sich zu entscheiden.

1. Was tun Sie in Ihrer Freizeit?
☐ **a** *Ich faulenze gerne.*
☐ **b** *Ich gehe gerne irgendwohin, um Leute zu treffen.*
☐ **c** *Ich treibe Sport.*
☐ **d** *Ich gehe meinem Hobby nach.*

2. Singen Sie gerne?
- ☐ **a** Ich singe gerne, besonders in Gemeinschaft.
- ☐ **b** Ich singe, aber nur in der Badewanne.
- ☐ **c** Gelegentlich, wenn ich z. B. etwas im Radio höre, was mir gefällt.
- ☐ **d** Nein, ich kann nicht singen.

3. Sind Sie körperlich aktiv?
- ☐ **a** Ich treibe regelmäßig bzw. unregelmäßig Sport.
- ☐ **b** Ich gehe am Wochenende gerne tanzen.
- ☐ **c** Ich bin umweltbewusst, erledige deshalb viel zu Fuß oder mit dem Fahrrad.
- ☐ **d** Ich liebe die Bequemlichkeit.

4. Spielen Sie in Ihrer Freizeit?
- ☐ **a** Ich spiele so oft wie möglich bzw. gelegentlich mit Freunden Gesellschaftsspiele.
- ☐ **b** Ich spiele so oft wie möglich bzw. gelegentlich am Computer.
- ☐ **c** Ich habe zum Spielen keine Zeit.
- ☐ **d** Ich spiele mehr sportliche Spiele wie z. B. Tennis, Fußball, Eishockey.

5. Erinnern Sie sich an das Spiel Ihrer Kindheit.
Wo haben Sie am liebsten gespielt?
- ☐ **a** irgendwo draußen, z. B. Naturgelände, Straße
- ☐ **b** auf dem Spielplatz
- ☐ **c** in der Wohnung, im Kinderzimmer
- ☐ **d** Es gibt keine besonderen Spielorte, an die ich mich erinnern kann.

6. Womit haben Sie am liebsten gespielt?
- ☐ **a** mit Puppen, Stofftieren oder anderen Spielfiguren
- ☐ **b** mit Materialien, die sich draußen im Spiel zufällig ergaben
- ☐ **c** mit Materialien zum Gestalten und Konstruieren
- ☐ **d** Es gibt kein Spielzeug, das ich besonders bevorzugt habe.

Welcher Spieltyp bin ich?

7. Was haben Sie am liebsten gespielt?
- ☐ **a** Vater-Mutter-Kind-Spiele oder andere Rollenspiele
- ☐ **b** Spiele im Freien, bei denen ich mich bewegen oder rumtoben konnte
- ☐ **c** Spiele am Tisch
- ☐ **d** Spiele, bei denen ich etwas herstellen konnte

8. Mit wem haben Sie am liebsten gespielt?
- ☐ **a** allein
- ☐ **b** mit meinem Freund oder Freundin, mit Freunden
- ☐ **c** mit meinen Bezugspersonen oder anderen Erwachsenen
- ☐ **d** mit anderen Kindern

9. Wo würden Sie heute am liebsten mitspielen?

☐ **a** *bei Gesellschaftsspielen*
☐ **b** *bei Rollenspielen*
☐ **c** *bei Bewegungsspielen*
☐ **d** *bei elektronischen Spielen*
☐ **e** *bei Gestaltungsspielen*

10. Welches Spielzeug würden Sie Kindern nicht zur Verfügung stellen?

☐ **a** *Spielzeug, das die Gewaltbereitschaft fördert*
☐ **b** *Spielzeuge, die nur eine monotone Handbewegung zulassen*
☐ **c** *Spielzeug, das sich nicht verändern lässt*
☐ **d** *Kinder sollen Erfahrungen sammeln und alle Spielzeuge ausprobieren können.*

11. Was halten Sie vom „Spielzeugtag" im Kindergarten?

☐ **a** *Kinder sollten an einem Tag in der Woche die Gelegenheit haben ihr Spielzeug mitzubringen.*
☐ **b** *Kinder sollten jeden Tag die Gelegenheit haben ihr Spielzeug mitzubringen.*
☐ **c** *Kinder sollten ihr Spielzeug nicht mitbringen, da es bei den anderen Kindern Wünsche weckt.*
☐ **d** *Kinder sollten ihr Spielzeug nicht mitbringen, da es im Kindergarten schnell kaputt gehen kann.*

12. Was verstehen Sie unter einer guten Spielatmosphäre?

☐ **a** *wenn Kinder in Ruhe ein Gesellschaftsspiel spielen*
☐ **b** *wenn ich Kinder bei einem Spiel anleite*
☐ **c** *wenn Kinder eine eigene Spielidee entwickeln und diese kreativ umsetzen*
☐ **d** *wenn Kinder in ihrem Spiel vertieft sind und ihre Umgebung vergessen*

13. Sollten alle Räume im Kindergarten den Kindern zum Spielen zur Verfügung stehen?

☐ **a** *Kinder sollten ihre Spielräume frei wählen können.*
☐ **b** *Kinder sollten in den Gruppenräumen spielen, da sonst die Aufsicht nicht gewährleistet ist.*
☐ **c** *Der Hygiene- und Küchenbereich ist kein Spielraum für Kinder.*
☐ **d** *Kinder sollten die Spielräume benutzen, die für die jeweiligen Spiele ausgestattet wurden.*

14. Sollten Kinder unbegrenzt Zeit zum Spielen haben?

☐ **a** *Kinder sollten in ihrem freien Spiel nicht gestört werden, sich jedoch an feste Zeiten halten.*
☐ **b** *Kinder sollten schon früh den Unterschied zwischen Spielen, Lernen und Arbeiten erkennen.*
☐ **c** *Kinder brauchen Zeit zum Spielen, sollten aber auch schon kleine Aufgaben übernehmen.*
☐ **d** *Nur Babys sollten unbegrenzte Spielzeit haben.*

15. Ist Spielzeug Ihrer Meinung nach für die Entwicklung des Kindes notwendig?

☐ a *Kinder wählen selbst ihr Spielzeug aus und wissen, was sie für ihre Entwicklung brauchen.*

☐ b *Kinder entwickeln sich auch ohne Spielzeug.*

☐ c *Kinder brauchen in jeder Entwicklungsphase altersbedingtes Spielzeug.*

☐ d *Kinder brauchen pädagogisch wertvolles Spielzeug, das ihre Fähigkeiten fördert.*

16. Was halten Sie von geschlechtsspezifischem Spielzeug?

☐ a *Jungen und Mädchen sollten das gleiche Spielzeug erhalten.*

☐ b *Jungen orientieren sich an männlichen Vorbildern, daher spielen sie z. B. mit Autos, und Mädchen ahmen das Verhalten ihrer Mütter nach, daher spielen sie mit Puppen.*

☐ c *Jungen und Mädchen sollten geschlechtsspezifisches Spielzeug erhalten, um sich schon früh auf ihre Rolle in der Gesellschaft vorzubereiten.*

☐ d *Durch ihr angeborenes Verhalten wählen Jungen und Mädchen geschlechtsentsprechendes Spielzeug.*

17. Wie reagieren Sie auf einen Spielzeugstreit im Kindergarten?

☐ a *Ich gehe zu den Kindern und finde heraus, wer mit dem Streit begonnen hat.*

☐ b *Ich beobachte, ob die Kinder selbst eine Lösung finden, wenn nicht, versuche ich zu vermitteln.*

☐ c *Ich ignoriere den Streit, denn Kinder sollen lernen Konflikte alleine zu lösen.*

☐ d *Ich nehme das Spielzeug weg und fordere die Kinder auf, etwas anderes zu spielen.*

18. Sie beobachten ein Kind im Kindergarten, das mit dem neuen Spielmaterial offensichtlich nicht zurecht kommt. Wie verhalten Sie sich?

☐ a *Ich gehe zu dem Kind und erkläre es.*

☐ b *Ich gehe zu dem Kind und erkläre, dass es dafür noch zu klein sei.*

☐ c *Ich lasse das Kind ausprobieren.*

☐ d *Ich beobachte das Kind. Wenn es signalisiert, dass es Hilfe braucht, versuchen wir es gemeinsam.*

19. Die Kinder spielen im Kindergarten eine Fernsehserie nach. Dafür haben sie sich Pistolen gebaut, mit denen sie um sich schießen. Wie reagieren Sie auf diese Situation?

☐ a *Ich erkläre, warum das Bauen von Pistolen im Kindergarten verboten ist.*

☐ b *Ich schaue weg und wende mich den anderen spielenden Kindern zu.*

☐ c *Kinder müssen ihre Fernseherlebnisse durch Rollenspiele verarbeiten.*

☐ d *Ich übernehme eine Rolle und versuche das Spiel dadurch zu lenken.*

20. Sollten Kinder nach ihrem Spiel das Spielzeug aufräumen?

- ☐ **a** *Bereits benutztes Spielzeug kann liegen bleiben, um begonnenes Spiel fortzusetzen.*
- ☐ **b** *Kinder müssen ihr Spielzeug aufräumen, um schon früh Ordnung zu lernen .*
- ☐ **c** *Ich räume das Spielzeug auf, da Kinder zu langsam sind und es oft falsch einräumen.*
- ☐ **d** *In spielerischer Weise räume ich mit den Kindern gemeinsam auf.*

Spielaufgaben

1. Werten Sie nun Ihre Entscheidungen aus. In welcher Spalte haben Sie die meisten Markierungen?*

2. Zu welchem Spiel-Typ tendieren Sie? Lesen Sie hier die vier Spiel-Typen nach. Welcher Spiel-Typ würden Sie gerne sein?

3. Geben Sie den Spiel-Typen passende Namen. Entwerfen und gestalten Sie Portraits mit typischen Merkmalen.

* Es wird darauf hingewiesen, dass die Auswertung dieses Fragebogens keine Charaktereigenschaften bzw. berufliche Kompetenzen widerspiegeln, sondern lediglich Anlass bietet, über eigenes Spiel- und Erziehungsverhalten nachzudenken.

Frage	Typ 1	Typ 2	Typ 3	Typ 4
1.	a	b	d	c
2.	b	a	d	c
3.	d	b	a	c
4.	b	a	d	c
5.	d	a	c	b
6.	d	b	c	a
7.	b	a	d	c
8.	d	b	c	a
9.	d	b	c	a
10.	d	c	b	a
11.	b	c	a	d
12.	d	c	b	a
13.	d	a	c	b
14.	a	c	d	b
15.	b	a	d	c
16.	d	a	c	b
17.	c	b	a	d
18.	c	d	a	b
19.	b	c	a	d
20.	a	d	c	b
Summe	→	→	→	→

Typ 1:

Die Kinder genießen bei Ihnen sehr viele Freiheiten. Sie stehen auf dem Standpunkt: „Kinder bestimmen ihre Entwicklung selbst."

Sie kommen fast ohne Lenkung, Verbote oder sogar Strafen aus. Ihre pädagogischen Handlungsweisen sind weitgehend vom „Laissez-faire-Stil" geprägt. Sie sind nicht sehr entscheidungsfreudig. Grenzen zu setzen, widerstrebt Ihnen. Kinder brauchen Ihrer Meinung nach uneingeschränkte Freiräume.

Spielangebote werden bei Ihnen spontan umgesetzt. In Ihrer Spielgruppe geht es mitunter sehr turbulent zu. Selbstbewusste Kinder mit genügend Durchsetzungsvermögen fühlen sich in Ihrer Gruppe sehr wohl, da dem Spiel keine Grenzen gesetzt werden.

Typ 2:

Bei Ihnen fühlen sich alle Kinder wohl. Sie versuchen die jeweilige Lebenssituation der Kinder zu berücksichtigen und gehen individuell auf deren Spielbedürfnisse ein. Sie bieten den Kindern vielseitige Spielanregungen und Erfahrungsmöglichkeiten, engen sie aber nicht in ihrer Selbstständigkeit und Spontaneität ein. Sie spielen selber gerne.

Durch Ihren partnerschaftlichen Erziehungsstil bringen Sie sich selbst in Spielsituationen ein, vergessen aber nicht Ihre Verantwortung gegenüber den Kindern.

In Ihr pädagogisches Handlungskonzept beziehen Sie die situative, offene Planung mit ein, sodass Kinder eigene Ideen und Vorstellungen verwirklichen können.

Typ 3 :

Bei Ihnen sollen die Kinder im Spiel lernen. Sie bereiten sich gewissenhaft auf Spielangebote vor, informieren sich über Trainings- und Förderungsprogramme und suchen nach neuen Spiel- und Lehrmaterialien. Sie wollen nichts dem Zufall überlassen, denn die geplanten Spielangebote geben Ihnen in erster Linie Sicherheit. Sie fühlen sich gegenüber den Eltern verantwortlich und wollen die Kinder schon frühzeitig auf die Leistungsgesellschaft vorbereiten (Sie denken dabei an die Schule).

In Ihrer Spielgruppe werden vorwiegend Lernspiele, Bastelarbeiten, Sachbilderbücher und Turnstunden angeleitet, wobei Sie versuchen die Ausdauer und Konzentration der Kinder intensiv zu schulen.

Typ 4:

Ihnen ist die Sicherheit Ihrer Kindergartengruppe sehr wichtig. Deshalb spielen die Kinder die meiste Zeit dort, wo Sie Ihrer Aufsichtspflicht am besten nachkommen können.

Zur besseren Übersicht und Kontrolle werden bei Ihnen die einzelnen Elemente des Tagesablaufs, z. B. das Freispiel oder das Frühstück, mit der gesamten Spielgruppe gleichzeitig am gleichen Ort durchgeführt.

Das Spiel- und Beschäftigungsmaterial ist nach bestimmten Sicherheitskriterien ausgewählt. Materialien, an denen sich die Kinder verletzen könnten, stellen Sie nicht zur Verfügung.

Der Tagesablauf wird von Ihnen gleichförmig geplant und strukturiert, um unvorhersehbare Situationen und mögliche Konflikte zu vermeiden. Durch gezielte Anleitung und Lenkung versuchen Sie die Selbstständigkeit bei Kindern zu fördern. Bei erfolgreichem Handeln erfahren die Kinder Lob und Anerkennung.

4 Spiel und Spielzeug im antiken Ägypten, bei unseren Großeltern und in anderen Kulturen

Zu jeder Zeit und in allen Ländern der Welt wird und wurde gespielt. Jedes Volk verfügt über eigene Spiele und jedes Zeitalter bringt neue Spiele hervor.

Schon die Pharaonen im antiken Ägypten kannten das auch heute noch beliebte Murmelspiel, und Drachen stiegen im Orient bereits vor Beginn der christlichen Geschichtsschreibung in die Lüfte. Unter dem Motto „Brot und Spiele" führten die römischen Kaiser an Festtagen Schaukämpfe (z. B. Ringkämpfe) und Wettspiele (z. B. Wagenrennen) zur Belustigung des Volkes durch. Im Mittelalter wurden auf Jahrmärkten Volksschauspiele aufgeführt und zum Zeitvertreib spielten Erwachsene und Kinder, oft auch miteinander, Gesellschaftsspiele, z. B. Blinde Kuh, Fang-, Rauf-, Kreisel-, Würfelspiele, Stelzen laufen.

Spiel als Volksvergnügen

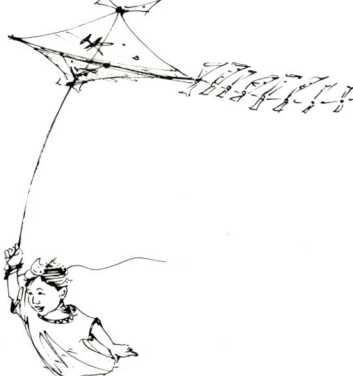

Die heutige Gesellschaft vollzieht eine klare Trennung zwischen Arbeit und Spiel: Arbeit dient dem Erwerb des notwendigen Lebensunterhalts und Spiel wird als ausgleichender Gegensatz zur Arbeit aufgefasst.

In früheren Zeiten waren Kinderspiel und Kinderspielzeug unbekannte Ausdrücke. Erst mit Beginn der Industrialisierung und nach der Abschaffung der Kinderarbeit konnte sich das erste ausgesprochene Spiel- und Beschäftigungsmaterial für die nicht wohlhabenden Kinder verbreiten. Obwohl es schon viel früher für Kinder reicher Eltern Spielzeug, meist aus wertvollen Materialien, gab. Kinder sollten, durch ihre zunächst als bedeutungslos angesehene Spieltätigkeit, geregelte Umgangsformen und Tätigkeiten der Erwachsenen mittels gezielter Nachahmung erlernen. Aus der Sicht der Erwachsenen stand Lernen im Mittelpunkt: Kinder spielen, damit sie für das spätere Erwachsensein notwendiges Wissen erwerben.

Spiel als Erziehungsmittel

Es entstanden auch Spiele, in denen sich kindliche Erfahrungen und Lebensgeschichten widerspiegelten, die einen deutlichen Zeitbezug erkennen lassen, z. B. das Ballspiel: *„Deutschland erklärt den Krieg gegen ..."* (zurzeit des 2. Weltkrieges). Diese Spiele entstanden bei den Kindern selbst. Ihre Spieltätigkeit erstreckte sich auf alles, was mit ihrer Lebenswelt in Beziehung stand und eine Bedeutung für sie hatte. Für sie gab es keine Trennung zwischen Spielen und Lernen. In ihren Spielen erforschten sie die Umwelt, lernten Zusammenhänge kennen, entwickelten in der Gemeinschaft mit Gleichaltrigen eigene Regeln, entdeckten Unbekanntes. Erwachsen geworden, gaben sie, z. B. als Eltern und Großeltern, ihre Spielerfahrungen sowie ihr Spielrepertoire an Kinder und Enkelkinder weiter. Noch heute werden beliebte Such- und Fangspiele, Kreisspiele, Finger-, Puppen- und Rollenspiele nach den gleichen Regeln der früheren Zeiten gespielt. Und auch heute erfinden Kinder in gleicher Weise Spiele, die den Zeitgeist widerspiegeln, z. B. das Lauf- und Fangspiel *„Mc Donalds"*.

Spiel als Zeitspiegel

Altes Spielzeug erlebt heutzutage eine Renaissance[1]. Für Erwachsene sind es oftmals kostbare Sammlerstücke, die in Spielzeugausstellungen bewundert werden. Älteren Kindern bietet es spannende Vergleiche zwischen dem Spielen früherer Zeiten und heutigen Spielgewohnheiten. Jüngere Kinder können manchmal den Sinn oder die Funktion eines *alten Spielzeugs* nicht erkennen, auch wenn es als liebevoll nostalgische Reproduktion hergestellt wird (z. B. *nostalgischer Bauernhof; Tante-Emma-Verkaufsladen; Dampflokomotive* u. Ä.)

Spielaufgaben

1. *Suchen Sie Spiele, die einen deutlichen Zeitbezug erkennen lassen. Versuchen Sie gesellschaftliche Hintergründe aufzuzeigen.*

2. *Überlegen Sie, warum altes Spielzeug häufig auf Kinder keinen großen Spielreiz ausübt. Fassen Sie Ihre Ergebnisse zusammen.*

3. *Untersuchen Sie Spielzeugkataloge. Wählen Sie einige Spielzeuge aus, die Ihrer Meinung nach bei Kindern zurzeit sehr beliebt sind. Stellen Sie anschließend Ihre Auswahl der Lerngruppe vor und versuchen Sie den Beliebtheitswert der Spielsachen zu ermitteln.*

4. *Erkundigen Sie sich beim örtlichen Verkehrsverein, ob es in Ihrer Nähe ein Spielzeugmuseum gibt. Planen Sie einen Besuch.*

5. *Befragen Sie ältere Familenangehörige oder andere ältere Menschen nach Spielgewohnheiten in der Kindheit. Fassen Sie die Ergebnisse zusammen.*

6. *Befragen Sie Kinder nach ihren Spielgewohnheiten. Fassen Sie die Ergebnisse zusammen.*

7. *Erkundigen Sie sich bei Eltern und Pädagogen nach wünschenswerten Spielgewohnheiten der Kinder. Fassen Sie die Ergebnisse zusammen.*

„Die Kinderspiele" von Pieter Bruegel d. Ä.

Im Mittelalter wurden Kinder als kleine Erwachsene gesehen. Sie waren entsprechend gekleidet und wurden auch wie Erwachsene behandelt. Gehorsam war die oberste Pflicht, Rechte hatten sie keine. Kindheit im heutigen Sinne (Kinderspielzeug, spezielles Kinderessen) fand nicht statt. Das Schulwesen war erst im Anfangsstadium. Wie die Erwachsenen mussten Kinder für ihren Lebensunterhalt arbeiten. Entsprechend hoch war die Kindersterblichkeit.

Im 16. Jahrhundert wurde von dem Belgier Pieter Bruegel dem Älteren das Bild mit dem Titel *Die Kinderspiele* gemalt. Das Originalbild (162 cm x 118 cm) befindet sich in Wien im *Kunsthistorischen Museum*. Auf dem Bild sind nahezu 200 Personen zu sehen, davon nur 2 Erwachsene. In der Szenerie sind ca. 80 Kinderspiele dargestellt.[2]

---

[1] Renaissance: Wiederaufleben, Wiedergeburt
[2] Vgl. Huck-Schade, *Die Kinderspiele* in „Gruppe und Spiel", Heft 3/98, S.19ff.

Brengel, Kinderspiele. © AKG Berlin

Spielaufgaben

1. Betrachten Sie bitte das Bild.

   a) Welche Jahreszeit ist dargestellt?

   b) Wie sind Jungen und Mädchen gekleidet?

   c) Konzentrieren Sie sich auf einige Spielsituationen.
       Welche Spiele erkennen Sie? Nennen Sie die Spielregeln.

   d) Spielen Sie die Spiele in Ihrer Gruppe nach.

   e) Welches Spielzeug können Sie entdecken?

   f) Erfinden Sie Dialoge für einzelne Spielszenen.

   g) Erfinden Sie Lebensgeschichten zu den abgebildeten Kindern.

2. Wählen Sie eine Spielszene aus und erfinden Sie dazu eine Spielgeschichte, schreiben Sie diese auf.

3. Vergleichen Sie die abgebildeten Spielsituationen mit heutigen „Straßenspielen". Finden Sie wesentliche Übereinstimmungen sowie Unterschiede heraus, z. B. Spielorte, Spielmittel, Spielgelegenheiten, Spielpartner, Spielzeiten u. a. m.

Was ist Spiel?

In diesem Kapitel kann ein Gedicht von der Lerngruppe in eine Spielaktion umgewandelt werden, um sich auf spielerische Weise mit den Merkmalen des Spiels, z. B. Spannung und Entspannung, Spaß, Freiwilligkeit, Zweckfreiheit, vertraut zu machen. Unterschiedliche gedankliche Ansatzpunkte bieten anschließend mehrere Erklärungen des Begriffs *Spiel* und verweisen auf differierende fachwissenschaftliche Definitionen des Phänomens *Spiel*. Die bildhaften Darstellungen der charakteristischen Bedingungen des Spiels zeigen die Spielumwelt des Kindes und verweisen auf die personalen, sozialen und ökologischen Spielaspekte. Die zahlreichen Spielarten und Spielformen erlauben keine übersichtliche sowie allgemein gültige Anordnung. In der einschlägigen Fachliteratur finden sich hierzu unterschiedliche Methoden der Einteilung. Eine Möglichkeit besteht darin, Spiele nach ihrer Spielart und Spielform zu systematisieren. Das ist eine Einteilung, die sich die kindliche Spielentwicklung zum Vorbild nimmt. Auf Grundlage dieser Systematik sind die Ausführungen dieses Buch ausgerichtet.

1   Merkmale des Spiels spielend erleben
2   Spiel aus verschiedenen Blickwinkeln
3   Bedingungen des kindlichen Spiels
4   Spielarten und Spielformen

1   Merkmale des Spiels spielend erleben

Das Spiel ist eine menschliche Handlung, die alleine oder mit anderen, von Kindern und Erwachsenen freiwillig durchgeführt wird. Die Spielhandlungen können sowohl selbst bestimmt sein als auch nach getroffenen Absprachen erfolgen. Häufig werden Gegenstände von den Spielern benutzt. Die Spieltätigkeit geschieht fiktiv oder real und ihr Verlauf sowie das Ende sind durch Überraschung, Spaß und Spannung gekennzeichnet. Ziel und Zweck liegen im Spiel selbst. Durch die Wiederholbarkeit der Spielhandlungen können auch positive Gefühle und Eindrücke reproduziert werden.

Das Phänomen Spiel in seinen vielfältigen Erscheinungsformen, sei es Erwachsenen- oder Kinderspiel, vereint mehrere charakteristische Merkmale:

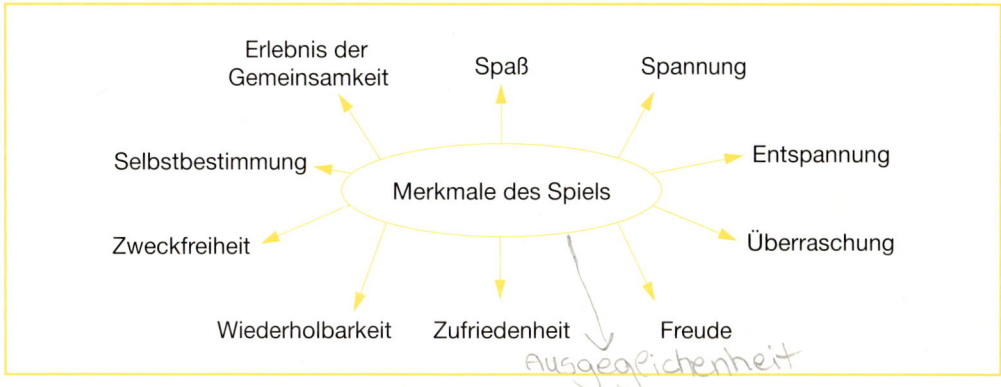

Erlebnis der Gemeinsamkeit · Spaß · Spannung · Selbstbestimmung · **Merkmale des Spiels** · Entspannung · Zweckfreiheit · Überraschung · Wiederholbarkeit · Zufriedenheit · Freude · *Ausgeglichenheit*

Die Eigenschaften zeigen unverkennbar den Gegensatz zwischen den Tätigkeiten Spiel und Arbeit. Arbeit ist immer auf einen Zweck bezogen und die Arbeitstätigkeit ist immer auf ein vorher bestimmtes, sinnvolles oder notwendiges Ergebnis ausgerichtet, meist um existenzielle Bedürfnisse zu befriedigen, z. B. Ernährung, Kleidung, Wohnung. Ein Spiel kann zwar ebenfalls zu Ergebnissen kommen, jedoch liegen diese in der Spielhandlung selbst, sie beziehen sich nicht auf die Bewältigung existenzieller Alltagsbedingungen, sondern tragen zur Entwicklung individueller Fähigkeiten bei.

Außerdem offenbart das Spiel eine aktive Form der Realitätsbewältigung, indem reale Erfahrungen nachgeahmt und fantasievoll umgewandelt und dadurch verarbeitet werden können.

Spielaufgaben

> **Für Mädchen und Jungen zum Selbermachen**
>
> – geeignet für jede Jahreszeit –
> Hört zu!
> Wir sammeln bei Müttern und Tanten
> alte Gardinen möglichst mit Fransen,
> lila Lumpen, rosa Bänder,
> zu enge Röcke, vergessene Kleider
> und glitzernden Firlefanz,
> verziehen uns damit irgendwohin
> und nähen und wirken und schneidern.
> Wir probieren an, probieren aus,
> bauschen hier, rüschen da,
> und langsam entsteht
> für jedes Kind
> ein wuchtig aufregendes Gewand.
> Wir verabreden uns für den nächsten Tag
> auf dem Platz, den jeder kennt,
> und alle erscheinen verkleidet.
> Von da aus gehen wir dann los
> und schlendern lustvoll und ungehemmt
> über Brücken, Plätze und Straßen.
> Das bringt vielleicht Gaudi, sag ich euch
> und verrückte gute Laune,
> denn viele Leute bleiben stehn,
> manche kriegen den Mund nicht mehr zu,
> ein paar lachen auch und winken.
> Anschließend wird ein Fest gefeiert
> mit selbst gemachten Girlanden,
> Limo und wilder Musik.
> Wir singen und tanzen top non stop
> und trocknen uns dabei königlich
> mit handgestickten Tüchern den Schweiß.
> Ehrlich, diesen elefantösen Spaß,
> den solltet ihr öfter mal reißen.
>
> Regina Weitz (a. a. O.)

1. Lesen Sie das nebenstehende Gedicht Für Mädchen und Jungen zum Selbermachen

   → Erfassen Sie Schritt für Schritt die imaginären Regieanweisungen.

   → Setzen Sie mit der Lerngruppe das Gedicht in eine eigene Spielaktion um.

   → Beraten Sie: Soll es sich um ein reales oder vorgestelltes Spiel handeln?

   → Verabreden Sie eine Spielgeschichte und einen Spielablauf.

   → Bedenken Sie die Kostümierung.

   → Besprechen Sie die Rollenverteilung.

   → Überlegen Sie einen Spielort.

   → Organisieren Sie Raumdekoration, Musik, Speisen und Getränke.

   → Reflektieren Sie die Spielaktion.

2. Überprüfen Sie, ob o. g. Merkmale des Spiels *auf diese Spielaktion* zutreffen.

3. Vergleichen Sie zu den Tätigkeiten Spiel und Arbeit *Ihre Erfahrungen und Empfindungen.*

4. Diskutieren Sie: Kann Spiel Arbeit sein? oder umgekehrt: Kann Arbeit Spiel sein?

2 Spiel aus verschiedenen Blickwinkeln

„Spielen ist eine jedermann wohl bekannte Tätigkeit und bedarf im Alltag keiner weiteren Erklärung. Als spezifische Form menschlichen Verhaltens hat es die Menschen schon immer zum Nachdenken über sich selbst angeregt. Es gibt eine Fülle von Aussagen über das Phänomen Spiel im Allgemeinen und zum Kinderspiel im Besonderen."

(Retter, a. a. O. Seite 11.)

Aphorismen & Redewendungen

Nach allgemeiner Auffassung ist Spiel eine angeborene menschliche Tätigkeit und unterscheidet sich durch bestimmte Merkmale (Zweckfreiheit, Freiwilligkeit, Spannung und Entspannung, vorgestellte Wirklichkeit) von den anderen Tätigkeiten des Menschen. Umgangssprachlich werden mit dem Spiel angenehme, aber für den erwachsenen Menschen eher nutzlose Beschäftigungen verbunden, die als Ausgleich zur anstrengenden Arbeit dienen. Spiel wird vorwiegend mit Kindern in Verbindung gebracht, toleriert und akzeptiert. Für Kinder werden spielende Tätigkeiten als Möglichkeit gesehen, mit der sie sich selbst in ihrer Umwelt wahrnehmen und sich diese aneignen.

Spiel = angeborenes Verhalten

Die nachstehende Zitatensammlung verhilft zu einem kleinen Einblick in die verschiedenen Auffassungen des Begriffs „Spiel".

Das Kind probiere und versuche sich spielend ein künftiges Leben aus.
Jean Paul (1763–1825)
Schriftsteller

Spielen ist die frühe Form der geistigen Bildung. Durch Spiel wird die Welt entdeckt und erobert.
Friedrich Fröbel (1782–1852)
Pädagoge, Gründer des ersten Kindergartens

Kinder sollen mehr spielen, als viele es heutzutage tun. Denn wenn man genügend spielt, solange man klein ist, trägt man Schätze mit sich herum, aus denen man später sein ganzes Leben lang schöpfen kann...
Astrid Lindgren (*1907)
Schwedische Schriftstellerin, Kinderbuchautorin

Willst du des Kindes Sinn verstehen, musst du es mit anderen spielen sehen.
Friedrich Schiller (1759–1805)
Dichter

Das Kind ist Mitschöpfer seines Wissens Das Kind verfügt über „100 Sprachen"
„Reggio" Pädagogik (a. a. O.)
Konzeption einer ganzheitlichen Kleinkind-pädagogik in Reggio Emilia (Italien)

Was Eltern (Erzieher) wirklich vom Spielen halten, spiegelt sich nicht in ihren Worten, sondern in ihrem Verhalten.
Bruno Bettelheim (1903–1990)
Kinderpsychologe, Psychoanalytiker

Spielen ist Experimentieren mit dem Zufall.
Novalis (1772–1801)
Dichter

Spielen ist Handeln ohne ernste Folgen.
Ulrich Baer (*1945)
Pädagoge

Kinder wissen beim Spiel aus allem etwas zu machen; ein Stab wird zur Flöte, ein Stückchen Holz zum Degen, jedes Bündelchen wird zur Puppe und jeder Winkel zur Hütte.
Johann Wolfgang Goethe (1749–1832)
Dichter

Wenn ich nur eine Spur Geschäftsgeist besäße, würde ich einen Spielzeugladen aufmachen.
Alexander Sutherland Neill (1883–1973)
Englischer Pädagoge, Gründer der Summerhill School

Denn Spiel, nichts sonst, ist die Wehmutter jeder Gewohnheit.
Walter Benjamin (1892–1940)
Schriftsteller

Wir sollten immer davon ausgehen, dass ein Kind für alles, was es tut, seine Gründe hat, auch wenn es dem oberflächlichen Betrachter noch so befremdend und töricht erscheinen mag.
Bruno Bettelheim

Der Mensch ist nur Mensch wenn er spielt, und er spielt nur, wo er in voller Bedeutung des Wortes Mensch ist.
Friedrich Schiller

Erwachsene spielen wie Kinder, wenn sie ihrem Hobby nachgehen.
Rolf Oerter (* 1931)
Erziehungswissenschaftler

… so müssen wir, wenn wir ein gesundes Kind erziehen wollen, ihm geben, was es braucht: Erlebnisse, Erfahrungen und Wissen, Gelegenheit zur Entfaltung seiner Aktivität.
Maria Montessori (1870–1953)
Italienische Ärztin und Pädagogin

Das Spiel ist zunächst und vor allem ein freies Handeln. Es hat seinen Verlauf und seinen Sinn in sich selbst.
Johan Huizinga (1872–1945)
Niederländischer Kulturhistoriker

Auch im alltäglichen Sprachgebrauch wird der Begriff *Spiel* häufig verwendet, meist anschaulich verschlüsselt. Trotzdem gibt er gleichzeitig Einblick in die Sprechsituation und die eigentliche Botschaft:

→ Du hast bei mir verspielt!

→ Der hat alles aufs Spiel gesetzt!

→ Das war doch alles Spielerei!

→ Spiel mal wieder!

→ Spielschulden sind Ehrenschulden!

→ Spielende Kinder sind glückliche Kinder!

→ Spiel mir das Lied vom Tod

→ Brot und Spiele

Spielaufgaben

1. *Unterscheiden Sie die o. g. Aussagen über* Spiel *nach Aphorismen[1], Redewendungen, Spieltheorien.*

2. *Wählen Sie Zitate aus und stellen Sie Zusammenhänge her.*

3. *Zu welcher Aussage neigen Sie? Begründen Sie Ihre Wahl.*

4. *Wählen Sie eine Redewendung und erfinden Sie dazu einen witzigen Dialog (Sketch).*

5. *Finden Sie weitere Redewendungen zu dem Begriff* Spiel.

6. *Welche Bedeutung hat* Spiel *für Sie?*

7. *Diskutieren Sie eine eigene Bestimmung des Begriffs* Spiel.

8. *Erörtern Sie die Beziehung der Begriffe* Spiel *und* Arbeit.

Spieltheorien

Das Phänomen *Spiel* wird in entsprechender Fachliteratur je nach wissenschaftlichem Standpunkt verschiedenartig definiert und seine Bedeutung sowie Aufgabe aus kulturphilosophischer, pädagogischer, psychologischer, soziologischer, materialistischer sowie mathematischer Sichtweise erklärt.
Diese Theorien schließen einander nicht aus, sondern sie tragen dazu bei, Spiel als ein komplexes Handlungsgefüge wahrzunehmen und zu beurteilen. Einige der einflussreichsten Spieltheorien sind im Folgenden kurz zusammengefasst.

Spieldefinitonen

Art der Spieltheorien (und ihre wichtigsten Vertreter)	**Zusammenfassung** (nach H. Retter[2] und J. Fritz[3])
Kulturphilosophische Sichtweise (H. Scheuerl Heidemann J. Huizinga F. Buytendijk)	Das Spiel entspringt der Spontaneität und Freiheit der spielenden Person, liegt also in ihr selbst begründet. Spiel ist ein personenunabhängiges Phänomen. Spiel umfasst (nach Scheuerl) sechs Wesensmerkmale: Freiheit, scheinhaftes Schweben, Geschlossenheit, Ambivalenz (Gleichgewicht), innere Unendlichkeit, zeitenthobene Gegenwart. Spiel enthält Jugendlichkeit und eine dynamische Verlaufsgestalt sowie die ständige Ambivalenz von Spannung und Lösung. Spiel besitzt eine kulturschaffende Funktion. Spiel ist eine nicht weiter ableitbare Lebenserscheinung [4].

---

[1] Aphorismus: geistreicher, knapp formulierter Gedanke
[2] H. Retter: Spielzeug, Weinheim 1997, S. 13 ff.
[3] J. Fritz: Theorie und Pädagogik des Spiels, Weinheim 1991, S. 13 ff.
[4] Vgl. J. Huizinga: Homo ludens, Reinbeck 1962.

Art der Spieltheorien (und ihre wichtigsten Vertreter)	Zusammenfassung (nach H. Retter und J. Fritz)
Entwicklungsspsychologische, psychoanalytische Sichtweise (S. Freud J. Piaget H. Heckhausen R. Oerter C. Bühler B. Sutton-Smith alle a. a. O.)	Spiel erfüllt lustvolle Spannungsbedürfnisse des Menschen, sie sind in Aktivierungszirkel gebunden (Heckhausen). Im Spiel spiegelt sich Vergangenes aus der Lebensgeschichte des Menschen. Im Spiel werden Erlebnisse und Eindrücke verarbeitet und neu inszeniert. Spielwiederholungen gestalten sich nach dem Lustprinzip – beinhalten aber auch Unangenehmes. Spielverhalten muss als autonomer Verhaltensbereich gesehen werden, der von Art und Umfang vorgängiger Spielerfahrungen abhängt. Die Spielhandlung dient dazu real nicht erfüllbare Wunschvorstellungen symbolhaft in Erfüllung gehen zu lassen. Der Antrieb zur kindlichen Spieltätigkeit liegt in innerpsychischen Konflikten begründet. Kindliche Spieltätigkeit ist die reine Lust (Funktionslust) am Spiel.
Materialistische Sichtweise (L. Wygotzki D. Elkonin A. Leontjew alle a. a. O.)	Das Kind löst im Spiel den Widerspruch zwischen seinen rasch zunehmenden Bedürfnissen und Forderungen und der Begrenztheit seiner operativen Möglichkeiten. Im Spiel gestaltet das Kind die Welt der Erwachsenen und die Beziehungen nach (Konstruktionsspiele). Das Streben des Kindes nach selbstständiger Tätigkeit und nach Teilnahme am Leben der Erwachsenen wird im Spiel unmittelbar befriedigt (Rollenspiele). Spielhandlungen sind weder formal noch symbolisch, sie sind ein verallgemeinertes Bild gegenständlicher Handlungen.
Soziologische Sichtweise (R. Caillois B. Sutton-Smith S. Millar)	Spielformen und Spielkombinationen werden nach Aspekten der gesamtgesellschaftlichen Wirklichkeit reflektiert. Spielhafte Bewältigungsformen erproben die Umgestaltung von der Leistungsgesellschaft zur Lerngesellschaft (Simulationsspiele). Vorherrschende Themen der jeweiligen Gesellschaft werden als Ausgangspunkt für die Neugestaltung von Lern- und Spielumwelten betrachtet (Gesellschaftsspiele). Die Spiele einer Gesellschaft spiegeln ihre Kultur und ihre Krisen. (Je offener die Erwachsenenrollen, die Wertorientierungen und kulturellen Beziehungen, umso reichhaltiger ist das Spiel der Kinder.)
Mathematische Sichtweise (Blaise Pascal, Moore/Anderson, H. Steinhaus alle a. a. O.)	Spielstrukturen können mathematisch analysiert werden. Entscheidungen unterliegen dem Zufallsprinzip (Glücksspiele/ Zufallsspiele). Gewinnchancen (Sieg/Niederlage) sind vorhersagbar. Optimale Strategien zur Erreichung eines Spielziels werden berechnet (Strategiespiele). Freie Willensentscheidungen und rationales Verhalten der Handelnden sind Voraussetzung. Anwendung bei Entscheidungsproblemen im sozialen, wirtschaftlichen, militärischen Bereich (Computerspiele)

Spielaufgaben

1. *Ordnen Sie die aufgeführten Aphorismen und Redewendungen passenden Spieltheorien zu.*

2. *An welcher der skizzierten Spieltheorie sind Sie am stärksten interessiert? Begründen Sie Ihre Auswahl mit konkreten Beobachtungen oder anderen Beispielen.*

3. *Wählen Sie eine der wissenschaftlichen Sichtweisen aus und ermitteln Sie im Internet oder in der nächstgelegenen Universitätsbibliothek passende Literatur der jeweiligen Vertreter.*

4. *Tauschen Sie in der Lerngruppe Ihre Erfahrungen aus.*

5. *Worin unterscheidet sich theoretisch das Spiel der Kinder von dem Spiel der Erwachsenen? Welche Aussagen treffen dazu die verschiedenen Spieltheorien?*

6. *Welche der Spieltheorien fordert Sie zu einer kritischen Stellungnahme heraus. Warum?*

7. *Erklären Sie anhand einer Spieltheorie beobachtbare Spielphänomene wie z. B. Rollhockey, Monopoly, Barbie-Puppe, Teletubbies oder andere aktuelle Spieltätigkeiten.*

8. *Entwerfen Sie eine eigene Definition (Bestimmung) des Begriffs „Spiel".*

3   Bedingungen des kindlichen Spiels

Spielen ist die Haupttätigkeit des Kindes und jede Altersstufe verfügt über individuelle Spielbedürfnisse und benötigt adäquate Spielbedingungen. „Weil Spiel eine komplexe menschliche Tätigkeit ist, wird es von Umweltbedingungen und der persönlichen Situation des Spielers beeinflusst. Je nach Beschaffenheit dieser Bedingungen wird das Spiel eher behindert oder eher gefördert, kommen bestimmte Spiele zustande und andere werden erst gar nicht begonnen."[1]

variable Spielumwelt

Spielsituationen und Spielhandlungen sind stets an Partner, Raum, Material, Zeit und Entscheidungsfreiheit (personale, soziale, ökologische Aspekte) gebunden. Ausgesuchtes Spielmaterial, ausreichende Sozialkontakte und genügend Platz sind ebenso notwendig wie Ungestörtheit, Ruhe, ausgiebige Zeit und die Freiheit sich zu entscheiden.

---

[1]   Baer, Wörterbuch, a. a. O.

Insbesondere heute brauchen Kinder Förderung und Unterstützung in ihrer Spielentwicklung, da eine natürliche und intakte Spielumwelt meistens nicht vorhanden ist. Spontane Spielerlebnisse sind eher selten möglich und Spielaktionen müssen längerfristig geplant werden.

Spielpartner

Bezugsperson als Spielpartner

Am Anfang ist der Säugling bei seinen Erkundungsspielen auf die *Bezugsperson als Spielpartner* angewiesen, sie bietet ihm Anregungen, stellt Spielmaterial zur Verfügung, unterstüzt, wenn Hilfe verlangt wird, beobachtet, stört das Kind nicht und vermeidet Spielunterbrechungen.

Das Kleinkind beschäftigt sich meist überwiegend allein mit seinem Spielzeug, obgleich es aber auch die Anwesenheit anderer allein spielender Kinder genießt. Und trotzdem benötigt es den Erwachsenen noch als Vermittler, z. B. bei der Kontaktaufnahme mit anderen Kindern. Diese Kontaktaufnahme erfolgt meist über das freiwillige oder unfreiwillige „Nehmen und Geben" des anderen Spielzeugs. Ebenso entwicklungsbedingt können Kleinkinder Gefahrensituationen noch nicht abschätzen, Konfliktsituationen oftmals noch nicht alleine lösen.

gleichaltrige Spielpartner

Später entwickelt sich aus dem Einzelspiel (Solospiel) des Kleinkindes das Nebeneinanderspiel (Parallelspiel) mit Gleichaltrigen, bei dem zwei oder mehrere Kinder für einen kurzen Zeitraum mit Spielmaterial am gleichen Ort spielen. Die Kontaktaufnahme geschieht zunächst fast ausschließlich über das Spielmaterial. Besitzansprüche werden dabei manchmal laut geltend gemacht.

Das Kindergartenkind entwickelt zunehmend die Fähigkeit zu Sozialbeziehungen, die Rolle des erwachsenen Mitspielers wird seltener gewünscht und es wendet sich immer stärker gleichaltrigen Spielpartnern zu. Aus dem Parallelspiel entstehen Partnerspiele mit wechselnden Spielpartnern und auch erste kollektive Kleingruppenspiele. Sie verlaufen meist in Form von Rollenspielen, wobei Kleidungsstücke und Tücher aus der Verkleidungskiste oder Bausteine und Spielautos in der Bauecke die Kinder zu spontanen Rollenspielen verleiten.

Das Grundschulkind dagegen bevorzugt nicht selten gleichaltrige und gleichgeschlechtliche Spielpartner. Auf den erwachsenen Spielpartner will das Grundschulkind meist verzichten. In. einer Gruppe mit Gleichgesinnten können Sport- und Mannschaftsspiele oder geplante Rollenspiele zu einem positiven Gemeinschaftserlebnis führen. Persönliche Erfolge aber auch negative Gefühle bei Niederlagen, werden in der Gemeinschaft mit anderen verarbeitet. Grundlagen für feste Kinderfreundschaften werden weiterentwickelt.

Spielraum

Je jünger das Kind ist, umso weniger Spielraum beansprucht es. Mit den steigenden Fortbewegungsmöglichkeiten des Kindes müssen die räumlichen Voraussetzungen für das Spiel neu gestaltet und Sicherheitsvorkehrungen getroffen werden. Bald bietet die Wohnung allein keinen ausreichenden Spielraum mehr. Das Kind will seine Umwelt kennen lernen, sein Aktionsradius vergrößert sich und seine räumliche Spielumgebung muss abwechslungsreicher und großzügiger gestaltet werden.

Wohnung und nähere Umgebung

In den Spielräumen des Kindergartens, auf nahe liegenden Spielplätzen oder geeigneten Plätzen in der Natur erfüllen Kinder ihre Spielbedürfnisse. Hier erproben sie einerseits ihre Körpergeschicklichkeit an Spielgeräten wie Klettergerüsten, Baumstämmen u. a. m., leben aber auch in Rollenspielen ihre Phantasien aus. Grundschulkinder nutzen ihre freie Spielzeit am Nachmittag häufig selbstständig, ihren Bewegungsbedürfnissen entsprechend und meist mit gleichaltrigen Freunden. In Spielstraßen, auf Abenteuerspielplätzen und spielgerecht gestalteten Schulhöfen erleben sie sowohl Spannung als auch Entspannung.

Spielplätze und weitere Umwelt

Spielmaterial

Als Spielmaterial reicht dem Säugling zunächst sein eigener Körper und eine Bezugsperson, die ihm positive Zuwendung gibt. Später regen einzelne Gegenstände seine Sinneswahrnehmungen an. Hat das Kind die Eigenschaften eines Gegenstandes oder Spielzeugs kennen gelernt, z. B., dass ein Ball rund ist, glatt ist und rollt, prägt es sich diese durch ständige Wiederholungen ein, so werden beispielsweise Wurf- und Fangspiele initiiert. Dadurch erhält das Spiel eine neue Funktion und Bedeutung.

Die Art, und Beschaffenheit des Spielzeugs sind immer vom jeweiligen Entwicklungsstand des Kindes und seinen bevorzugten Spielformen abhängig. Wichtig ist, dass Spielzeug die kindliche Spielentwicklung fördert und weder hemmt noch verhindert.

Im Kindergarten kann das Kind entsprechend seinen Spielbedürfnissen mit gleich gesinnten Spielpartnern viele verschiedenartige Spielmaterialien nutzen, z. B. mit Bausteinen und Konstruktionsmaterialien und nach eigenen Vorstellungen bauen, draußen im Freien mit Sand/Sandspielzeug oder Dreirad und Roller Bewegungsspiele spielen, mit entsprechenden Utensilien Verkaufsspiele durchführen u. a. m.

Grundschulkinder wenden sich zunehmend elektronischen Spielen wie Gameboy und PC-

Spielen zu, obwohl nach wie vor alte und neue Brett- und Kartenspiele ihr Spielinteresse wecken, z. B. in den Unterrichtspausen, bei Regenwetter oder beim gemeinsamen Besuch im Freibad.

Spielzeit

Im Leben des Kindes nimmt die Spieltätigkeit den Hauptanteil seiner Zeit in Anspruch. Ausgiebig und verschwenderisch kann das jüngere Kind noch mit seiner Spielzeit umgehen, das ältere Kind dagegen hat schon einige Pflichten und kleine Aufgaben zu erfüllen. Sobald das Kind zur Schule geht, unterliegt es festgelegten Zeitzwängen. Seine Freizeit benötigt es jetzt zur Regeneration von den geregelten Unterrichtszeiten.

Viele neue Spielerlebnisse und -eindrücke werden vom Kind nach und nach verarbeitet. Es nimmt sich Ruhepausen, indem es bewegungslos beobachtet. Dabei verhindert z. B. ein Kuscheltier, dass sich das Kind alleine fühlt. Bei Bewegungsspielen, Rollenspielen, Bilderbuchbetrachtungen und auch anderen Spielarten bleibt in der Vorstellung des Kindes manchmal die Zeit stehen oder sie vergeht im Nu und sie möchten immer weiter spielen.

Sport- und Bewegungsspiele haben für ältere Kinder einen hohen Stellenwert. Sie üben Umgang mit Inlinern, Skate-/Kickboard oder Fahrrad und der Erfolg bewirkt nachhaltige Freizeiterfahrungen. Die neue Mobilität erlaubt ihnen, unter Beachtung der Verkehrssicherheit, längere Distanzen selbstständig zu überwinden.

Entscheidungsfreiheit

Vereinbarungen und Regeln

Nachdem das Kind laufen und sprechen kann, eröffnen sich ihm ganz neue Spielwelten. Alleine und unter Anleitung des Erwachsenen untersucht es neugierig und konzentriert die Dinge seiner Umgebung. Unendliche Male probiert es aus und zeigt Stolz, wenn ihm etwas gelungen ist. Jüngere Kinder benötigen bei ihren Entscheidungen allerdings manchmal die Hilfestellung des Erwachsenen, wohingegen ältere Kinder ihre Entscheidungen lieber in Vereinbarung mit gleichaltrigen Spielpartnern treffen. Kinder probieren gerne aus, versuchen den Dingen auf den Grund zu gehen, dabei entwickeln sie eigene Regeln für ihr Spiel und geben ihren kreativen Spieltätigkeiten einen eigenen Sinn. Manchmal wollen Kinder auch nur beobachtend teilnehmen, bevor sie sich für ein Spiel entscheiden.

Kinder und erwachsene Spieler entscheiden selbst, ob sie spielen wollen oder nicht. Sie suchen sich ihre Spielpartner und ihr Material selbst aus. Nach vorgegebenen Regeln oder gemeinsam getroffenen Vereinbarungen bestimmen sie die Zeitdauer und Intensität ihrer Spielhandlung. Sie haben die Freiheit zu entscheiden, ob ihnen das Spiel Spannung oder Entspannung bringen soll.

Spielaufgaben!

1. *Welche Spielbedingungen braucht ein Kleinkind, ein Kindergartenkind, ein (jüngeres) Schulkind?*
   Stellen Sie Schwerpunkte zu jeder Altersgruppe tabellarisch dar.

Spielbedingungen Partner: Raum: Spielmaterial: Entscheidungsfreiheit:	Säugling/Kleinkind ca. 0–3 Jahre	Kindergartenkind ca. 3–6 Jahre	Schulkind ca. 6–10 Jahre

2. *Vergleichen Sie heutige Spielbedingungen mit den Spielbedingungen in Ihrer Kindheit. Welche Übereinstimmungen bzw. Unterschiede stellen Sie fest?*

3. *Sind Sie der Meinung, dass Kindern in unserer heutigen Gesellschaft ausreichende Spielgelegenheiten zugestanden werden?*

4. *Diskutieren Sie folgende Aussage in Ihrer Lerngruppe:* Fehlende bzw. mangelnde Spielbedingungen wirken sich entscheidend auf die kindliche Spielentwicklung aus!

5. *Welche Rolle übernimmt der erwachsene Mitspieler beim Spiel mit Kindern? Stellen Sie einige Aspekte zusammen.*

6. *Erfinden Sie zu einigen der abgebildeten Spielsituationen eine Spielgeschichte.*

7. *Beobachten Sie mit der Lerngruppe Spielsituationen im Kindergarten oder auf einem Spielplatz.*
   Legen Sie vorher gemeinsam Beobachtungskriterien fest, vergleichen Sie anschließend Ihre Ergebnisse.

4   Spielarten und Spielformen

Wenn Kinder miteinander oder mit Erwachsenen zusammenkommen, finden sie Spiele für alle erdenklichen Situationen und Gelegenheiten. Es stellt sich die Frage: Nach welchen Kriterien werden Spiele ausgewählt? Welche Spielformen eignen sich besonders? Welche Spielarten kommen in Betracht?

spontane Entscheidung oder spielpädagogische Differenzierung

Kinder fällen spontane Entscheidungen und ihre Spieltätigkeiten entsprechen gewöhnlich ihrem aktuellen Spielbedürfnis. Erzieherinnen wählen dagegen überwiegend nach spielpädagogischen Überlegungen Spielarten und Spielformen aus. Die unermesslich vielen Erscheinungsweisen kindlicher Spieltätigkeiten aber auch des Spielzeugs können nach ausgesuchten Merkmalen zwar gegliedert, jedoch nur sehr schwer in ein allgemein gültiges Ordnungssystem gebracht werden. In der spielpädagogischen Fachliteratur sind verschiedene Einteilungen und Ausgangspunkte nachzulesen und werden hier im Überblick stichwortartig wiedergegeben:

Klassifizierungsmodelle

Bezeichnung	Ausgangspunkt	Einteilung
Entwicklungs-Modell (Entwicklungspsychologischer Spielansatz nach Charlotte Bühler)	Ausgangspunkt ist der spielende Mensch, der eine bestimmte geistige Entwicklungsstufe erreicht haben muss, um die Spielform durchzuführen	→ Funktionsspiel → Konstruktionsspiel → Illusions- oder Fiktionsspiel → Rollenspiel → Regelspiel
Spiel-Modell (Spielansatz nach Roger Callois)	Ausgangspunkt ist das Spiel selbst	→ Wettkampfspiele → Glücksspiele → Verkleidungsspiele → Rauschhafte Spiele (Schaukel, Zirkus, Drehspiele, Akrobatik, Ski, Kirmesattraktionen)
Funktions-Modell	Ausgangspunkt ist neben der Spieltätigkeit oder spielenden Handlungsweise auch der Spielzweck	→ Bewegungsspiele → Wahrnehmungsspiele → Konzentrationsspiele → Geschicklichkeitsspiele → Kontaktspiele → Gestaltungsspiele → Lernspiele → u. a. m.
Spielmaterial-Modell	Ausgangspunkt ist das Spielmaterial	→ Ballspiele → Kartenspiele → Brettspiele → Würfelspiele → Fotospiele → u. a. m
Spielinhalts-Modell	Ausgangspunkt ist der Spielinhalt und seine didaktische Bedeutung	→ Ökologische Spiele → Antirassismus-Spiele → Emanzipations-Spiele → Suchtpräventions-Spiele → u. a. m.
Sozialform-Modell	Ausgangspunkt ist die Art der Zusammenstellung der Spielteilnehmer	→ Solospiele → Paarspiele → Kreisspiele → Parallelspiele → Mannschaftsspiele → Großgruppenspiele

Bezeichnung	Ausgangspunkt	Einteilung
Spielort-Modell	Ausgangspunkt ist der Spielort	→ Spiele für drinnen → Spiele für draußen → Wald- und Wiesenspiele → Wasserspiele → Spiele für das Wartezimmer → Spiele unterwegs im Auto → u. a. m.

Bei näherer Betrachtung einzelner Klassifizierungsmodelle werden zum Teil Unzulänglichkeiten deutlich, die aber durchaus zur weiterführenden Auseinandersetzung mit den unterschiedlichen Erscheinungs- und Wirkungsweisen von Spiel anregen.

weiterführende Auseinandersetzung

Jeder, der Spiele in einer speziellen Situation oder für seine berufliche Praxis benötigt, hat bei der Spielplanung ein bestimmtes Ziel. So sucht das Kindergartenteam Spiele für ein Sommerfest mit Eltern, die Kinderpflegerin, die in einer Familie arbeitet, möchte Spiele für den Geburtstag eines Dreijährigen vorbereiten und die Erzieherin im Berufspraktikum plant Spiele für ihr Projekt, die das Gemeinschaftsgefühl in ihrer Hortgruppe stärken sollen.

situationsbezogene Auswahl

Die dargestellten Klassifizierungsmodelle fordern dazu auf, ein eigenes System zu entwickeln, das den individuellen beruflichen Spielanforderungen entspricht, z. B. in Form einer Spielkartei (vgl. S.10).

Spielaufgaben

1. *Bilden Sie sich eine Meinung zu den genannten Einteilungskriterien für Spieltätigkeiten.*

2. *Überlegen Sie Vorgehensweisen, wonach geeignete sowie gute Spiele rasch gefunden und beurteilt werden können. Wenden Sie die Methode an.*

3. *Welche Bedingungen berücksichtigt die folgende Fragestellung:* Welches Spiel kann wann, mit wem, wo, wie, warum, mit welchen Materialien gespielt werden?

Das Spielentwicklungsmodell

Die Einteilung der Spiele in Funktionsspiel, Konstruktionsspiel, Rollenspiel und Regelspiel berücksichtigt in dieser Reihenfolge entwicklungspsychologische Aspekte kindlicher Entwicklungsphasen und bezieht kindliche Entwicklungsbedürfnisse ein.[1] Deshalb eignet sich diese Spieleinteilung besonders für die Auswahl und Verwendung von Spielarten und Spielformen in Kindertageseinrichtungen.

entwicklungspsychologische Aspekte

---

[1] Spielentwicklungsmodell nach Schenk-Danzinger, L.: *Entwicklungspsychologie*, Österreichischer Bundesverlag, Wien, 1991/92.

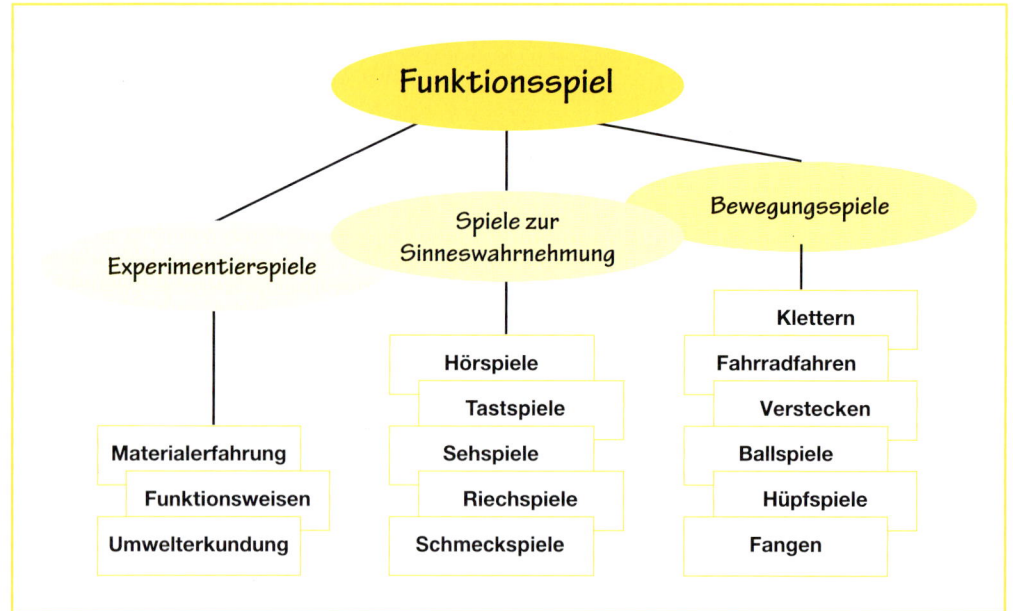

Funktionslust Funktions- oder Übungsspiele (nach Jean Piaget)[1] stehen am Anfang der Spielentwicklung des Kindes. Es sind einfache Handlungsweisen, die das Kind aus Freude an der Bewegung und den damit zufällig bewirkten Veränderungen mehrfach wiederholt. Diese Freude am Funktionieren geht von einem inneren Impuls des Kindes aus, den Karl Bühler als **Funktionslust**[2] bezeichnet.

Schon der Säugling zappelt lustvoll mit seinen Armen und Beinen, erforscht seine Hände und Zehen, das Gesicht der Bezugsperson, sein erstes Spielzeug. Mit Beginn des Greifens und durch die vielen Wiederholungen prägen sich spezifische Eigenheiten wie Aussehen, Oberflächenbeschaffenheit, Geruch und Geschmack der Objekte ein. Die Dinge und Gegenstände werden vom Kleinkind durch Schütteln, Aufschlagen, Reiben, Werfen, Schlagen, Ein- und Auspacken, Aufeinanderstellen u. a. m. in Bewegung gebracht. Im ersten Lebensjahr steht das Untersuchen und Ausprobieren unabhängig vom Material im Mittelpunkt der Funktionsspiele.

Im zweiten Lebensjahr werden die Bewegungsformen auf viele Materialien übertragen.

Bewegungs- Durch die Vorgehensweise lernt das Kind unterschiedliche Materialbeschaf-
drang fenheit und Verwendungsmöglichkeiten kennen. Zunächst geschieht das Erforschen und Ausprobieren noch ohne Absicht und Plan, erst das Kinder-

---

[1] Piaget: *Nachahmung, Spiel und Traum*, Klett, Stuttgart, 1969.
[2] In Ch. Bühler: *Psychologie im Leben unserer Zeit*, Droemer Knaur, München, 1972, S.117.

gartenkind experimentiert mit neugieriger Lust und versucht Dinge und Funktionen zu durchschauen. Sein Bewegungsdrang und die Freude an der Körperbewegung veranlassen es zu lustbetonten Bewegungsspielen, wodurch seine Geschicklichkeit ständig zunimmt.

kognitive Fähigkeiten

Die Zunahme der Fähigkeit des Kindes zur Verknüpfung und Kombination führt dazu, dass im Funktionsspiel zufällig ein Produkt entsteht, das die charakteristischen Merkmale eines realen Gegenstands aufweist, z. B. aus dem Experimentieren mit Legosteinen ist ein Fahrzeug entstanden. Positiver Zuspruch von den Bezugspersonen bestärkt das Kind in seinem Tun, sodass der Übergang vom funktionalen Spiel zum **Konstruktionsspiel** vollzogen ist. Die weitere Entwicklung kognitiver Fähigkeiten führt dazu, dass das Funktionsspiel von darstellender Fantasie begleitet wird und sich zuweilen in ein **Rollenspiel** verwandelt. So steht z. B. das Erproben und Ausprobieren des Rollbretts für das Kind nicht mehr im Mittelpunkt, sondern die Verwandlung des Rollbretts in ein „Polizeiauto".

Motivverschiebung

Aus diesem Grund lassen sich im eigentlichen Sinne nur die Spieltätigkeiten als reine Funktionsspiele bezeichnen, die in den ersten Lebensjahren ausgeübt werden. Bei späteren Spielen ist häufig der Erfolg wichtig, im Wettbewerb den Sieg zu erringen. Der Charakter des Funktionsspiels geht hierbei verloren. Ausgehend von der Funktionslust des Kindes, z. B. mit Rollerblades zu fahren, vollzieht sich eine Motivverschiebung von der Freude an der Bewegung zur Freude sich mit anderen zu messen: Wer ist der Schnellste? Wer hat gewonnen?

Zweckfreiheit

Am längsten bleibt der Charakter des zweckfreien Funktionsspiels – auch noch bei älteren Kindern, Jugendlichen und sogar Erwachsenen im Bewegungsspiel erhalten, in dem sie die Möglichkeit haben, neue, ihnen unbekannte Spielmittel zu erproben, z. B. das Einrad, Rollerblades, Snow-Board, das Jonglieren u. s. w.

Spielaufgaben

1. *Ergänzen Sie die angegebenen Funktionsspiele.*

2. *Überlegen Sie, warum Experimentierspiele, Spiele zur Sinneswahrnehmung sowie Bewegungsspiele für die kindliche Entwicklung so wichtig sind.*

3. *Finden Sie weitere Funktionsspiele für verschiedene Spielformen.*

4. *Ermitteln Sie zu den Funktionsspielen konkrete Spieltitel. Probieren Sie Funktionsspiele aus. Sprechen Sie in der Lerngruppe über Ihre Erfahrungen und Empfindungen.*

5. *Überlegen Sie, mit welchen geeigneten Spielmaterialien Sie besonders das Funktionsspiel in den drei Alters-/Entwicklungsstufen angemessen fördern können. Fassen Sie Ihre Ideen anschaulich zusammen.*

6. *Stellen Sie die Spielbedingungen für Funktionsspiele dar.*

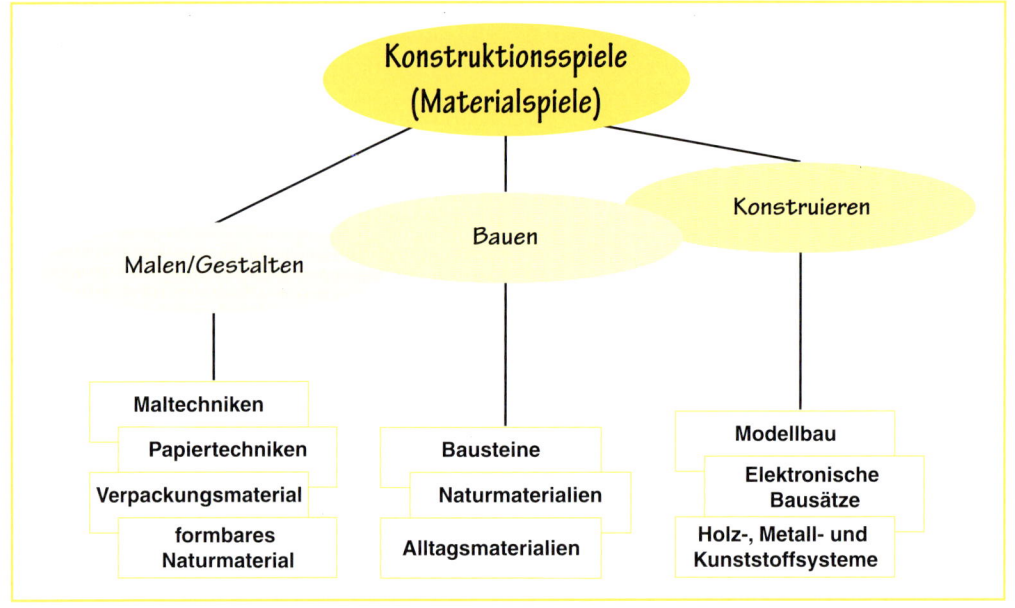

Konstruktionsspiele
(Materialspiele)

- Malen/Gestalten
- Bauen
- Konstruieren

Malen/Gestalten	Bauen	Konstruieren
Maltechniken		Modellbau
Papiertechniken	Bausteine	Elektronische Bausätze
Verpackungsmaterial	Naturmaterialien	Holz-, Metall- und Kunststoffsysteme
formbares Naturmaterial	Alltagsmaterialien	

Schaffenslust

Aus dem **Funktionsspiel** entwickelt sich das **Konstruktionsspiel**, das auch als **Herstellspiel** oder **werkschaffendes Spiel** (Lotte Schenk-Danziger)[1] bezeichnet wird. Das Bedürfnis des Kindes etwas herzustellen, die **Schaffenslust** (nach Karl Bühler)[2] steht im Mittelpunkt des Spiels. Das Konstruktionsspiel ist immer an Materialien gebunden.

Experimentierphase, Symbolphase

Nach dem ersten Ausprobieren, der **Experimentierphase**, entstehen Zufallsprodukte, die das Kind willkürlich benennt und erläutert. In dieser **Symbolphase** gibt es z. B. vor, ein Auto aus Lego-Duplo-Steinen zu bauen, eine große rote Blume zu malen oder einen Kuchen aus Sand für die Oma zu backen. Die Produkte weisen jedoch keinen Zusammenhang mit der vorhergehenden Benennung auf, die sich sogar im Laufe der Herstellung ändern kann.

Indem Bezugspersonen die Ergebnisse begutachten, stärken sie das Kind in seinem Schaffensdrang. Je einfacher die Materialien zunächst sind, umso sicherer kommt das Kind zu seinem geplanten Ziel.

---

[1] Schenk-Danzinger: *Entwicklungspsychologie*, Österreichischer Bundesverlag, Wien, 20./1988, S.181 f.

[2] Ch.Bühler: a. a. O. S.167.

Mit wachsender Vorstellungskraft und Kreativität gelingen ihm immer komplizierтere Werke.

In dieser Werkphase ist das Kind in der Lage, alleine oder mit gleichaltrigen Spielpartnern sein Spielvorhaben zu planen, auch über einen längeren Zeitraum daran zu arbeiten, um das vorher benannte Werk oder Produkt zu erstellen, das anhand von charakteristischen Merkmalen erkennbar ist. Zum Beispiel nimmt sich eine Gruppe von Hortkindern in den Ferien vor aus Brettern, Nägeln und anderen Materialien eine eigene „Bude" zu bauen, an der sie tagelang hämmern, sägen und pinseln, um sie zum Schluss mit Möbeln aus dem Sperrmüll noch gemütlich einzurichten.

Werkphase

Im Kindergartenalter bewirken Nachahmung und Fantasie, dass Konstruktionsspiele sich sehr häufig in Rollenspiele verwandeln. So haben drei fünfjährige Jungen auf dem Bauteppich mit Holzbausteinen eine Autobahn gebaut, auf der sie im weiteren Spielverlauf eine dramatische Verbrecherjagd mit Autos und Flugzeugen inszenieren.

Verknüpfung der Spielarten

Spielaufgaben

1. *Ergänzen Sie die angegebenen Spielarten und Gestaltungstechniken.*

2. *Überlegen Sie, warum Malen/Gestalten; Bauen/Konstruieren für die kindliche Entwicklung so wichtig sind.*

3. *Ermitteln Sie typische Materialspiele für verschiedene Spielformen.*

4. *Finden Sie zu den Materialspielen/Konstruktionsspielen konkrete Spieltitel. Probieren Sie Spiele aus und sprechen Sie in der Lerngruppe über Ihre Erfahrungen und Empfindungen.*

5. *Überlegen Sie, mit welchen geeigneten Materialien Sie besonders Konstruktionsspiele in den drei Alters-/Entwicklungsstufen angemessen fördern können. Fassen Sie Ihre Ideen anschaulich zusammen.*

6. *Diskutieren Sie die Aussage: „Mit der Ausweitung der werkschaffenden Spielhaltung entwickeln sich die Arbeitstugenden."*

7. *Beschreiben Sie die Spielbedingungen für Konstruktionsspiele.*

8. *Informieren Sie sich mittels entsprechender Fachliteratur über Merkmale und Stationen kindlicher Malentwicklung.*

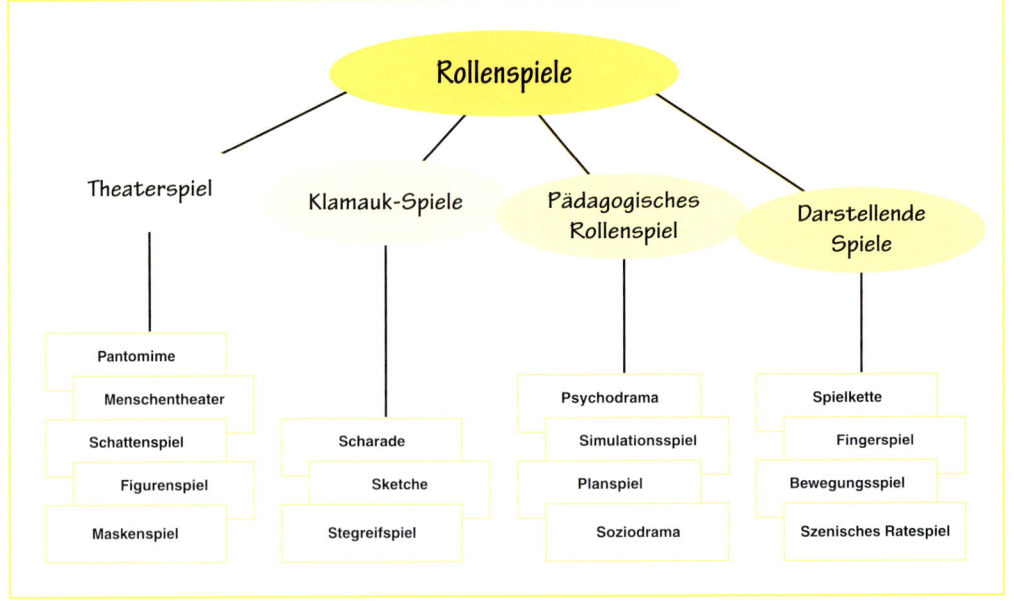

Pantomime			
Menschentheater		Psychodrama	Spielkette
Schattenspiel	Scharade	Simulationsspiel	Fingerspiel
Figurenspiel	Sketche	Planspiel	Bewegungsspiel
Maskenspiel	Stegreifspiel	Soziodrama	Szenisches Ratespiel

spontane und angeleitete Rollenspiele

Rollenspiele sind, wie die o. a. Grafik verdeutlicht, in ihren Erscheinungsformen sehr vielfältig. Der Begriff **Rollenspiel** umfasst zum einen das **Theaterspiel**, das **Klamaukspiel** und das **Darstellende Spiel**, das sich meist vor einem Publikum darstellt oder präsentiert, während das **spontane** und **pädagogisch angeleitete Rollenspiel** ohne fremde Zuschauer auskommt, da es der Erprobung eigener Verhaltensweisen, sozialer Kompetenzen oder der Bewältigung von Konfliktsituationen dient.

Das Rollenspiel als eine Spielform in der Entwicklung des Kindes wird von Piaget auch als Symbolspiel[1] und bei Ch. Bühler als Illusions- oder Fiktionsspiel[2] bezeichnet.

„So tun als ob"

Mit Beginn des Spracherwerbs ahmen Kinder in ihren Spielen zunächst solche Geschehnisse nach, die sie beobachtet, gehört und erlebt haben. Bei ihren anfänglichen **Simulations- und Nachahmungsspielen** stellen sich die Kinder etwas vor, sie „tun so als ob" das Spielgeschehen Wirklichkeit wäre. Dabei ahmen sie vorwiegend die Handlungsweisen der Erwachsenen nach, ohne eine direkte Rolle zu übernehmen. Sie kriechen z. B. mit einem Auto über den Boden und machen dabei Fahrgeräusche, rühren in einem Topf, um das Mittagessen zu kochen oder sprechen mit einer imaginären Person per Spielzeugtelefon.

einfache Rollenspiele

Zwischen dem zweiten und dritten Lebensjahr ist das Kind in der Lage, sich ein nicht vorhandenes Objekt vorstellen zu können. Es entwickelt erste einfache Rollenspiele, wobei es zunächst spontan in eine Spielrolle schlüpft. Adä-

---

1 Piaget: a. a. O.
2 Bühler: a. a. O. S. 170.

quate Rollenspielmaterialien wie Puppen, Stofftiere mit entsprechendem Zubehör, Küchenutensilien u.s.w. helfen dem Kind die Erwachsenenwelt nachzuspielen, aber auch Handlungen und Situationen der „Großen" zu bewältigen. Oftmals verwendet es im Rollenspiel aber auch **Symbole**, um den realen Gegenstand zu ersetzen, ein Stock wird z. B. zur Pistole, ein Sandklumpen zum Erdbeereis. Eigene Verhaltensweisen werden auf Puppen oder Stofftiere übertragen und im Rollenspiel lebendig: die Puppe schreit, weil sie Hunger hat oder der Teddy hat Angst, weil er zum Zahnarzt muss.

Zwischen seinem dritten und vierten Lebnsjahr ist das Kind in der Lage, sich zwischen zwei Welten zu bewegen: der realen und der fiktiven Spielwelt. Es ahmt nicht nur Personen oder Tiere aus seiner direkten Umgebung nach, sondern schlüpft auch gern in Fantasierollen aus der Literatur- oder Medienwelt. In dieser **Quasi-Realität** (Heckhausen)[1] des Rollenspiels kann das Kind Verhaltensweisen ausprobieren. Es kann tun „als ob" es der starke Batman wäre, die schöne Prinzessin oder der mächtige Power-Ranger, ohne sich für die spielerische Verwandlung zu rechtfertigen. Im und durch das Rollenspiel kann es seine Lebenssituation und seine Gefühle besser zum Ausdruck bringen, als es ihm seinem Alter entsprechend auf verbaler oder darstellender Ebene gelingen würde.

Quasi-Realität

Zwischen dem fünften und sechsten Lebensjahr steht die **Sozialisierung** und **Organisierung** im Mittelpunkt des Rollenspiels: Spielorte werden inszeniert, Rollen verteilt und Regieanweisungen gegeben, Requisiten entsprechen mehr und mehr der Realität, Spielzeiten müssen eingehalten werden. Diese kollektiven bzw. sozialen Rollenspiele entwickeln sich sehr häufig aus gemeinsam durchgeführten Konstruktionsspielen, z. B. beim „Budenbau", nach der Konstruktion der Ritterburg aus Legosteinen oder der Gestaltung eines Piratenschiffes.

soziale Rollenspiele

Für Kinder, die weiterhin an Rollenspielen interessiert sind, wird mit zunehmendem Alter die formale Organisation wichtig. Sie präsentieren dann möglicherweise ihre Rollenspiele als Clownsnummer, Theaterstück, Sketch oder Ritterspiel vor Publikum. Das Theaterspiel bildet auch für Jugendliche und Erwachsene noch die Möglichkeit die Realitätsebene zu verlassen, um sich im Spiel mit einer anderen Identität darzustellen.

Spielen vor Publikum

---

[1] Flitner: *Das Kinderspiel,* München 1973, S. 133 f.

Spielaufgaben

1. Ergänzen Sie die angegebenen Rollenspielarten. Finden Sie konkrete Spieltitel.

2. Ermitteln Sie typische Spielformen.

3. Wählen und probieren Sie einige Rollenspielarten aus.

4. Überlegen Sie, warum Rollenspiele für die kindliche Entwicklung so wichtig sind.

5. Beobachten Sie Kinder bei Rollenspielen. Sprechen Sie über Ihre Eindrücke.

6. Überlegen Sie, in welcher geeigneten Weise Sie in den drei Alters-/Entwicklungsstufen besonders Nachahmungs- und Rollenspiele angemessen fördern können. Fassen Sie Ihre Ideen anschaulich zusammen.

7. Beschreiben Sie die Spielbedingungen für Rollenspiele.

Rollenspiel
Ein brüderlicher Vater,
eine schwesterliche Mutter,
bemutternde Geschwister,
versöhnliche Schwestern –
kurz: eine Familie, die sich nach
jedem Familienkrach wieder verbrüdert.

Hans Manz,
Worte kann man drehen,
Beltz Verlag Weinheim 1974

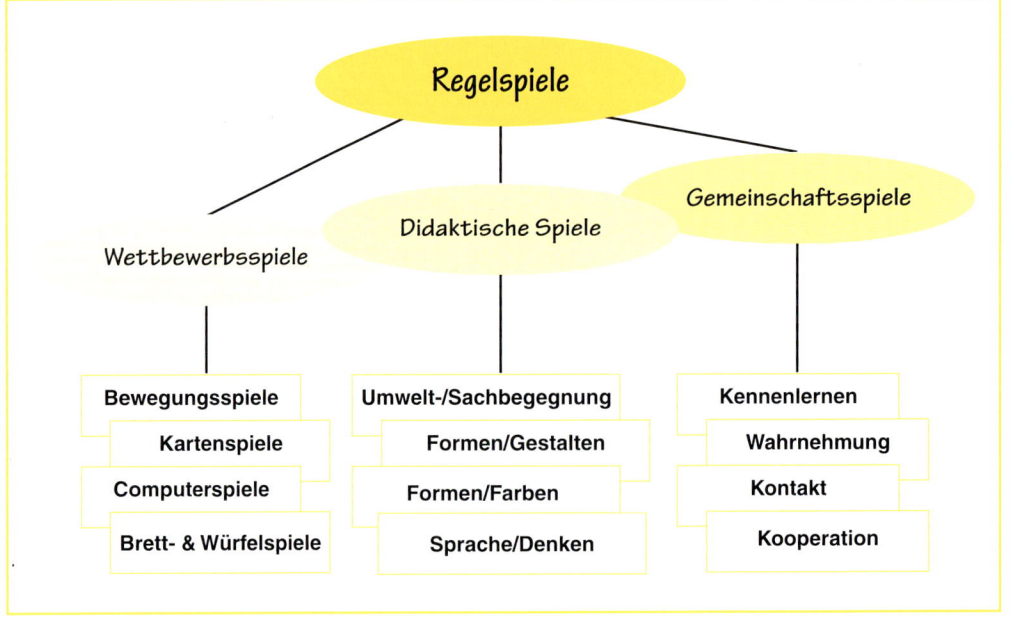

Alle regelgebundenen Spielformen weisen einen zirkulären Charakter auf, den Heckhausen mit dem Begriff **„Aktivierungszirkel"** umschreibt.
Wichtige Bestandteile des Regelspiels sind:

→ **Spielgegenstände**, z. B. Ball, Schläger, Karten, Brett, Figuren, Computer usw.
Von den Spielgegenständen selbst geht zunächst eine motivierende Wirkung aus, die die Mitspieler dazu bewegt, sich auf das Spiel einzulassen, sei es nun Fußball zu spielen, „Mau-Mau" oder „Monopoly".

→ **Mitspieler**, deren Hauptaugenmerk darauf gerichtet ist zu gewinnen.
Je mehr Geschicklichkeit, Kombinationsfähigkeit oder geistige Kreativität ein Regelspiel verlangt (z. B. bei Strategie-, Geschicklichkeits-, Ratespiele), desto stärker rücken die individuellen Fähigkeiten der Spieler in den Vordergrund. Ein geübter Spieler will nicht mit einem Anfänger spielen, sondern braucht einen gleichwertigen Gegenspieler. In diesem Fall steht das Sich-Messen beider Fähigkeiten im Vordergrund des Spiels.

→ **Spielregeln**, ohne die das Spiel nicht gespielt werden könnte.
Viele Regelspiele werden durch einen Zufallsmechanismus gesteuert (z. B. alle Würfel- bzw. Glücksspiele), der das Spiel dynamisch macht und Überraschungen und plötzliche Wendungen herbeiführt.

Bestandteile des Regelspiels

Die Entwicklung des Regelbewusstseins ist ein lang während Prozess, der sich beim Kind etwa über zehn Jahre erstreckt.
Regelspiele erwachsen aus den Funktionsspielen. Wenn die sensomotorischen Fähigkeiten des Kindes, auch im Umgang mit verschiedenen Materialien, fortgeschritten sind, entwickelt es eigene Regeln, an denen es sich zunächst selbst messen will. Im Kindergarten nimmt es an regelgebundenen Gemeinschaftsspielen teil, von denen eine imitierende Wirkung ausgeht. Das Kind ahmt Bewegungen, Text und Melodie nach und verinnerlicht unbewusst die vorgegebene Spielregel.

Regelbewusstsein

Da Kinder im Kindergartenalter noch sehr ichbezogen sind, gelingt eine abwechselnde Betätigung mit einem Spielpartner während eines Regelspiels meist erst zwischen vier und fünf Jahren, unter der Voraussetzung, dass ein Erwachsener an dem Spiel teilnimmt.
Mit der gleichen entwicklungspsychologischen Begründung zeigen Regelspiele mit Wettbewerbscharakter bei Kindergartenkindern eine sehr emotionale Wirkung: Bei Erfolg reagiert das Kind mit Stolz und Freude, bei Misserfolg jedoch mit Trauer, Aggressivität, Verweigerung oder subjektiver Schuldzuweisung. Bei Kindergartenkindern ist zwar eine Leistungsmotivation bereits vorhanden, aber in Wettbewerbssituationen können Misserfolge noch nicht ertragen werden.

Erst im Schulalter werden kompetitive Regelspiele bevorzugt, die konkurrenzorientiert sind und in der Beliebtheitsskala steigen. Risikoreiche oder geschickte Spielhandlungen, glückliche Zufälle sowie überraschende Momente intensivieren die Freude am gemeinsam erlebten Spiel. Kooperation und Solidarisierung können gleichzeitig hervorgerufen werden. Misserfolge, Niederlagen, Verlierer zu sein, können aber auch Ansporn sein, das Spiel erneut zu spielen, mit der Hoffnung als erfolgreicher Sieger hervorzugehen. Bei Spielwiederholung kann ein Wechsel der Spielparteien zu neuen Spannungsmomenten führen.

Spielaufgaben

1. *Ergänzen Sie die angegebenen Regelspiele. Finden Sie konkrete Spieltitel.*

2. *Ermitteln Sie typische Regelspielformen in klassischen Spielsituationen.*

3. *Wählen und probieren Sie einige traditionelle Regelspiele aus. Wie reagieren Sie heute auf das Siegen/Verlieren beim Spiel?*

4. *Beobachten Sie Kinder bei Regelspielen. Sprechen Sie in der Lerngruppe über die Eindrücke, die Sie gewonnen haben.*

5. *Verdeutlichen Sie das Regelbewusstsein des Kindes am Beispiel „Fangspiel".*

6. *Überlegen Sie, welche Regelspiele für welche der drei Alters-/Entwicklungsstufen sinnvoll sind. Fassen Sie Ihre Ideen anschaulich zusammen.*

7. *Verdeutlichen Sie den „Aktivierungszirkel" nach Heckhausen am Beispiel eines Regelspiels.*

8. *Beschreiben Sie die Spielbedingungen für Regelspiele.*

9. *Erörtern Sie die Frage, ob Regelspiele für die kindliche Entwicklung wichtig sind.*

10. *Diskutieren Sie: Konkurrenzorientierte Regelspiele im Kindergarten – ja oder nein?*

Spiel in der Entwicklung des Kindes

Von Geburt an unterliegt die kindliche Spieltätigkeit einer kontinuierlichen Entwicklung, an der insbesondere Bezugspersonen, das *erste Spielzeug* und die Spielerfahrungsräume von maßgebender Bedeutung sind. Es wird dargestellt, dass die elementaren Erfahrungen bei Funktions- und Nachahmungsspielen Grundlagen für Erlebnisfähigkeit, Ausdauer und Konzentration sind, wobei dem Aspekt der altersgemischten Gruppen ein hoher Stellenwert zukommt.

Die Spielbedingungen (Spielorte, Spielpartner, Spielzeit, Spielmaterial) des Kindergartenkindes von 3–6 Jahren sind weitgehend institutionalisiert, freie Spielgelegenheiten für Kinder in dieser Entwicklungsstufe existieren kaum noch. Vorherrschende Spielformen sind Rollenspiele sowie Bau- und Materialspiele. Die meisten Kinder gehen bis zum Schuleintritt in Kindertageseinrichtungen, die nach unterschiedlichen Konzepten arbeiten. Berührungspunkte bestehen in den so genannten *freien Spielphasen,* die täglich neben den didaktisch-methodischen Spielangeboten stattfinden.

Kinder der Alters- und Entwicklungsstufe von 6–10 Jahren spielen fast nur noch in ihrer Freizeit, also außerhalb der Schulzeit. Die Spielorte, Spielpartner, Spielzeiten und Spielmaterialen unterliegen schon bei der Auswahl sowohl individuellen Vorlieben als auch gesellschaftlichen Regeln. Unterschiedlich ausgeprägte Regelspiele bestimmen nun die Spieltätigkeit, das Spielverhalten sowie die Spielerfahrungen. Dem Aspekt der Freizeit- und Erlebnispädagogik wird hier entsprochen.

1 Das Spiel des Kleinkindes (0 – 3 Jahre)

2 Das Spiel des Kindergartenkindes (3 – 6 Jahre)

3 Das Spiel des Grundschulkindes (6 – 10 Jahre)

1 Das Spiel des Kleinkindes (0 – 3 Jahre)

1.1 Bezugspersonen als Spielpartner

Jedes Kind braucht vom ersten Lebenstag an die verlässliche Zuwendung von mindestens einer Bezugsperson. Sie ist in der Lage die Bedürfnisse des Kindes zu erkennen und darauf einzugehen. Schon nach wenigen Wochen können vokale Interaktionen zwischen Bezugsperson und Kind beobachtet werden. Es lächelt beim Anblick der Bezugsperson und bekundet durch Lautäußerungen z. B. „mammamam" oder „babbabbab" sein Wohlbefinden. Antwortet die Bezugsperson mit ähnlicher Lautgebung, so entsteht das erste

vokale Interaktionsspiele

vokale Interaktionsspiel (Papoušek, Papoušek und Harris, 1987), d. h. Kind und Bezugsperson treten in einen ersten Dialog.

Finger-, Streichel- und Körperspiele

In den Wachphasen, bei pflegerischen Maßnahmen und während der Nahrungsaufnahme werden diese ersten Kommunikationsspiele durch Körperkontaktspiele unterstützt. Die Bezugsperson begleitet ihre Handlungen mit Worten oder mit rhythmisch-musikalischen Bewegungen, Reimen oder Liedern. Diese Körperkontaktspiele stimulieren das Kind, vermitteln ihm Sicherheit und ermutigen zur eigenen Aktivität.

In den länger werdenden Wachphasen spielt das Kind mit sich selbst oder möchte beschäftigt werden. Die Bezugsperson beobachtet das Kind aus einiger Entfernung um zu erkennen, ob es allein spielen möchte oder Anregung braucht. Denn wird das Kind in seinem Spiel häufig unterbrochen, verlernt es sich längere Zeit mit einer Sache zu befassen. Es wird dann leicht ablenkbar und verlangt nach ständiger Beschäftigung.

„Fremdeln" beim Spielkontakt

Nach ca. sechs Monaten unterscheidet das Kind deutlich seine engsten Bezugspersonen von Fremden. Als Reaktion zeigt es z. B., dass es sich nicht von Fremden anfassen lassen möchte oder das freundliche Anlachen nicht erwidert. Dieses „Fremdeln" ist für das Kind eine wichtige Phase in seiner Entwicklung, da es durch die Unterscheidung von Fremden und Vertrauten seine emotionale und soziale Bindung aufbauen und festigen kann. Die Erwachsenen sollten in dieser Situation die Angstreaktion des Kindes respektieren, denn wenn es genügend Vertrauen entwickelt hat, wird es von selbst über eine mögliche Kontaktaufnahme entscheiden.

Mit zunehmendem Alter übernimmt das Kind im Spiel mit der Bezugsperson Eigeninitiative. Es lässt bewusst Spielzeug fallen oder wirft es weg, schaut interessiert hinterher und freut sich, wenn die Bezugsperson es wiederbringt und wirft das Spielzeug sofort wieder weg.

Erstmalig erlebt das Kind eines der ältesten Kinderspiele: „das Versteck-Spiel", das durch die regelhafte Wiederholung von Verschwinden und Auftauchen die Erwartung, Erregungssteigerung und Spannungslösung ermöglicht: Die Bezugsperson legt dabei dem Kind ein Tuch über das Gesicht, zieht es wieder weg und ruft: „Kuckuck!" Nach wenigen Wiederholungen zieht sich das Kind selbst das Tuch vom Kopf, um eine Fortsetzung des Spiels zu fordern.

„Kuckuck-Spiele"

In der zweiten Hälfte des ersten Lebensjahres bevorzugen die Bezugspersonen ritualisierte, regelhafte Sequenzen, wie sie in Bewegungsreimen und Bewegungsliedern als kommunikatives Sprachspiel vorkommen. Alle Spiele, die einen ähnlichen Spannungsbogen wie das o. g. „Kuckuckspiel" enthalten, sind bei den meisten Kindern sehr beliebt, wie z. B. *Das Hoppe- Reiter-Spiel*. Die Sprache wird dabei schrittweise an eine äußere Handlung gekoppelt, sodass das Kind einen Zusammenhang zwischen der taktilen, kinästhetischen Erfahrung und den noch unverstandenen, rhythmisiert gesprochenen Worten herstellt. Finger- und Körperspiele sowie Kniereiterspiele fördern die Entwicklung dieser **motorischen Vorstellungsbilder** (Piaget).

Kniereiterspiele

Sobald das Kind krabbelt, muss die Bezugsperson einerseits vorbeugende Maßnahmen ergreifen, indem sie gefährliche und gesundheitsgefährdende Gegenstände außer Reichweite schafft, andererseits aber auch vielfältige Materialien bereitstellt, die dem Kind elementare Kenntnisse und Erfahrungen vermitteln. Das gemeinsame Spiel zwischen Kind und Bezugsperson wird dabei ebenso intensiviert, z. B. werden Gegenstände wechselseitig in die Hand gegeben und wieder genommen, verdeckt und wieder entdeckt, eingepackt und wieder ausgepackt.

Gib- und Nimmspiele

Zu Beginn des zweiten Lebensjahres lernen die meisten Kinder laufen, wobei die Bezugsperson der wichtigste Begleiter ist. Sie fordert das Kind z. B. auf in ihre Arme zu laufen, um es hochzunehmen und zu drehen. Sie lobt und bestärkt das Kind, wenn es mit ihrer Hilfe über eine Bank balanciert, beim „Fangen-Spiel" wegläuft oder sich versteckt. Den dabei erlebten Überraschungseffekt, im ständig gleichen Versteck von der Bezugsperson entdeckt zu werden, zu wiederholen, ist ein alterstypisches Spielverhalten. Bei diesen partnerzentrierten Lauf-, Fang- und Versteckspielen erfährt das Kind Körperkontakt, der ihm Vertrauen und Sicherheit vermittelt. Es gewinnt Zutrauen in seine eigenen körperlichen Fähigkeiten und sein selbstständiges Handeln wird gestärkt.

erste Fang-, Lauf- und Versteckspiele

Benennungs-spiele durch Elementar-bilderbücher	Im Vergleich zum ersten Lebensjahr ist das Kind jetzt ein deutlich aktiverer Spielpartner, der seine Spielwünsche immer besser auch verbal zum Ausdruck bringen kann. Durch das gemeinsame Betrachten und Benennen von elementaren Gegenständen in Bilderbüchern wird der Wortschatz, die Sprechfreude und das Vorstellungsvermögen des Kindes besonders gefördert. Auf dem Schoß der Bezugsperson können in angenehmer Atmosphäre Elementarbilderbücher betrachtet werden. Die Bezugsperson fragt oder nennt den Namen des abgebildeten Gegenstandes. Das Kind hört zu, antwortet oder spricht nach. Materialien oder Spielzeuge können als realistische Anschauung hinzugeholt werden. Durch solche Benennungen werden Gegenstände fixiert und begreifbarer gemacht, weil die Namen auch auf nicht sichtbare Objekte übertragen werden können.
Nachahmungs-spiele	Das Kind beobachtet sehr genau die Bezugspersonen, andere Menschen und Tiere in seiner näheren Umgebung und ahmt Gesten, Handlungsweisen sowie Laute, Geräusche und kurze Redewendungen im Spiel nach. Manchmal schlüpft das Kind dabei in die Rolle des Erwachsenen und die Bezugsperson übernimmt dann die Rolle des Kindes. Im Spiel findet ein kommunikativer Austausch statt. Das Kind muss dem erwachsenen Spielpartner seine eigenen Spielabsichten verdeutlichen und die Spielhandlung der Bezugsperson begreifen. Die Bezugsperson geht auf die Spielanregungen des Kindes ein, sodass ein sozialer Austausch stattfinden kann. Ein Miteinander im Rollenspiel mit Gleichaltrigen gelingt noch nicht.
erster Spiel-kontakt zu Gleichaltrigen	Der erste Kontakt mit gleichaltrigen Kindern wird meist auf dem Spielplatz oder in der Krabbelgruppe aufgenommen. Das andere Kind wird intensiv beobachtet, angefasst, gestreichelt, aber auch geschubst, geknufft oder geschlagen. Das Kind gibt seine eigenen sozialen Erfahrungen wieder. Manchmal nimmt es Spielzeug den anderen Kindern weg. Es kommt zum Streit und die Bezugspersonen müssen helfend eingreifen. Das Kind ist in diesem Alter noch zu sehr auf sein eigenes Spiel konzentriert und kann sich noch nicht auf mehrere Personen gleichzeitig einstellen.

Spielaufgaben

1. a) Sichten Sie in einschlägiger Spielliteratur kommunikative Spiele für Kinder von 0–3 Jahren.

b) Erfassen Sie diese Spiele in den o.g. Spielarten, z. B. Finger- oder Körperspiele, Kniereiterspiele usw.

c) Übertragen Sie ausgewählte Spiele in Ihre Spielkartei.

2. a) Entwickeln Sie eigene kommunikative Spiele für die Altersstufen:

  – 0–1 Jahr

  – 1–2 Jahre

  – 2–3 Jahre

b) Begründen Sie Ihre Auswahl und stellen Sie die Spiele in Ihrer Lerngruppe vor.

1.2 Spielraum bringt Erlebnisse und Überraschungen

Viele Erwachsene widmen den Spielräumen der Kinder keine große Aufmerksamkeit. In vielen Neubauwohnungen werden den Kindern nur wenige Quadratmeter Wohnfläche zugebilligt, nur etwa 1/3 aller Kinderzimmer ist größer als 15 m². Diese kleinen Räume, die sich manchmal sogar mehrere Kinder teilen müssen, sind häufig vollgestellt mit abgenutzten Möbeln der Erwachsenen. In so einer Umgebung kann sich ein Kind gewiss nicht gesund entwickeln. Dabei gibt es die Möglichkeit, auch mit einfachen Mitteln die Spielräume in der Wohnung anregend zu gestalten, sodass sich das Kind in jeder Entwicklungsphase wohl fühlen kann.

Das Kinderbett ist der erste Spielraum, in dem das Kind in den ersten Monaten die meiste Zeit verbringt. Neben einer zweckmäßigen Ausstattung kann bereits durch die Auswahl von farbiger Bettwäsche, das Aufhängen einer mobilen, klingenden Spielkette oder das Anbringen eines Spiegels die visuelle und auditive Wahrnehmung des Kindes angeregt werden. Zimmerpflanzen, Licht und Farben im Kinderzimmer ergänzen die stimulierende Wirkung. Farben und Farbkombinationen können beruhigen (rot – grün / blau – ocker) und Sicherheit und Geborgenheit vermitteln, aber auch beunruhigen (rosa – orange / gelb – schwarz) und aggressiv machen. Fenster ermöglichen das Eindringen von Tageslicht und den Blick nach draußen. Künstliche Lichtquellen sollten nur dort angebracht werden, wo sie funktionell gebraucht werden, etwa am Wickelplatz.

Spielraum Kinderbett

In der zweiten Hälfte des ersten Lebensjahres werden die meisten Kinder mobiler. Das Kind erkundet alles, was in seiner Reichweite liegt, daher muss die Wohnung gegen Unfälle gesichert sein. Am besten erkennt der Erwachsene die Unfallgefahren aus der Perspektive des Kindes, indem er selbst wie ein Kind durch die Wohnung krabbelt und dort möglicherweise auf gefährliche Steckdosen, steile Treppen oder scharfkantige Möbelstücke stößt, die unbedingt gesichert werden müssen.

Krabbelpfade in der Wohnung

Durch die angeborene kindliche Neugierde unbekannte Dinge zu entdecken und auszuprobieren, gleichzeitig aber in sicherer Nähe der Bezugsperson zu bleiben, ist eine entwicklungsbedingte Umgestaltung der Wohnung in dieser Zeit erforderlich. In jedem Raum kann eine Spielzone mit Materialien und Spielgegenständen eingerichtet werden, die die Fähigkeiten unterstützen und grundlegende Lernerfahrungen des Kindes fördern. In der Küche kann die unterste Schublade mit ungefährlichen Haushaltsgegenständen gefüllt werden, im Wohnzimmer steht ein großer Korb mit Spielmaterialien, auf dem untersten Brett des Bücherregals befinden sich ausrangierte Bücher, Zeitschriften und die ersten Bilderbücher des Kindes. Die Polstermöbel und die Betten im Schlafzimmer haben waschbare Bezüge oder Decken, sodass sie als Bewegungs- und Kletterlandschaft genutzt werden können.
Im Badezimmer darf das Kind nur unter Aufsicht eines Erwachsenen spielen, da das Hantieren mit Wasser lebensgefährlich werden kann.

Spielzonen in jedem Zimmer

**Spielraum
Laufstall?**

Ein Laufstall ist für Kleinkinder als Spielraum ungeeignet und nur als kurzfristiger Aufenthaltsort geeignet, wenn die Aufsicht des Kindes in besonderen Situationen nicht gewährleistet werden kann.

„Und wie viele Jahre musst du absitzen?"

Das Kinderzimmer als separater Spielraum wird in diesem Alter nur dann aufgesucht, wenn das Kind eine „Rückzugsmöglichkeit" braucht, z. B. von den Geschwistern im Spiel nicht gestört werden will.

**Spielplätze für
Kleinkinder**

Sobald das Kind laufen kann, wird sein Bewegungsbedürfnis immer größer. Nach den ersten Bewegungserfahrungen in der Wohnung erweitert sich der Spielraum mehr und mehr nach draußen, da die meist zu kleinen Wohnungen bzw. Kinderzimmer ein körperliches Austoben des Kindes stark einschränken. Doch die Spielräume im Freien wie Hof, Wiese oder nahe gelegene Spielplätze befinden sich oft in einem schlechten Zustand, der es Kleinkindern nicht erlaubt, vielfältige Spiel- und Bewegungsmöglichkeiten auszuprobieren.

Spielplätze sind immer nur als Ersatz für fehlende natürliche und ursprüngliche Spielräume der Kinder zu sehen. Bei der Planung und Gestaltung von Spielplätzen muss deshalb darauf geachtet werden, diese „künstlichen" Spiel- und Erfahrungsräume möglichst den grundlegenden Entwicklungsbedürfnissen von Kindern jeder Altersgruppe anzupassen.

Dazu gehören Bedürfnisse nach

→ Bewegung,
→ sinnlicher Wahrnehmung,
→ Kreativität,
→ Erprobung,
→ sozialen Kontakten.

Spielaufgaben

1. *Besuchen Sie Spielplätze in Ihrer Nähe.*
Stellen Sie fest, ob sie für Kleinkinder geeignet sind. Zeigen Sie mögliche Missstände auf.

2. *a) Entwickeln Sie Kriterien zur Gestaltung von Spielplätzen für Kleinkinder.*

b) Planen und entwerfen Sie einen Spielplatz für Kleinkinder. (s. auch S. 139 ff.) Berücksichtigen Sie dabei deren Bedürfnisse.

1.3 Das erste Spielzeug

Am Anfang der Spielerfahrung stehen die ersten Seh- und Hörerlebnisse des Kindes. Mobiles, Windräder und Luftballons, die z. B. durch Spiegeleffekte oder Beweglichkeit besondere Faszination ausüben, fesseln die Aufmerksamkeit. Die Farbe Rot wird dabei zuerst wahrgenommen, dann die Farben Blau, Gelb und Grün. Alle Farben können im Kontrast mit Weiß besonders gut erkannt werden. Leise Klänge der Spieluhr, Glöckchen an einer Schnur oder Windspiele aus Holz oder Metall nimmt das Kind aufmerksam wahr. Diese Seh- und Hörspielzeuge sollten nicht zu nahe am Bett des Kindes befestigt werden. Das Kind lernt mit den Augen zu fixieren und mit den Ohren zu lokalisieren. Auf diese Weise verbindet es seine ersten Eindrücke mit seiner Umgebung, die durch Betasten und Greifen langsam erweitert werden.

Seh- und Hörspielzeuge

Für die ersten Greifversuche sind einfache, farbig eindrucksvolle Gegenstände wie Greifring, Rassel und Stofftier am geeignetsten. Da Babys alles in den Mund stecken, sollte darauf geachtet werden, dass diese Spielmaterialien frei von gesundheitsschädlichen Weichmachern (PVC) sind.

Krabbelkinder suchen sich ihr Spielzeug selbst aus. Im Umgang mit Haushaltsgegenständen wie Topf, Schneebesen, Kochlöffel, Garnrollen oder Dosen lernt das Kind unterschiedliche Materialien und deren Eigenschaften kennen.

Haushaltsgegenstände als Spielzeug

Spielzeuge, die sich bewegen lassen oder sich durch Bewegungen verändern, haben für das Kind einen hohen Aufforderungscharakter. Das Rutschauto, Figuren zum Hinterherziehen oder ein Ball bewirken, dass das Kind selbst in Bewegung kommt und immer sicherer, zielgerichteter und geschickter in seiner Motorik wird.

Bewegungsspielzeuge

Neben den Spielzeugen zur Bewegung und Fortbewegung sind für das zweite und dritte Lebensjahr Spielmaterialien wichtig, die speziell die Wahrnehmung, die Feinmotorik und Koordination von Auge und Hand fördern. Dazu gehören Materialien zum Malen, Steckbecher, Hohlwürfel, Kugelbahnen und Hampelmänner.

Spielmaterialien zur Augen-Hand-Koordination

Elementarbilderbücher, die angeschaut und mit denen auch gespielt werden kann, tragen ebenso zur Wahrnehmungsförderung bei. Insbesondere erweitern sie die Sprachentwicklung und Umweltkenntnisse.

Ein Spielzeug zum Liebhaben, sei es ein Stofftier oder eine Puppe ist für die emotionale Entwicklung des Kindes von großer Bedeutung. Durch die Übertragung eigener oder beobachteter Gefühlszustände und Verhaltensweisen auf ein Spielobjekt können Eindrücke besser verarbeitet und verinnerlicht

Spielzeug zum Kuscheln, Trösten und Liebhaben

werden (s. auch den nachstehenden Zeitungsartikel). Erste Rollenspielmaterialien wie Arztkoffer, hauwirtschaftliche Utensilien, Puppenzubehör tragen zusätzlich dazu bei, seelische Spannungen und Konflikte individuell zum Ausdruck zu bringen.

Stofftiere können auch Trostspender sein *)

Einfache Spielsachen besser als High-Tech

(dpa) Stofftiere sind für kleine Kinder kein Spielzeug, sondern wichtige Trostspender. Wenn Vater und Mutter nicht beim Kind sein könnten, übe das Kuscheltier eine Ersatzfunktion für die Eltern aus. Dies sagte Bernd Meyenburg, Leiter der Poliklinik für Kinder- und Jugendpsychiatrie an der Frankfurter Uni. „In den frühen Lebensjahren müssen Kinder lernen, dass die Eltern nicht immer da sind", sagte der Psychiater. Eine Trennung von den Eltern sei für die Kinder nicht leicht, in solchen Situationen könne der Teddy helfen. Eine wichtige Funktion habe ein Kuscheltier auch, wenn das Kind ins Bett gehen solle. „Das Schlafengehen ist für Kinder ein schwieriges Geschehen", erklärte Meyenburg. Trost spende das Plüschtier aber auch beim Arzt oder beim Verwandtenbesuch.

Der Psychiater rät, Kindern erst ein Plüschtier zu schenken, wenn sie eineinhalb Jahre alt sind. „Vorher macht es keinen Sinn", sagte Meyenburg. Zudem solle vermieden werden, dass die Kleinen mit Stofftieren überschüttet werden. „Die meisten Kinder hängen ihr Herz an ein einziges Kuscheltier". Insgesamt drei, vier Stofftiere seien die Obergrenze. Die Eltern sollten Verwandte bitten, den Kindern etwas anderes zu schenken – zum Beispiel Handpuppen.
Grundsätzlich seien relativ einfache Spielsachen, bei denen das Kind seine Fantasie entfalten kann, besser als ausgetüfteltes Spielzeug. „Singende, sprechende und laufende Puppen sind der kindlichen Fantasie eher abträglich".

*) Zeitungsartikel vom 04.11.1999, IKZ

Bewegungs-Spielzeuge für draußen

Das erhöhte Bewegungsbedürfnis und die Neugierde unbekannte Spielräume zu erschließen, verlagern das Spiel des Kleinkindes immer mehr nach draußen. Sand- und Wasserspielzeug, Schubkarre, Roller und Bälle vermitteln neue motorische Erfahrungen und ermöglichen gleichzeitig erste soziale Kontakte zu Gleichaltrigen.
Welches Spielzeug ein Kind braucht, ist immer abhängig von seiner individuellen Entwicklung und seinen Neigungen. Weniger ist oft mehr! Ein Kind kann inmitten eines Spielzeugberges sitzen und sich langweilen, weil es überfordert oder unterfordert ist oder nichts seinen Interessen entspricht.

Kriterien für die Beurteilung von Spielzeug

Kurzfassung einiger Grundsätze aus dem „spiel gut" Ratgeber „Gutes Spielzeug von A-Z"

Spielzeug soll die **Fantasie** anregen und nicht einengen, wie es z. B. Sprechpuppen mit ihren dürftigen Redewendungen tun. Jedes Kind erfindet mühelos mehr und bessere Worte für alles, was seine Puppe sagen soll.

Je vielfältiger die **Spielmöglichkeiten**, desto anregender ist das Spielzeug und desto länger bleibt es interessant, z. B. ein Nachziehwagen für das Kleinkind.

Das Spiel folgt den täglichen **Umwelterfahrungen** und den besonders eindrucksvollen **Erlebnissen** des Kindes. Deshalb sind Autos so beliebt, können Ferien auf dem Lande einen Bauernhof attraktiv werden lassen.

Die **Größe** des Spielzeugs: Kleinkinder bauen besser mit großen Bausteinen, aber ein riesiger Teddy eignet sich nicht gut zum überallhin begleitenden Freund.

Die **Menge**: Für jedes Spielzeug ist das richtige Maß zu finden; mehr Bausteine fördern das Bauen, mehr Schienen machen die Eisenbahn interessanter – aber eine Puppe mit Zubehör ist besser als viele Puppen ohne Zubehör.

Material und Haltbarkeit müssen dem Spielzweck entsprechen. Aus jedem Material lässt sich gutes oder schlechtes Spielzeug herstellen. Kleinkindspielzeug muss besonders viel aushalten (aber nicht alles!).

Konstruktion und Mechanik müssen für das Kleinkind besonders einfach sein – auch beim Spielzeug für ältere Kinder – immer verständlich. Einblick in die Technik ist wichtiger als Modelltreue.

Form und Farbe beeinflussen auch die Spielmöglichkeiten und die Vorstellungswelt des Kindes: zu buntes Baumaterial stört beim Gestalten, „drollige" Spieltiere verleiten zu einer sentimental verkitschten Einstellung zur Tierwelt.

Sicherheit bedeutet für jedes Spielzeug und für jedes Kind etwas anderes. Ernsthafte Gefahren müssen ausgeschaltet werden, vor allem die schwer erkennbaren. Übertriebene Vorkehrungen gegen jedes Risiko sind wirklichkeitsfremd. Jedes Kind muss auch allmählich lernen, mit alltäglichen Risiken umzugehen.

Umweltschutz beim Spielzeug: Langlebiges wird nicht zu Müll, sondern „vererbt". Oder man tauscht, kauft, verkauft auf dem Flohmarkt. Kein „Wegwerfspielzeug" kaufen und unnötige Verpackungen zurückweisen.

Der **Preis** des Spielzeugs sollte immer im Verhältnis zu den Spielmöglichkeiten und zur Lebensdauer beurteilt werden. Lieber weniger und besseres Spielzeug kaufen.

Ein guter Hinweis auf empfehlenswertes Spielzeug ist die Plakette „spiel gut", die vom Arbeitsausschuss Kinderspiel und Spielzeug e.V verliehen wird. Sie wird von unabhängigen Experten vergeben, die das Spielzeug auf Aspekte wie Spielwert, Haltbarkeit, Sicherheit und Umweltkriterien überprüft haben.

Spielaufgaben

1. a) Ist Rosseaus Konsumschelte berechtigt?

   b) Kommen Kleinkinder ohne Spielzeug aus?

   c) Welches Spielzeug ist Ihrer Meinung nach unentbehrlich?

   d) Welches Spielzeug könnte gekauft und welches selbst hergestellt werden?

2. Wie viele Kuscheltiere braucht Ihrer Meinung nach ein Kleinkind? Erläutern Sie Ihre Meinung.

3. Erstellen Sie eine Liste von Spielmaterialien zur sinnlichen Wahrnehmung für das Kleinkind. Unterscheiden Sie nach den Wahrnehmungsbereichen auditiv / visuell / taktil.

4. Entwickeln und gestalten Sie ein Spielzeug für Kleinkinder (evtl. unter Verwendung von Gegenständen aus dem Haushalt). Worauf müssen Sie achten?

5. Sie arbeiten demnächst in einer altersgemischten Gruppe und können das neue Spielmaterial einkaufen.
   Stellen Sie anhand der vorstehenden Kriterien eine Grundausstattung von Spielmaterialien zusammen, die speziell für Kinder unter drei Jahren geeignet ist. Begründen Sie Ihre Auswahl.

1.4 Funktionsspiele

Das Übungs- und Funktionsspiel ist eine kennzeichnende, typische Spielform des Kleinkindes, die in engem Zusammenhang mit Materialien und Gegenständen auftritt, die mit allen Sinnen wahrgenommen und erprobt werden.

Greifen = Begreifen

Schon der Säugling zappelt lustvoll mit seinen Armen und Beinen, erforscht seine Hände und Zehen, betrachtet das Gesicht der Bezugsperson, beobachtet sich bewegende Gegenstände, z. B. Mobiles, und hört konzentriert auf Klänge und Geräusche.

sensomotorische Handlungsmuster

Gleichzeitig mit der Fähigkeit des Greifens fängt das Kind an, gezielt Gegenstände in Bewegung zu versetzen. Auch Gegenstände aus dem Haushalt werden zu Spielzeugen. Sie werden gedrückt, geschüttelt, aneinander geschlagen und gerissen. Materialien werden ausgepackt, in den Mund gesteckt, geworfen und gestoßen und Gegenstände werden bewusst fallen gelassen und das Herunterfallen beobachtet. Auf diese Weise wird das Zusammenspiel von Sinneswahrnehmung und Bewegung eingeübt, es werden räumliche Beziehungen wie oben und unten, innen und außen, nah und fern erfasst. Durch die vielen Wiederholungen prägen sich spezifische Eigenheiten wie Aussehen, Oberflächenbeschaffenheit, Geruch und Geschmack der Objekte ein. Durch das Heranziehen eines Spielzeugs, das an einer Schnur befestigt ist, wird deutlich, dass das Kind durch eigene Beobachtungen erste Zusammenhänge herstellen kann und selbstständig Schlüsse für sein Tun zieht.

Die fortschreitende Mobilität bei der Fortbewegung etwa beim Kriechen, Klettern, Laufen, Hüpfen, Springen und der damit verbundene Krafteinsatz helfen dem Kind den eigenen Körper mit seinen unterschiedlichen Bewegungsfunktionen spielerisch kennen zu lernen und zu trainieren.

eigene Bewegungsfunktionen

Im zweiten Lebensjahr bezieht sich das kindliche Funktionsspiel immer mehr auf Gegenstände. Die Beschaffenheit der Materialien und Gegenstände werden erforscht, Ursachen und Wirkungszusammenhänge hergestellt, z. B. werden nun Klötze aufeinander gestapelt und wieder umgestoßen, Sand eingefüllt und ausgeschüttet oder mit dem Malstift gekritzelt. Diese materialspezifischen Funktionsspiele verlaufen immer noch ohne Plan und Gestaltungsabsicht. Sie vermitteln grundlegende Kenntnisse und Erfahrungen für spätere komplexe und zielorientierte Verhaltensweisen.

Ursachen und Wirkungszusammenhänge von Materialien und Gegenständen

Im dritten Lebensjahr ist das Kind in der Lage einzelne sensomotorische Fähigkeiten miteinander zu verbinden. Das ermöglicht ihm beziehungsreichere Funktionsspiele, z. B. Roller fahren, aus einer Sandform einen „Kuchen backen" oder einen Ball zielgerichtet rollen. Die Funktionslust, das eigene erfolgreiche Handeln, aber auch die Bestätigung der Bezugspersonen motivieren das Kind, die neu erworbenen Fähigkeiten zu wiederholen und sie in noch unbekannten Situationen anzuwenden oder zu verändern.

Funktionslust

Spielaufgaben

1. Nehmen Sie Stellung zu der Aussage: „Greifen ist Begreifen!"
2. Überlegen Sie, wie und womit Sie das Funktionsspiel im Kleinkindalter angemessen fördern können. Fassen Sie Ihre Ideen anschaulich zusammen.
3. Für das Kleinkind ist das Funktionsspiel eine aktive Lernform. Zeigen Sie mögliche Lernziele auf.

Zwischenspiel 1

Phänomen „Teletubbies"

Anfang der 70ger Jahre entstand mit der *Sesamstraße* das erste Fernsehprogramm für Vorschulkinder. Bis heute sind unzählige Zeichentrickserien, Kinderfilme und Kindersendungen speziell für 3–6-Jährige hinzugekommen. Viele Kindersendungen verbinden anschauliche Wissensvermittlung mit lustiger, spannender Unter-

haltung und gewinnen auf diese Weise begeisterte Kinder und befürwortende Erwachsene als Zuschauer.

Fernsehen für Kleinkinder

Seit 1999 ist nun das Fernsehen für Kinder durch eine Novität erweitert worden, denn mit den *Teletubbies* (Tele = Fernseher, *Tubbies* = Bäuche) hat das Zeitalter des „Kleinkinderfernsehens" begonnen. Als „Fernsehen schon für Zweijährige" wird die Serie angepriesen, weil – so behaupten die Produzenten – *Tinky Winky, Dipsy, Laa Laa* und *Po* all das verkörpern und erleben, was die Kleinsten mögen. Zwangsläufig stellt sich die Frage, ob Zweijährige überhaupt in der Lage sind die Fernseherlebnisse der *Teletubbies* zu verstehen.

Alle Folgen der Serie laufen nach demselben Schema ab:

Dramaturgie der Folgen

→ Vierminütiger Vorspann, der in jeder Folge gleich ist (aufgehen der Sonne = lachendes Babygesicht, Vorstellung des Tubbylands und der einzelnen Tubbies),

→ erste Tubby-Episode, die in jeder Folge unterschiedlich ist (die Tubbies essen Toast oder Tubby-Pudding, spielen und verständigen sich miteinander in einer „Babysprache"),

→ das Zauberwindrad aktiviert sich und auf den Fernsehbäuchen der Tubbies flimmert ein Filmclip aus der realen Umwelt, der wiederholt gezeigt wird,

→ zweite Tubby-Episode,

→ Verabschiedungssequenz, ebenfalls in jeder Folge gleich (Sonnenuntergang, Verabschiedung der einzelnen Tubbies).

Die Dramaturgie hat für die Produzenten den Vorteil, dass aus ca. 11 Minuten neuem Filmmaterial eine komplette Folge (23 Min.) hergestellt werden kann.

Wie kommen die *Teletubbies* nun eigentlich bei den Jüngsten an?

Reaktion auf Fernsehbilder

Tatsache ist, dass Kinder unter drei Jahren noch keine bewegten Fernsehbilder als Ganzes erfassen. Sie erkennen Bekanntes aus ihrer Umwelt, z. B. einen Ball, eine Banane, einen Hund. Ebenso erkennen sie bestimmte Wörter oder Sätze wieder, verbinden sie aber nicht zu einer Handlung.

Die Zeitschrift für Kinderfernsehen *Flimmo*[1] sah sich Folgen der Serie mit Kindergartenkindern an und stellte fest, dass 3–4-Jährige einerseits die *Teletubbies* als unterhaltsames Fernsehangebot genießen, sich jedoch andererseits von der Sendung nicht gefordert fühlen. Vieles im Teletubbyland geschieht ohne Bezug, Zusammenhänge bleiben den jüngeren Zuschauern verborgen. Dem Bedürfnis der Kinder ihre Umwelt selbst zu entdecken, durch eigenständiges Handeln Erfahrungen zu

---

1   *Flimmo*, Programmberatung für Eltern, München, 3/99.

sammeln, kommt die Sendung nicht entgegen, da das Geschehen fast ausschließlich zum Betrachten auffordert.

Der geringe Bildwechsel und die einprägsamen Wiederholungen gleicher Wortlaute und Tubby-Episoden machen es jedoch möglich, dass schon 3–4-Jährige Kinder in der Lage sind die Fernsehbilder und einfachen Worte zu verinnerlichen.

An dieser Stelle setzt die vorrangige Intention der Produzenten an, die Kinder schon so früh wie möglich für ihr bis ins Detail durchdachtes Vermarktungs-Konzept gewinnen wollen.

Merchandising[1] hat ein klar funktionierendes System:

→ Der Mensch (das Kind) begeistert sich für eine besondere, wiederkehrende Fernseh-Filmserie,

→ zu der Fernsehserie werden verschiedene Artikel angeboten, die der neu gewonnene „Fan" unbedingt haben möchte,

→ der gekaufte Artikel wird von anderen gesehen, die ihn ebenfalls besitzen möchten.

Forschungsergebnisse weisen daraufhin, dass Menschen, die bis zum 16. Lebensjahr an bestimmte Markenprodukte gebunden sind, sich immer schlechter davon lösen können.

Bedeutet das, dass die immerzu fröhlich wirkenden Plüschtubbies, die miteinander kuscheln und sich trösten, schon Kleinkinder konsum- und fernsehsüchtig machen können? Es gibt keine eindeutigen Anzeichen für den Beginn eines Suchtverhaltens. Dies geschieht immer unterschwellig und subtil. Wenn aber Kindergartenkinder die Farben mit den Namen der *Teletubbies* besetzen (z.B. gelb heißt nicht gelb, sondern *Laa Laa*), ihre Missgeschicke nur noch mit „O O!" kommentieren, eine Mutter ihrem Kind im Kinderwagen das Teletubby-Fläschchen reicht oder der zweijährige Max stolz sein Teletubby-Sweatshirt präsentiert, dann werden Suchtexperten bereits hellhörig.

Wie Erwachsene Zigaretten oder Alkohol konsumieren, um sich in einen Spannungs- oder Entspannungszustand zu versetzen, tun Kinder dies im Spiel mit ihrem Spielzeug. Inzwischen gibt es Initiativen, die den „spielzeugfreien Kindergarten" propagieren, um dieser möglichen Konsumsucht vorzubeugen (s. S. 80 ff.).

Merchandising-Konzepte für Kleinkinder

Fernsehsucht = Konsumsucht?

---

[1] (engl.) Werbestrategie: Produktgestaltung und Warendarbietung in Harmonie mit den erforschten Verbrauchsgewohnheiten zur Erziehung eines möglichst großen Absatzes.

Spielaufgaben

1. *Analysieren Sie eine beliebige Folge einer Fernsehserie für Kinder unter 3 Jahren anhand der Kriterien Sprache / Ausdruck, Bildsprache, Musik / Geräusche.*
Fassen Sie Ihre Ergebnisse zusammen.

2. *Lesen Sie den nebenstehenden Zeitungsartikel und führen Sie eine Pro- und-Kontra-Diskussion zum Thema: „Fernsehen für Kleinkinder: Ja oder Nein?"*
Stellen Sie Ihre Argumente gegenüber.

3. *Nennen Sie weitere Medienbeispiele, die das Merchandising-Konzept anwenden.*

4. *Tauschen Sie Ihre Beobachtungen mit Medienerlebnissen und Medienspielzeugen in Ihren sozialpädagogischen Einrichtungen für Kinder aus.*
Welche Konsequenzen ziehen Sie für Ihre eigene spielpädagogische Arbeit?

„Eltern fehlt die eigene Erfahrung"

Familienforscher Wassilios Fthenakis widerlegt die Vorurteile gegen die Teletubbies

Focus: Herr Fthenakis, viele Eltern sind besorgt, dass die Teletubbies die Sprachentwicklung stören könnte. Ist diese Befürchtung berechtigt?
Fthenakis: Nein, denn Medien sind in den seltensten Fällen die alleinige Ursache für kindliches Verhalten. Bei den Teletubbies ist es zudem fraglich, ob sie überhaupt einen besonders wirkungsvollen Einflussfaktor darstellen. Sprache wird nämlich nicht durch bloßes Zuhören erworben, sondern durch reale Kommunikation mit Menschen. Von entscheidener Bedeutung bei der Sprachentwicklung sind die Bezugspersonen, also Mutter oder Vater. Eine halbe Stunde „Teletubbies" fällt im Vergleich dazu nicht ins Gewicht.
Focus: Warum lehnen viele Mütter die Tubbies ab?
Fthenakis: Die Teletubbies wenden sich an ein sehr junges Zielpublikum, nämlich die Zweijährigen. Das ist neu, und das Unbekannte provoziert oft Vorbehalte. Medienerziehung ist für viele Eltern nicht leicht, weil sie zeitliche und inhaltliche Grenzen setzten

müssen. Da kommt es zu Konflikten. Viele Erwachsene sind zudem verunsichert, weil sie selbst keine Erfahrung mit Fernsehen in sehr jungen Jahren gemacht haben.
Focus: Werden Kleinkinder durch die Teletubbies fernsehsüchtig?
Fthenakis: Nein. Wenn Kinder zu viel fernsehen, dann liegt das oft an einem Mangel an Alternativen. Die meisten wollen lieber spielen als allein vor der Mattscheibe sitzen.
Kinder finden aber im Fernsehen oft Themen, die momentan ihren Alltag bestimmen. Gute TV-Programme können nen Antworten auf viele Fragen geben, die sich Kinder in ihrem augenblichichen Entwicklungsstand stellen.
Focus: Vermitteln die Teletubbies nicht eine viel zu heile Welt, die zur Realität „draußen" keinen Bezug hat?
Fthenakis: Das ist bei vielen Geschichten für Kinder so – denken Sie nur an Märchen.
Am wichtigsten ist doch der Spaß an der Sendung. Wir sollten den pädagogischen Anspruch nicht zu hoch schrauben.

Aus Zeitschrift: Fokus, 8/2000

1.5 Institutionalisierte Spielkonzepte für Kleinkinder

Das Spiel im Prager-Eltern-Kind-Programm (PEKiP)

Bewegungssti-
mulation

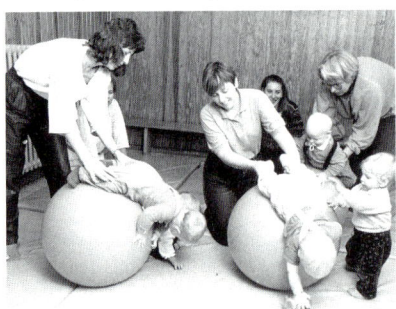

Das Prager-Eltern-Kind-Programm ist ein gruppenpädagogisches Programm für Eltern mit Kindern im ersten Lebensjahr. Es basiert auf Bewegungsspielen, die der Prager Psychologe Dr. Jaroslav Koch (1910–1979) entwickelte. Koch beschäftigte sich intensiv mit dem Einfluss der frühen Bewegungsstimulation auf die motorische und psychische Entwicklung des Säuglings. Nach seiner Mei-

Bewegungs-
mangel

nung leiden Säuglinge unserer Zeit und Kultur an Bewegungsmangel. Sie liegen viel zu lange im Bett oder Kinderwagen und werden häufig zu fest gewickelt oder zu eng angezogen. Durch Beobachtungen konnte Koch feststellen, dass nackte Säuglinge mehr Spontanbewegungen produzieren als angezogene. Er ging bei seiner Bewegungsstimulation von einer **Transporthypothese** aus, die er damit erklärte, dass Menschen primitiver Zivilisationen ihre Kinder oft stundenlang bei jeder körperlichen Arbeit transportieren und diese Kinder dadurch intensivere Körperkontakte und Bewegungsstimulationen erfahren als Kinder, die lange und ruhig im Bett liegen.

Die Ziele des Prager-Eltern-Kind-Programms [1]

1. Die Eltern-Kind-Beziehung fördern	Das PEKiP unterstützt den Aufbau einer positiven Beziehung zwischen Eltern und Kind durch gemeinsames Erleben von Bewegung, Spiel und Freude. Die Eltern werden zu gezielter Beobachtung ihrer Kinder angeregt, wodurch sie deren Bedürfnisse besser wahrnehmen und angemessen darauf reagieren können. Die Gruppenarbeit beginnt bereits ab der vierten bis sechsten Lebenswoche und beinhaltet eine Entwicklungsbegleitung für das gesamte erste Lebensjahr.
2. Das Kind in seiner Entwicklung unterstützen	Die Bewegungsspiele stellen eine aktivierende Lernform dar, in der das Kind mit seinen Kompetenzen und Bedürfnissen das Spieltempo, das Spielangebot und die Ziele bestimmt. Es werden ganzheitliche Spielanregungen vermittelt.
3. Erfahrungsaustausch der Eltern fördern	Die teilnehmenden Erwachsenen können sich Hintergrundinformationen zur Erziehung ihrer Kinder verschaffen und in einen Erfahrungsaustausch mit anderen Eltern treten.
4. Kontakte der Kinder untereinander unterstützen	Die Kinder haben die Möglichkeit im Beisein ihrer Eltern soziale Kontakte mit Gleichaltrigen zu knüpfen. Durch regelmäßige Treffen entwickeln die Kinder auch Vertrauen zu anderen Erwachsenen.

Spielreaktionen

Bei den Spielanregungen findet ein steter Wechsel zwischen partnerzentriertem und gegenstandzentriertem Spiel statt, wobei das Kind die Bewegungen immer selbst aktiv ausführt. Beispielsweise läutet die Bezugsperson ein Glöckchen und das Kind wendet den Kopf in Richtung der Geräuschquelle oder die Bezugsperson rollt einen Ball und das Kind krabbelt hinterher. Ist eine negative Reaktion beim Kind zu beobachten, wird das Spiel sofort unterbrochen. Vor jeder gemeinsamen Spielrunde sind die Kinder stets ausgeschlafen und satt und spielen nackt in einem wohl temperierten Raum.

Spielerfahrungen

Kochs Erfahrungen haben gezeigt, dass *„systematische frühe grob-und feinmotorische Stimulationen, die Entwicklung der Kinder im ersten Lebensjahr positiv beeinflussen.“*[2] Während der Spielzeit zeigten sie ein zufriedenes Verhalten, waren aktiv und ausgeglichen.

---

[1] Aus: Polinski: *Spiel und Bewegung mit Babys – das Prager-Eltern-Kind-Programm,* Rowohlt Taschenbuch, Reinbek, 1993.

[2] Ebenda S. 196.

In Deutschland gibt es zahlreiche PEKiP-Gruppen, die von ausgebildeten PEKiP-Gruppenleiterinnen in Familienbildungsstätten, Volkshochschulen etc., bei freien Verbänden, kirchlichen und privaten Trägern angeboten werden.

Spielaufgaben

1. *Nehmen Sie Kontakt zu einer PEKiP-Gruppe in Ihrer Stadt auf, um dort eine Hospitation durchführen zu können.*

2. *Schreiben Sie eine situative Spielbeobachtung zu einem ausgewählten Ziel des PEKiP-Programms.*

3. *Dokumentieren Sie Ihre Spielbeobachtungen mit Fotos oder Videoaufzeichnungen.*

Das Spiel in einer Spielgruppe

Spielgruppen, auch Mutter-Kind-Gruppen oder Mini-Clubs genannt, sind sozialpädagogische Angebote, die regelmäßige Spielkontakte zu gleichaltrigen Kindern ermöglichen. Die meisten Spielgruppen kennzeichnen sich wie folgt:

selbst organisierte Betreuungsangebote

→ In Spielgruppen werden Kinder von 1½ bis 2 Jahren mit ihren Bezugspersonen bis zur Aufnahme in den Kindergarten betreut.

→ Die Kinder werden ein- bis zweimal wöchentlich für 2–3 Stunden von einer sozialpädagogischen Fachkraft betreut. Oftmals erfährt diese Fachkraft im wöchentlichen Wechsel Unterstützung durch ein Elternteil.

→ Es handelt sich grundsätzlich um feste Gruppen von ca. 10 Kindern. Neuaufnahmen finden in aller Regel zum Sommer statt, wenn durch die Aufnahme von Kindern in den Kindergärten Plätze in den Spielgruppen frei werden.

→ Die Spielgruppen treffen sich in Räumen von Familienbildungsstätten, in Veranstaltungsräumen von Kirchengemeinden oder in Privatwohnungen.

→ Die meisten Spielgruppen sind in privater, kirchlicher oder freier Trägerschaft und werden durch Elternbeiträge finanziert.

soziale Spielkontakte zu Gleichaltrigen

Das zentrale Motiv besonders für junge Familien und allein Erziehende eine Spielgruppe mit ihrem Kind zu besuchen, ist die Überwindung der eigenen Isolation, die in der heutigen Zeit sehr häufig durch mangelnde Kontakte in bestimmten Wohnbereichen entstehen kann.

In einer Spielgruppe haben die Kinder jedoch schon sehr früh die Möglichkeit Kontakte mit Gleichaltrigen zu knüpfen und soziale Regeln einzuüben. Sie lernen unter dem Schutz der Bezugspersonen erste Konflikte auszutragen. Den Erwachsenen bietet die Spielgruppe die Möglichkeit andere Eltern in ähnlicher Situation kennen zu lernen und Erfahrungen auszutauschen. Sie erhalten professionelle Hilfestellungen in pädagogischen Fragen, Spielanregungen und Vorschläge für Freizeitbeschäftigungen mit ihren Kindern, die das eigene erzieherische Handeln erleichtern.

„Spielregeln"

Das Spiel in einer Spielgruppe unterscheidet sich deutlich vom Spiel im Kindergarten. Das junge Alter, die geringen Sozialerfahrungen, mangelndes Regelverständnis sowie die ständige Gegenwart und subjektive Emotionalität der Bezugspersonen beeinflussen das Spiel der Kinder erheblich. Andererseits gibt die vertraute Anwesenheit der Bezugspersonen den noch sehr jungen Kindern die notwendige Sicherheit für ihre ersten Spielkontakte. Von daher ist es sinnvoll, vor dem ersten Spielgruppen-Treff „Spielregeln" aufzustellen, um Anhaltspunkte für den Umgang mit den Kindern, aber auch unter den Erwachsenen zu bekommen. So kann vereinbart werden, dass Eltern sich nicht in die Auseinandersetzungen ihrer Kinder einmischen.
Da Kinder sich besonders in den ersten Lebensjahren rasant entwickeln, ihre Bedürfnisse, Interessen und Fähigkeiten sich ständig verändern, ist es hilfreich und empfehlenswert in den Spielgruppen fortlaufend Protokolle anzufertigen, die bei den folgenden Spielgruppen-Planungen zu berücksichtigen sind.

Spielaufgaben

1. *Nehmen Sie Kontakt zu einer Spielgruppe in Ihrer Nähe auf, um dort zu hospitieren. Stellen Sie fest, ob es vereinbarte „Spielregeln" gibt. Wenn ja, welche?*
Welche „Spielregeln" wären Ihrer Meinung nach sinnvoll?

2. *Fertigen Sie ein Spielgruppen-Protokoll an. Welche Spielverhaltensweisen konnten Sie beobachten?*

3. *Lernen Sie ein Kniereiter- oder ein einfaches Kreisspiel auswendig und stellen Sie es in Ihrer Lerngruppe vor.*

4. *Planen Sie den Ablauf eines Spielgruppen-Treffs (10 Kinder im Alter von 1½–2½ Jahren mit ihren Bezugspersonen, Zeit: 2 Stunden). Begründen Sie Ihre Spielauswahl.*

Protokoll des Spielgruppen-Treffs
vom: ....

1. Anzahl der Kinder mit ihren Bezugspersonen:
   ....
2. Alter der Kinder:
   ....
3. heutige Spielangebote:
   ....
4. Wer spielte was? Wie lange?
   ....
5. Kind-Kind-Kontakte:
   ....
6. Kind-Bezugsperson-Kontakte:
   ....
7. Kind-Erwachsene-Kontakte:
   ....
8. auffällige Situationen:
   ....

Das Spiel in der altersgemischten Gruppe
(Tageseinrichtung für Kinder)

neuer Spiel- und Lebensraum

In der altersgemischten Gruppe werden Kinder von 4 Monaten bis zu 3 Jahren zusammen mit Kindern im Kindergartenalter in Tageseinrichtungen betreut. Die altersgemischte Gruppe ist ein sozialpädagogisches Erziehungs-, Bildungs- und Betreuungsangebot (gemäß § 4 des Gesetz für Tageseinrichtungen für Kinder, NRW), das durch Altersmischung ein familienähnliches Zusammenleben von Kindern ermöglicht und sich in besonderer Weise an den altersgemäßen emotionalen, sozialen und pflegerischen Bedürfnissen der Kinder orientiert. In diesem Rahmen ist auch die geistige Entwicklung und damit insbesondere die sprachliche und nichtsprachliche Verständigung der Kinder zu unterstützen. Allen Kindern werden altersgemäße Anregungen geboten.

Spielraumgestaltung

Die unterschiedlichen Bedürfnisse und Interessen der Kinder erfordern eine differenzierte pädagogische Arbeit, die unter anderem durch ein wohnlich gestaltetes Raumkonzept unterstützt werden kann.
Da jüngere Kinder noch längere Ruhephasen brauchen, kann z. B. ein Entspannungsraum eingerichtet werden.

bewegungsanregendes Spielmaterial

Das Bewegungsbedürfnis aller Kinder kann einerseits durch Krabbel- und Tobeecken mit Kissen und Polstern besonders für die Jüngeren befriedigt werden, während die größeren Kinder den Bewegungsraum aufsuchen. Aber auch bewegungsanregendes Spielmaterial wie z. B. robuste Fahrzeuge zum Schieben, Ziehen, Beladen und Reinsetzen, Rollbretter und Hüpfbälle tragen dazu bei, unterschiedliche Fähigkeiten zu berücksichtigen.
Jüngere Kinder können das Spiel der Älteren beobachten und sich zeitweise in die Spielgemeinschaft einbringen. Die älteren Kinder müssen aber auch die Möglichkeit haben ihren Spielinteressen ungestört nachzugehen.

Spielatmosphäre und strukturierter Tagesablauf

erste Kreisspiele

Ein strukturierter Tagesablauf, der die Interessen und Bedürfnisse der unterschiedlichen Altersgruppen aufgreift, trägt zusätzlich zu einer entspannten Gruppenatmosphäre bei. So kann ein Spielkreis mit Fingerspielen, einfachen Spielliedern und Kreisspielen nur für die jüngeren Kinder angeboten werden. Durch ihre Nachahmungsfähigkeit sind sie bereits in der Lage bei Kreisspielen aktiv mitzumachen. Sie lassen sich von der Mitmach-Wirkung dieser Spiele anstecken, imitieren sie und werden dadurch von den anderen in die Gemeinschaft aufgenommen.

die Erzieherin als Spielpartnerin

Jüngere Kinder brauchen vorzugsweise die Erzieherin als Bezugsperson und Spielpartnerin, mehr als die älteren Kinder. Sie geht auf die Spielwünsche und individuellen Bedürfnisse ein, berücksichtigt die entwicklungsbedingten Fähigkeiten und versucht die Kinder behutsam in Spielgemeinschaften mit anderen zu integrieren. Die Erzieherin übernimmt bei den jüngeren Kindern auch die notwendige Körperpflege und unterstützt die Nahrungsaufnahme, wobei Finger- und Körperspiele, Reime und Lieder entstehende Wartezeiten überbrücken helfen und eine vertraute Geborgenheit vermitteln. Ältere Kinder helfen erfahrungsgemäß sehr gerne bei diesen Tätigkeiten, wodurch die Fähigkeit, sich in andere hineinzuversetzen (Empathie) und soziales Handeln eingeübt werden können.

Spielaufgaben

1. *Entwickeln Sie evtl. mit bildnerischen Mitteln ein Raumkonzept für eine altersgemischte Gruppe. Berücksichtigen Sie dabei die unterschiedlichen (Spiel)bedürfnisse. Stellen Sie das Raumkonzept anschließend Ihrer Lerngruppe vor.*

2. *Lesen Sie den Tagesablauf von „Julia". Beschreiben Sie Julias Bedürfnisse und ihr Spielverhalten. Machen Sie weitere Vorschläge zur Spielförderung des Kindes.*

3. *Lernen Sie ein Fingerspiel auswendig und stellen Sie es in Ihrer Lerngruppe vor.*

4. *Gestalten Sie einen Spielkreis für die jüngeren Kinder einer altersgemischten Gruppe. Begründen Sie Ihre Spielauswahl, die Reihenfolge und den Zeitrahmen.*

Julia

Julia, knapp zwei Jahre alt, besucht seit elf Monaten eine altersgemischte Gruppe in einer Tageseinrichtung. Zur Gruppe gehören 15 Kinder, sieben unter drei Jahre alt, darunter ein Säugling und acht im Kindergartenalter.

Wenn Julia morgens nach halb acht von ihrer Mutter in die Gruppe gebracht wird, sind meist erst zwei ältere Kinder und eine Erzieherin anwesend. Julia hat manchmal Schwierigkeiten mit dem täglichen Abschied von der Mutter. Dann nimmt die Erzieherin Julia auf den Arm, und sie begleiten die Mutter zur Tür.

Zunächst sitzt Julia meist ganz ruhig im Gruppenraum, z. B. in der Bilderbuchecke. Sie beobachtet gerne die Fische im Aquarium. Allmählich wird sie dann immer munterer und spielt manchmal mit den älteren Kindern in der Puppenecke „Familie", wobei sie immer das Baby sein muss. Sie sitzt aber auch am Tisch und puzzelt, malt mit Fingerfarben oder saust mit dem Rutschauto den langen Flur entlang. Mitunter nimmt die Erzieherin einige Kinder mit zum Einkaufen, auch Julia darf ab und zu mitgehen. Sie hilft sogar schon beim Tischdecken, schaut beim Füttern der Babies zu, matscht draußen mit Sand und Wasser und beteiligt sich mitunter, wenn alle im Kreis singen und spielen.

Da Julia täglich fast neun Stunden in der Einrichtung verbringt und es in der Gruppe manchmal doch recht laut und hektisch zugeht, genießt sie auch sehr die ruhigen Abschnitte im Tagesablauf: von Frau M., Julias „Lieblingserzieherin" gewickelt werden, dabei an lustigen Fingerspielen Spaß haben, gemütlich mit den anderen Kindern essen, in der Kuschelecke liegen und einer kleinen Geschichte lauschen. Nach dem Mittagessen schläft Julia. Ihr Bett hat einen Himmel und ist für sie wie ein behagliches Nest.

Wenn die Mutter kurz nach 16.00 Uhr kommt, spielt sie noch eine Weile mit Julia in der Gruppe und spricht mit der Erzieherin über den Verlauf des Tages.

Aus: Landesinstitut für Kinder, Jugend und Familie (Hrsg.): Kinder in Tageseinrichtungen und Tagespflege, Köln, 4/1998.

2 Das Spiel des Kindergartenkindes (3 – 6 Jahre)

2.1 Solo-, Partner- oder Gruppenspiel?

Das Kindergartenkind zeigt je nach Entwicklungsstand unterschiedliche soziale Spielverhaltensweisen[1]:

Das völlige Unbeteiligtsein

Unbeteiligtsein Das Kind ist an dem sozialen Geschehen der anderen Kinder nicht interessiert. Es zeigt kein Engagement und ist auf sich konzentriert. Gewöhnlich hält diese Haltung nur so lange an, bis das Kind sich an die fremde Umgebung oder die neue Situation gewöhnt hat, wie etwa in den ersten Tagen beim Kindergarteneintritt. Die Bezugsperson wird dieses Verhalten sicher sorgfältig beobachten und ggf. dem Kind Anregung geben und eine Verhaltensalternative aufzeigen.

Die Zuschauerrolle

Zuschauerrolle Das Kind beobachtet interessiert das soziale Geschehen der anderen Kinder. Das Zuschauen dient dabei als Mittel zur Orientierung und es bietet dem Kind eine Form der nonverbalen Kontaktaufnahme durch Blickkontakt sowie durch seine gesamte Mimik und Gestik. Jüngere oder zurückhaltende Kinder ahmen häufig das beobachtete Spielgeschehen und die Verhaltensweisen der anderen Kinder nach. Dabei bewältigen sie ihre Eindrücke und verinnerlichen Verhaltensweisen. Demgegenüber verlassen sichere und geübte Kinder bald die Zuschauerrolle und bringen sich handelnd in das Spielgeschehen ein, indem sie z. B. verbal das Rollenspielthema aufgreifen: *„Das ist mein Ball und der kann jetzt der Ball für das Hundebaby sein!"* oder kommentierend die Spielidee erweitern: *„Jetzt fällt der Turm gleich um und dann kommt der Bagger und hilft beim Aufräumen."*

Das Alleinspiel (Solospiel)

Solospiel Das Kind zeigt bereits nachahmendes Spielverhalten, ist aber von den Interaktionen der anderen Kinder noch losgelöst. Verschiedene Spielarten können

---

[1] Vgl.: Schenk-Danziger: *Entwicklungsspychologie*, Seite 221 ff.

beim Solospiel des Kindes beobachtet werden. So beschäftigt es sich ausgiebig mit einem Spielgegenstand, etwa einem Puzzle, es schaut sich ein Bilderbuch an oder es probiert eine kreative Gestaltungstechnik aus, ohne Spielkontaktwünsche zu äußern.

Obwohl älter werdende Kinder zunehmend mit Spielpartnern zusammen sein möchten, bleibt ihre Fähigkeit des Alleinespielens bestehen und wird häufig als Zeichen gesetzt, das den Wunsch nach **Alleinsein** ausdrückt.

Gelegentlich übernehmen Puppe, Teddybär, Tiere oder andere Ersatzgegenstände die Rolle eines vorgestellten Spielpartners. Das Kind passt diesen fiktiven Spielpartnern seinen Spielbedürfnissen an und gestaltet die Spielhandlungen nach eigenen Wünschen. Dabei schlüpft es in die Rolle anderer Menschen und versetzt sich in deren Wünsche, Motive und Ziele.

Das Parallelspiel

Parallelspiel

Das Kind spielt zwar noch viel allein, aber erste Interaktionen treten auf, die im Austausch von Spielzeug oder Streit um Spielzeug bestehen (s. S. 28 ff.), es ist die überwiegende Spielform des jüngeren Kindergartenkindes. Erst wenn Kinder den Entwicklungsschritt vom *Ich* zum *Du* vollzogen haben, sind sie in der Lage bisher eingeübte Grundlagen für soziale Verhaltensweisen im Spiel mit gleichaltrigen Spielpartnern erfolgreich einzubringen. Neugierde und Interesse an anderen Kindern wachsen. Sie befinden sich am gleichen Spielort und verfolgen das gleiche Spielthema, können sich aber in ihren Spielhandlungen noch nicht ergänzen, z. B.: *Drei Kinder spielen im Sandkasten. Ein Kind buddelt einen Tunnel, ein anderes Kind formt eine Sandburg, ein drittes Kind füllt Sand in einen Eimer.*

Das assoziierte Spiel

assoziiertes Spiel

Das Kind spielt mit anderen Kindern, wobei Kontakte des Gebens und Nehmens, des Nachahmens und Nachfolgens sowie spontane Phasen der Zusammenarbeit, beobachtet werden, aber noch keine Spielorganisation oder bestimmende Regeln aufgestellt werden. Der Übergang vom Parallelspiel zum assoziierten Spiel gestaltet sich fließend. In Anlehnung an die obige Spielsituation z. B. folgendermaßen: *Das Kind schüttet den mit Sand gefüllten Eimer auf die Burg, das andere Kind schaufelt den Sand aus dem Tunnel in den Eimer, alle drei klopfen zusammen die höher gewordenen Burgmauern fest und freuen sich an dem Turm, bis er zusammenbricht; das Interesse erlischt und jedes Kind wendet sich einer anderen Spieltätigkeit zu.* Gesteigertes Interesse an Spieltätigkeiten mit anderen Kindern kann im Kindergarten durch Kontakt- und Kennenlernspiele unterstützt werden.

Das organisierte Spiel

organisiertes Spiel

Ein Kind oder mehrere Kinder leiten das Spiel, das auf ein Ziel gerichtet ist. Sie stellen gemeinsam Regeln auf und verteilen Rollen. Sie treffen zeitliche Verabredungen, bestimmen gemeinsam den Verlauf einer Spielhandlung, respektieren andere Spielideen, üben sich im Konfliktverhalten etc. *Gemeinsam beschließen die Kinder eine Burg mit unterirdischen Gängen zu bauen, damit die Burgbewohner bei einem Überfall durch die schwarzen Ritter fliehen und gleichzeitig die Gänge unter Wasser setzen können.*

Die Kinder ergänzen sich nun in ihren Spielen, messen sich miteinander, lernen voneinander. Hierbei sind verschiedene Formen der Kontaktinitiative und sozialen Annäherung zu beobachten, etwa Unterordnung, Führerrolle.[1]

Die häufigste Spielform ist aber das unabhängige Spiel, bei dem weder Anordnungen noch Spielaufforderungen gegeben werden. Manche Kinder sind je nach Spielsituation bereit, die Spielaufforderungen anderer auszuführen, aber auch in der Lage, selber Anordnungen zu geben oder sie teilen die Führerrolle und übernehmen sie abwechselnd mit anderen Kindern.

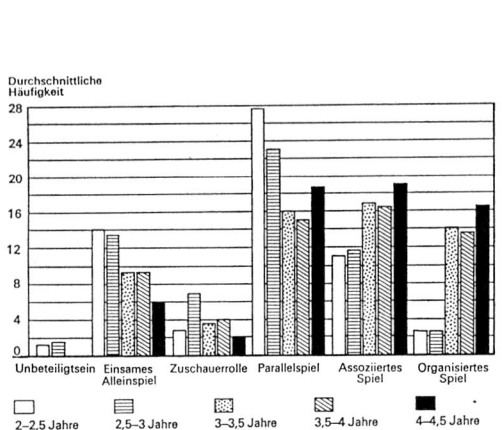

Durchschnittliche Häufigkeit der 6 Kategorien des sozialen Verhaltens im Kindergarten in verschiedenen Altersstufen (nach Parten und Newhall 1943)

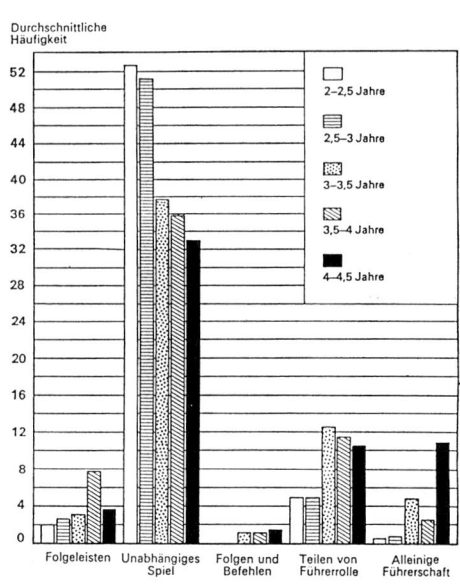

Durchschnittliche Häufigkeit von Unterordnung und Führertum bei Kindergartenkindern verschiedenen Altersstufen (nach Parten und Newhall 1943)

kollektive Spiel-erlebnisse

Im späten Kindergartenalter sind gleichaltrige bzw. gleichberechtigte Spielpartner stärker erwünscht. Eltern oder andere erwachsene Bezugspersonen sind nun keine vorrangig gewählten Spielpartner mehr. Mit steigendem Alter zeigen die Kinder vermehrtes Interesse an selbst initiierten Rollenspielen oder Regelspielarten. Dazu gehören Zirkus-/Abenteuerspiele oder Kreis-/Fang-/Suchspiele. Meistens benötigen sie bei der Organisation dieser Spielarten allerdings noch die Hilfe eines Erwachsenen, vor allem wenn mehrere Kinder zu einer größeren Spielgruppe zusammenkommen.

---

[1] Schenk-Danzinger: Entwicklungspsychologie, S. 221 ff.

Spiele mit größeren Gruppen (ab 15 Teilnehmer) sind meistens von Erwachsenen angeleitete Regelspiele, z. B. im Sitzkreis, bei einer Spielkette oder Bewegungsgeschichte. Geeignete Spiele für Kindergartenkinder werden dabei abhängig vom Spielanlass in einer ausgewogenen Reihenfolge von einer einfühlsamen Spielleitung vorgegeben und ausgeführt. (S. S. 145 ff.)

Gruppenspiele und kollektive Spielerlebnisse stärken das Zusammengehörigkeitsgefühl (Solidarität) der Kinder und bieten unter anderem Gelegenheit ihr Empathieverhalten zu entwickeln, d. h. Gefühle und Bedürfnisse anderer wahrzunehmen. Das einzelne Kind erfährt dabei ein zeitlich begrenztes Gefühl der Geborgenheit und Akzeptanz, aber auch der Anpassung und Distanzierung.

Gemeinschaftliche (kollektive) Spielerlebnisse bewirken mitunter, dass spontan gebildete Spielgruppen über einen längeren Zeitraum bei vielfältigen Spielaktivitäten bestehen bleiben. Meistens aber trennen sich die Kinder nach Spielschluss wieder und wenden sich entweder alleine oder mit einem Spielfreunds, den persönlichen Spielinteressen zu.

Spielaufgaben

1. *Beobachten Sie im Kindergarten Kinder in der Freispielphase.*

   a) Welche Spielverhaltensweisen zeigen die Kinder überwiegend?

   b) Welche sozialen Spielformen werden von welchen Kindern bevorzugt?

   c) Welche Konfliktsituationen entstehen bei den Spielformen?

   d) Wie werden Konfliktsituationen von den Kindern gelöst?

2. *Protokollieren Sie eine Situation, in der ein Kind mit einem fiktiven Spielpartner spielt. (Beobachtungsprotokoll s. S. 72)*

3. *Zu welchen Gelegenheiten finden im Kindergarten Spiele mit einer großen Gruppe statt?*

   a) Welche Spielarten werden gespielt?

   b) Welche Verhaltensweisen/Reaktionen zeigen die Kinder?

   c) Welche Verhaltensweisen/Reaktionen zeigt die Spielleitung?

   d) Welche Spielatmosphäre herrscht vor?

4. *Welche Spielarten sind nach Ihrer Meinung für die Kindergarten-Gesamtgruppe geeignet und welche ungeeignet? Begründen Sie Ihre Auswahl und erstellen Sie eine Übersicht.*

5. *Organisieren und spielen Sie in Ihrer Lerngruppe typische Solo-, Partner-, Gruppenspiele. Berichten Sie von Ihren Eindrücken. Erfassen Sie die Spieltitel in Ihrer Spielkartei.*

2.2 Spielraum ist Bewegungsraum

ausreichender Raum für selbstständige Interaktionen

Die Wohnung, das nähere und weitere Wohnumfeld geben die räumlichen Bedingungen vor, in denen Kinder ihre Spiel-Bewegungsbedürfnisse verwirklichen. Entwicklungsbedingt wollen Kinder selbstständig ihren Aktionsradius ausdehnen und ihre Interaktionsmöglichkeiten stetig weiterentwickeln, z. B. mit Kindern aus der Nachbarschaft gemeinsam Ball spielen, Roller fahren oder Sandburgen bauen. Dafür muss ihnen ausreichender Spiel- und Bewegungsraum zur Verfügung stehen.

Von Kindern häufig genutzte Spielorte oder Spielplätze entsprechen meist nicht den notwendigen Erfordernissen:

→ Wohnungen sind zu klein und hellhörig;

→ (früher beliebte) Spielorte wie Dachboden oder Kellerraum gibt es in vielen Wohnungen nicht mehr;

→ Vorgärten, Hinterhöfe, Toreingänge und Rasenflächen sind in der Regel verbotene Spielflächen;

→ Plätze, Straßen und Fußwege sind zu gefährlich;

→ öffentliche Spielplätze sind verdreckt und langweilig und oft weit von der eigenen Wohnung entfernt;

→ Parkanlagen und Wälder sind ohne Verkehrsmittel meist nicht erreichbar;

→ Schulhöfe, oft als öffentlicher Spielplatz ausgewiesen, sind für Kindergartenkinder in der Regel ungeeignet.

Vor allem in städtischen Lebensräumen nehmen die natürlichen Spielräume der Kinder weiter ab. Kinder haben aber einen berechtigten Anspruch auf geeignete, stets verfügbare Spielorte sowie Spielplätze, um

→ Spielpartner und Spielgruppen zu treffen,

→ ihre Spiel- und Bewegungsbedürfnisse ausleben zu können,

→ im spielerischen Handeln Umwelterfahrungen zu sammeln.

Spiellebensräume

Es müssen also Spiellebensräume geschaffen werden, die Kindern adäquate Gelegenheiten für persönliche Aktivitäts- und Erfahrungsmöglichkeiten eröffnen, wo sie, möglichst unabhängig von Erwachsenen, eigene Spielwelten aufbauen können.

Spielraumgestaltung in Kindertageseinrichtungen

Kinder brauchen Bewegung, denn ohne Bewegung findet keine Entwicklung statt. Körperliche wie geistige Entwicklung wird wesentlich bestimmt durch körperlich-sinnliche Erfahrungen. Für eine gesunde Entwicklung sind deshalb ausreichende Spielmöglichkeiten unverzichtbar[1].

Differenzierung der Spiel-bereiche

Je älter und selbstständiger Kinder werden, umso mehr erweitert sich ihr Wirkungs- und Erlebnisbereich. Tageseinrichtungen für Kinder erfüllen diese besonderen Erwartungen, indem sie in ihren Räumlichkeiten Kindern den Weg ebnen, ihren individuellen Spielinteressen nachzukommen. Dazu sind die (Gruppen-)Räume, Flure und andere Nutzungsräume meist in speziell eingerichtete Spielbereiche und Bewegungszonen aufgeteilt. Diese Differenzierung

→ erleichtert den Kindern eine Raumorientierung,

→ unterstützt sie bei ihrer individuellen Spielplanung,

→ erhöht die Spielkonzentration durch geringere Ablenkungen oder Störungen.

Spielräume müssen variabel eingerichtet sein. Wenn Kindergartenkinder ihre Spielräume nach ihren jeweiligen Spielinteressen umgestalten können, bleibt die Spielqualität erhalten. Manchmal ergeben sich auch besondere Spielaktionen oder aktuelle Ereignisse sorgen dafür, dass den Räumlichkeiten neue Funktionen zugewiesen werden, etwa wenn

variable Einrichtungen

→ eine Kindergruppe ein Puppenspiel aufführen will,

→ Bewegungsspiele wetterbedingt nicht im Freien sondern im Gruppenraum stattfinden,

→ spontane Spielbedürfnisse auftreten u. a. m.

Kinder wollen sie selbst sein, in den Spielräumen der Tageseinrichtungen auf Erkundungen gehen und ihre Spuren hinterlassen. Zusammenfassend können allgemeine Kriterien für die Gestaltung institutionalisierter Spiel- und Bewegungsräume aufgestellt werden[2]:

---

[1] Vgl. Zimmer, R.: Schafft die Stühle ab.

[2] Vgl. Heimlich, U.: Einführung in die Spielpädagogik, Seite 64 f.

Kriterien der Spielraumgestaltung

→ Offenheit der Raumkonzeption ermöglicht die Verwirklichung von vielfältigen Spielinteressen.

→ Gestaltbarkeit der Räume macht Veränderungen erlebbar.

→ Multifunktionalität ermöglicht ganzheitlich-sinnliche Erfahrungen.

→ Gute Spielräume begünstigen Kooperation und Sozialbeziehungen.

→ Spielräume orientieren sich an kindlichen Handlungs-/Bewegungsbedürfnissen.

→ Spielräume verhelfen zu emotionaler Nähe und Distanz.

→ Spielräume berücksichtigen die Altersmischung und Entwicklungsphasen.

Bewegungszonen für spezielle Spielbedürfnisse

Kindertageseinrichtungen verfügen meist über spezielle Bereiche, in denen Kinder draußen wie drinnen ungefährdet ihrem Bewegungsdrang nachgehen. Bewegungszonen sind abwechslungsreich eingerichtet und entsprechen aktuellen Sicherheitsstandards, entwicklungsgemäßen Bewegungsbedürfnissen und sind den kindlichen Spielwünschen angepasst, wie z. B.:

→ Bälle, Seile, Reifen, Seile, Decken, Luftballone,

→ Roller, Schubkarre, Sandspielzeug, Schlitten,

→ Schaukel, Kletter- und Balanciergeräte,

→ Sandhügel, Weidentunnel, Wasserpumpe.

In Bewegungszonen können zu jeder Zeit Tobespiele sowie kooperative Bewegungsspiele mit und ohne Spielgeräte stattfinden, ebenso Rollen-, Experimentier- und Sinnesspiele.

Spielaufgaben

1. *Erstellen Sie mit Ihrer Lerngruppe eine Fotodokumentation über öffentliche Spielplätze Ihrer Stadt. Welches Amt/welche Person ist in Ihrer Stadt für öffentliche Spielplätze zuständig? Präsentieren Sie Ihre Ergebnisse.*

2. *Erfassen Sie anschaulich die verschiedenen Spielbereiche und Bewegungszonen in Ihrer Praktikumsstelle. Vergleichen Sie Ihre eigenen Ergebnisse mit den anderen Ergebnissen in Ihrer Lerngruppe.*

3. *Überprüfen Sie Ihre Praktikumsstelle auf die o.g. Kriterien für Spielraumgestaltung. Welche Gemeinsamkeiten und welche Unterschiede gibt es?*

2.3 Rollenspiel: Ausdrucks- und Kommunikationsform

Für die Spielentwicklung des Kindes ist das Rollenspiel charakteristisch. Die einfachen Rollenspiele
bzw. Symbolspiele der jüngeren Kinder werden später von sozialen und kollektiven Rollenspielen abge-
löst. Einfache Rollen- und Symbolspiele sind beispielsweise das Füttern einer Puppe oder das Hin-
und Herfahren eines Spielzeugautos mit nachge-
ahmtem Motorengeräusch. Diese Spiele werden
meistens ohne Spielpartner gespielt.

**einfache
Rollenspiele**

Alle Rollenspiele in dieser Entwicklungsphase entstehen spontan. Das Kind spielt intuitiv häufig zuerst
noch alleine, doch überall, wo Kindergartenkinder zusammenkommen, entwickeln sich unwillkürlich gemeinsame Spielszenen. In spontanen Rollenspielen
können Kinder unmittelbar individuelle Bedürfnisse, Vorstellungen und Erlebtes in Spielhandlungen umsetzen und so oft wiederholen, wie sie möchten.
Zuschauer wirken hier eher spielhemmend. Im Gegensatz dazu haben bereit-
gestellte Requisiten eine spielunterstützende Funktion.

**spontane
Rollenspiele**

Kollektive Rollenspiele entstehen aus den gemeinsamen Bau- oder Konstruktionsspielen, bei denen die Kinder parallel zu einem gemeinsamen Thema
spielen:

**kollektive
Rollenspiele**

→ aus Teilen eines Steckspiels Möbel für das Puppenhaus fertigen,

→ einen Zaun aus Holzbausteinen für einen Zoo bauen,

→ mit Feuerwehrspielautos über den Straßenteppich fahren und einen
   „Brand" löschen.

Unter Einbeziehung von Requisiten versuchen die Kinder der Wirklichkeit
nahe zu kommen. Vorrangige Spielthemen stammen meist aus dem Wohnbe-
reich oder der Wohnumgebung und spiegeln Erfahrungen bzw. Vorstellungen
wider.

Entwicklungsbedingt erweitert sich die verbale und nonverbale Ausdrucksfähigkeit des Kindes, sein ichbezogenes Denken nimmt ab und das Interesse an
anderen Kindern wächst. Das soziale Rollenspiel kann entstehen. Im Rollenspiel erwirbt das Kind elementare soziale Fähigkeiten:

**soziale
Rollenspiele**

→ Kooperation (durch gemeinsames Planen und Spielen),

→ Empathie (sich in andere Rollen einzufühlen),

→ Toleranz (anderes Rollenverhalten/Spielideen zu akzeptieren),

→ Kompromissbereitschaft (sich an gemeinsam aufgestellte Spielregeln zu
   halten).

Soziale Rollenspiele sind immer interaktive Partnerspiele. Gemeinsam schaffen die Kinder passende Spielsituationen zu der angenommenen Rolle und

führen die jeweiligen Verhaltensweisen genau aus: „Ich wäre jetzt mal das Baby und könnte nicht alleine auf die Rutsche und du bist die Mutter, und dann sagt die Mutter, das Kind muss keine Angst haben."

Rollen-übernahme

Bei kollektiven Rollenspielen werden die Rollen selten frei gewählt. In der Regel bestimmt ein Kind, welche Rollen die anderen Kinder spielen sollen. Meist vergibt der Anführer der Gruppe die Rollen. Manchmal beobachten Kinder die agierenden Spieler erst, bevor sie eine passende Rolle übernehmen und sich in eine bereits laufende Spielszene einklinken, z. B.: „Der Vater kann doch jetzt Verkäuferbesuch kriegen und ich bin der Verkäufer und verkaufe ihm dann eine neue Sonnenbrille."

Kinder schlüpfen bevorzugt in die Rolle erwachsener Personen, gelegentlich übernehmen sie dabei deren Verhaltensweisen und tun so, als ob sie jetzt der starke Erwachsene wären, sie spielen beobachtete oder erlebte Situationen nach, durchleben sie jedoch auf neue Weise.

Rollenwechsel

Da eine Spielhandlung meist nur in groben Zügen vor Spielbeginn festgelegt wird, ändern sich Ablauf oder Inhalt, wenn ein Kind eine neue Spielidee einbringt, etwa wenn das Baby plötzlich Bauchschmerzen bekommt und von der Mutter ins Krankenhaus gebracht wird. Schnell wird aus der vorherigen Wohnung ein Operationsraum und die anfänglichen Familienmitglieder verwandeln sich in Krankenschwestern und Ärzte. Ein Rollenwechsel während des Spielablaufs ist durchaus üblich und die Übernahme einer Doppelrolle bereitet den Kindern auch keine Schwierigkeiten.

Rollenspiel-verhalten

Kindergartenkinder zeigen im Rollenspiel viel Spontaneität, Vorstellungskraft und Fantasie. Während des Spiels versinken die Kinder in ihre Spielhandlungen, gewissenhaft führen sie die ausgewählte Rolle aus, übernehmen dabei auch ungewohnte Verhaltensweisen und zeigen im Spielverlauf durchaus Verantwortungsbewusstsein.

In der Welt des Rollenspiels trauen sich die Kinder etwas zu, wovon sie in der realen Welt nur träumen. Manchmal identifiziert sich ein Kind so sehr mit seiner Rolle, dass es die entsprechenden Gefühle nachempfindet. Solche Rollenspielszenen verdeutlichen dem Beobachter die besondere Gefühlslage eines Kindes. In Rollenspielen können Kinder alle Gefahren unbeschädigt überstehen, Eindrücke besser verarbeiten, seelische Spannungen, erlebte Ungerechtigkeiten oder Ablehnungen ausdrücken.

Rollenspielthemen und Rollenspielinhalte

Beliebte Themen für Rollenspiele stammen häufig aus dem alltäglichen Zusammenleben der Familien: Der Vater kommt von der Arbeit; Kind hat Bauchschmerzen; die Mutter kocht das Mittagessen; der Hund muss Gassi gehen; einkaufen im Supermarkt u. a. m.

Die Kinder verteilen untereinander Rollen, reihen aktuelle Situationen aus dem Familienleben aneinander und spielen diese, beziehungsweise verändern sie nach ihren Vorstellungen. Unter Einbeziehung typischer oder symbolischer Gegenstände werden überwiegend Handlungsweisen der Erwachsenen aus der Arbeitswelt oder dem Supermarkt, nachgespielt. Nicht nur real Erlebtes, auch Filmhelden oder vorgestellte Fantasiewelten fließen in die Rollenspielhandlungen ein. Themen und Inhalte der Rollenspiele entstehen auch auf Grund aktueller Anlässe:

→ vor oder nach einem Zirkus-, Zoo-, Freizeitparkbesuch,
→ vor oder nach einem Arzt- oder einem Krankenhausbesuch,
→ vor oder nach besonderen familiären Ereignissen,
→ vor oder nach spektakulären Verkehrsereignissen,
→ wenn die Verkleidungsecke neu eingerichtet wurde,
→ subjektive Wünsche und Bedürfnisse werden geäußert,
→ gewöhnliche wie außergewöhnliche Ereignisse werden aufbereitet.

Kinder nehmen in ihre Rollenspiele immer solche Situationen auf, die sie besonders beeindruckt haben. Das können auch Filmerlebnisse, Bilderbuchgeschichten oder andere Medieneindrücke sein.

Spielräume in Kindertageseinrichtungen verfügen meistens über flexibel eingerichtete Rollenspielbereiche, in denen sich spezielle, nicht alltägliche Materialien für soziale Rollenspiele befinden, z. B. **flexible Rollenspielbereiche**

→ Verkleidungstruhe (Röcke, Kleider, Hüte, Tücher),
→ Schminkkoffer und Spiegel,
→ Puppen und allerlei Puppenspielzubehör,
→ Puppenhaus,
→ Handspielpuppen sowie evtl. eine kleine Puppenspielbühne, die auch mit Kindern selbst hergestellt werden kann,
→ typisches Berufszubehör (Kaufladen, Bürogegenstände, Arztkoffer, Frisörutensilien).

Derart ausgestaltete Rollenspielbereiche liegen meist an eher ruhigen Orten der Tageseinrichtung, um ungestörtes Spiel zu ermöglichen. Mittels leicht beweglichem Mobiliar, außerdem durch eine Sichtschutzwand abgeschirmt, entstehen zusätzliche Spielecken, die gerne angenommen werden. Angeregt durch die passende Raumgestaltung können Kinder alleine, mit gleich gesinntem Spielpartner oder mit einer kleinen Gruppe ihre Spiele verwirklichen. Natürlich finden kollektive, soziale, spontane oder angeleitete Rollenspiele bei entsprechender Ausstattung auch im Freien statt. Gelegentlich inspirieren Naturspielplätze zu neuen Spielthemen oder bewegungsreichen Darstellungsspielen. Für ihre Rollenspiele benötigen Kinder eigentlich keinen besonderen Raum, denn sie können überall stattfinden – auch außerhalb der vorgesehenen Spielbereiche.

Andere Rollenspielformen wie Darstellungsspiele, Spielketten, pantomimische Ratespiele u. a. m. sind meist an bestimmte Regeln gebunden. Sie sind bei Kindern durchaus beliebt und werden bevorzugt in der Gemeinschaft singend wie spielend durchgeführt. Diese Spiele **Spielregeln im Rollenspiel**

→ unterstützen soziales Rollenspiel,
→ regen spontane Rollenspiele an,

→ wecken Kreativität und Vorstellungskraft,

→ lassen Gefühle und Stimmungen zum Ausdruck kommen,

→ regen Bewegungsfreude an.

Ein sparsames Angebot von Requisiten hilft den Kindern bei der Rollenfindung und steigert ihre Spielfreude.

angeleitete Rollenspiele Angeleitete Rollenspiele werden von Spielleitern geplant und begleitet, Ort, Thema und Zeit der Spielhandlung werden vorgegeben. Die Spielleitung übernimmt eine geeignete Nebenrolle. Die teilnehmenden Kinder verteilen ihre Rollen und beteiligen sich an der weiteren Planung, wobei Spielverlauf und Ausgang vorher nicht festgelegt werden. Pädagogisch angeleitete Rollenspiele kommen immer ohne Zuschauer aus, können therapeutische Intentionen verfolgen oder Hilfestellung im Sozialisationsprozess darstellen.

Spielaufgaben

Beobachtungsprotokoll
Gesamtdauer des Spiels?
Beobachtungszeitraum?
Beobachtungsbereich?
Inhalt des Rollenspiels?
Welche Kinder sind beteiligt?
Wer spielt welche Rolle?
Wie werden die Rollen aufgeteilt/ausgeführt?
Findet Rollentausch statt? Wann?
Warum?
Ändert sich das Spielthema?
Wann?
Werden andere Personen einbezogen? Wie?
Welche Konsequenzen ziehen Sie aus Ihren Beobachtungen?

1. *Beobachten Sie in Ihrer Praktikumsstelle spielende Kinder im Rollenspielbereich. Notieren Sie Beispiele für kollektives bzw. soziales Rollenspiel.*

2. *Welche Gegenstände und Requisiten gibt es in Ihrer Praktikumsstelle für den Rollenspielbereich? Auf welche Weise werden diese von den Kindern in die Spielhandlungen einbezogen?*

3. *Beobachten Sie in Ihrer Praktikumsstelle über einen längeren Zeitraum Kinder bei Rollenspielen. Erstellen Sie ein Beobachtungsprotokoll nach nebenstehendem Muster.*

4. *Filmen Sie Spielszenen mit einer Videokamera und werten Sie diese mit Ihrer Gruppenleitung aus.*

5. *Überlegen Sie, mit welchen Methoden Sie bei Kindern Rollenspiele einleiten oder anregen können.*

6. *Wählen Sie ein Bilderbuch, eine Geschichte oder ein Gedicht aus, das sich zum Nachspielen eignet. Stellen Sie es in der Lerngruppe vor. Planen Sie gemeinsam eine szenische Darstellung und lassen Sie diese von einer Kindergruppe spielen. Berichten Sie in Ihrer Lerngruppe von Ihren Erfahrungen.*

2.4 Bau- und Materialspiele

Weitere entwicklungstypische Beschäftigungs- und Spielformen der Kindergartenkinder sind **Bauen, Experimentieren** und **Gestalten**. Diese Spielformen entwickeln sich aus dem Funktionsspiel des jüngeren Kindes und gehören der Spielart Konstruktionsspiel an (s. S. 36 ff.).

Beim Konstruktionsspiel wird etwas hergestellt, montiert, verändert oder etwas Neues geschaffen, das eine bestimmte Bedeutung und Funktion hat, z. B.:

Konstruktions-spiel

→ ein Turm aus Holzbausteinen,

→ ein Auto aus Pappkartons,

→ ein Haus aus Legosteinen.

Für diese Konstruktionsspiele sind Vorstellungskraft, Organisations- und feinmotorische Koordinationsfähigkeit notwendig. Entwicklungsbedingt findet erst das Schulkind zum richtigen Konstruktionsspiel (s. S. 115). Deshalb ist beim Kindergartenkind die Bezeichnung Bau- und Materialspiel genauer.

Alle Kinder sind neugierig. Wissbegierig und mit wachsender Sachkenntnis und Experimentierfreude wollen sie die Dinge um sie herum begreifen, selbst ausprobieren, verstehen, wie etwas funktioniert, sich Wissen aneignen und eigenhändig etwas schaffen. Eine erhebliche Anziehungskraft und Spielaufforderung geht von Materialien aus, die[1]:

Materialspiele

→ einfache Grundformen besitzen und aus dem Alltag bekannt sind: Verpackungskartons, Pappröhren usw.

→ mehrere Spielmöglichkeiten enthalten: Luftballons, Gummi-Bänder usw.

→ veränderbar sind: Einkaufstüten aus Papier, Schuhkartons usw.

→ verformbar, umgestaltbar, zusammenfügbar sind: Ton/Lehm, Knetmasse, Zeitungs- und anderes Papier (z. B. zu einem Frisbee) usw.

Wenn Erwachsene es zulassen, verleiten Spieldrang und Ideenreichtum Kindergartenkinder immer wieder zu Experimentier-, Nachahmungs- und Fantasiespielen. Bald verwandeln sich ihre kreativen Materialspiele in Rollenspiele, denn diese scheinen für sie attraktiver zu sein, als ein Produkt für einen bestimmten Zweck fertig zu stellen. Später spielen Kinder nicht mehr mit Materialien um deren Eigenschaften und Handhabungen auszuprobieren, sondern um neue Spielgegenstände entstehen zu lassen, aus Materialspielen entwickeln sich Gestaltungsspiele (= Symbolstufe; s. S. 36).

In allen Entwicklungs- und Altersstufen ist Bauen die häufigste und beliebteste Spielform. Dabei ist es gleichgültig, ob nur zwei Bausteine aufeinander gesetzt werden oder aus vielen Bausteinen ein hoher Turm entsteht. Das Ergebnis ist immer ein Produkt und das Kind hat fast immer ein Erfolgserlebnis. Außerdem wird durch zufälliges oder absichtliches Umstoßen eines Bau-

Bauspiele

---

1   Heimlich, U.: *Einführung in die Spielpädagogik*, a. a. O., Seite 51.

werkes Spannung erzeugt, die das Kind dazu anregt immer höher und komplizierter zu bauen. Dabei probiert es neue Bautechniken aus, erlernt erste statische Grundlagen und Gesetzmäßigkeiten, intensiviert seine Vorstellungskraft und entwickelt Konstruktionsfähigkeit.

Baukastenlied
Kommt herbei und sehet an,
was ich alles bauen kann!
Ohne Winkelmaß und Kelle
bau ich Häuser, Scheunen, Ställe.
Türm und Schlösser groß und klein,
brauche weder Kalk noch Stein.
Kommt herbei und sehet an,
was ich alles bauen kann!
Und an jeglichem Gebäude
hab ich meine große Freude.
Doch, wenn meine Freud ist aus,
reiß ich nieder jedes Haus.
Hoffmann von Fallersleben
(ohne Quelle)

Wenn Kinder bauen, setzen sie sich intensiv mit dem Raum und seinen Gegebenheiten auseinander. Im Bauspiel erfahren Kinder die **drei Raumdimensionen**:

→ *Länge*, indem Spielbausteine oder andere Gegenstände aneinander gereiht zu Linien werden,

→ *Höhe*, indem Spielbausteine oder andere geeignete Gegenstände aufeinander gestellt zu Türmen werden,

→ *Tiefe*, indem Spielbausteine oder andere Materialien um einen Gegenstand herum gelegt werden und so eine Umzäunung entsteht.

Wenn zusätzlich Fahrzeuge, Tiere, Figuren oder Naturmaterialien verwendet werden, regen Bauspiele in hohem Maße die Fantasie des Kindes an. In der Gemeinschaft Gleichgesinnter entstehen dann erfindungsreiche Rollenspiele.

Konstruktionsspielzeug

Das so genannte Konstruktionsspielzeug etwa von Lego, Constri, Nopper oder Fischertechnik erfordert von Kindern feinmotorisches Geschick, Geduld und Vorstellungsvermögen. Das Material unterscheidet sich von Spielbausteinen durch vorgefertigte Steckverbindungen, die zwar einen raschen Bauerfolg bringen, für jüngere Kinder allerdings oft nicht durchschaubar sind. Erst den älteren Kindergartenkindern bietet das Konstruktionsspielzeug einen länger anhaltenden Spielreiz. Einige Kinder nutzen die Möglichkeit, um aus dem meist kleinteiligen Material funktionierende Spielmodelle oder maßstabsgetreue Bauwerke anzufertigen. Auf Bau-/ Gestaltungsvorlagen sollte zunächst noch verzichtet werden, da die Kinder sich erst einmal im freien Experimentieren mit diesem Konstruktionsspielzeug vertraut machen.

Mal- und Gestaltungsspiele

Ähnlich wie beim Bauen und Konstruieren können Kinder bei Mal- und Gestaltungsspielen durch Ausprobieren und Experimentieren Fantasie, Kreativität, Ausdrucks- und Konstruktionsfähigkeiten entwickeln. Geeignete Materialien sind:

→ Malgeräte: Farb- und Pinselsortimente, Kreide, Bunt-, Filz-, Wachsstifte usw.

→ Maltechniken: Schwamm-/Korkdruck, Spritz-/Pustetechnik, Wasser-/Fingerfarben usw.

→ Papiersorten und Papiertechniken: Falten, Schneiden, Reißen, Knüllen usw. (z. B. eine Zaubertüte falten)

→ Formbare Materialien: Knete , Lehm usw.

→ Alltagsmaterialien, die verändert werden: Dosen, Watte, Verpackungsmaterialien usw.

→ Naturmaterialen: Muscheln, Blätter, Steine, Moos usw.

Gestaltungsspiele führt das Kind häufig alleine aus. Manchmal braucht es die Zuwendung oder den Zuspruch des Erwachsenen, den Vergleich oder konstruktive Wertung eines vertrauten Spielpartners. Während des Spielprozesses zeigt das Kind seine Gefühle und drückt seine Emotionen in seinen Werken aus. Je älter die Kinder sind, desto freier und selbstkritischer gehen sie bei Gestaltungsspielen vor. Erste ästhetische Empfindungen bilden sich heraus.

In den meisten Kindertageseinrichtungen befinden sich draußen wie drinnen eigens ausgestattete Baubereiche, mit etlichen frei gestaltbaren, teilweise zweckbestimmten Bauspielzeugen:

flexible Baubereiche

→ verschiedene, vorgeformte Spielzeugbausteine aus Kunststoff,

→ Holzbausteine in verschiedenen Formen und Ausführungen,

→ Konstruktionsspielzeug,

→ Eisenbahnen/-waggons, Schienen und diverses Zubehör,

→ Straßenteppich mit Autos in unterschiedlichen Größen und Funktionen,

→ Belebungsmaterial: Tiere, Bäume, Figuren aus Holz oder Kunststoff,

→ Decken, Tücher, Kissen,

→ Verpackungskartons und andere gestaltbare Werkstoffe,

→ Naturmaterialien,

→ Sand und Sandspielzeug u. a. m.

Im Baubereich verwirklichen Kindergartenkinder alleine oder mit Spielpartnern kreative Spielideen. Hier können aus den Materialien unterschiedlichste Produkte entstehen. Die Materialien können aber auch zu Rollenspielen anregen. Neben dem zufälligen oder geplanten Bauen und Konstruieren zeigen Bauspiele dann typische Rollenspielmerkmale, wenn etwa Ritterburgen von Außerirdischen überfallen werden oder Unfallopfer aus Fahrzeugen oder Tiergärten gerettet werden müssen.

Bauspiele werden Rollenspiele

Manchmal befindet sich in Kindertageseinrichtungen auch eine kindgerecht ausgestattete Werkstatt, in der Kinder unter der Aufsicht eines Erwachsenen erste technische Erfahrungen im Umgang mit echtem Werkzeug wie Säge, Hammer oder Zange sammeln können, z. B. wenn sie ein Riesen-Mikadospiel aus Holz bauen.

Bauspiele in der Werkstatt

Spielaufgaben

1. Beobachten Sie in Ihrer Praktikumsstelle spielende Kinder im Baubereich. Notieren Sie Beispiele für Konstruktionsspiele, Bauspiele, Materialspiele.

2. Erfassen Sie in Ihrer Praktikumsstelle das Spielmaterial im Bauspielbereich in einer Tabelle.

3. Beobachten Sie in Ihrer Praktikumsstelle über einen längeren Zeitraum Kinder bei Bau- und Materialspielen. Erstellen Sie ein Beobachtungsprotokoll nach dem Muster von S. 72.

4. Auf welche Weise können Sie die Bau-/Materialspiele der Kinder anregen?

5. Erstellen Sie eine Spielkartei für Materialspiele. Wählen Sie ein Konstruktionsspielzeug aus. Planen Sie in der Lerngruppe, auf welche Weise dieses in einer Kindergartengruppe eingeführt werden kann. Besprechen Sie in der Gruppe Ihre Erfahrungen.

6. Führen Sie in Ihrer Lerngruppe eine Pro-und-Kontra-Diskussion durch zu der Problemstellung: Sollen Kinder bei ihren Mal- und Gestaltungsspielen Schablonen benutzen?

Zwischenspiel 2

Spielzeugtag im Kindergarten oder Anleitung zum Medienkonsum?

Spielzeugtag

Fast jede Kindertageseinrichtung hat an einem bestimmten Tag im Monat (oder in einem anderen Zeitrhythmus) einen so genannten Spielzeugtag eingerichtet, an dem jedes Kind sein eigenes Spielzeug mitbringen darf. An den anderen Tagen ist privates Spielzeug eher unerwünscht; Spielzeug zum Kuscheln kann eine Ausnahme sein.

→ Jonas (3;4 J) geht den ersten Tag in seinen Kindergarten und hat sein neues Polizeiauto mit Blaulicht und Sirene mitgenommen;

→ Sarah (5;0 J) hat von der Oma zum Geburtstag einen Gameboy geschenkt bekommen, sie zeigt ihn ihrer Kindergartenfreundin Julia;

→ Mehmet (4;9 J) präsentiert stolz seine Pokémon-Sticker-Sammlung;

→ Julia (5;9 J) packt vorsichtig die neue Kleiderkollektion ihrer Barbie-Puppe aus dem Original-Barbie-Koffer;

→ Andy (3;10 J) aktiviert seinen beweglichen, geräuscherzeugenden Dinosaurier aus „Jurassic-Park";

→ Danny (4;7 J) führt seinen ferngesteuerten Knight-Rider vor;

→ Anna (4;11 J) legt eine Schlager-Musik-Kassette in ihren bunten Kinderkassettenrecorder und singt dazu in ein angeschlossenes Mikrofon;

→ Jurek (5;8 J) trägt einen breiten Gürtel, an dem ein „Laser für Außerirdische" hängt;

→ Mona (3;6 J) legt ihre „lebensechte" Babypuppe in den Puppenwagen vom Kindergarten;

→ Irina (5;10 J) hat ihren Lieblingsvideofilm „Sailor Moon" mitgebracht, kann ihn aber nicht vorführen, da es weder Fernseher noch Videogerät gibt;

→ Daniel (6;2 J) präsentiert sein vom Taschengeld gekauftes neues Comic-Heft;

→ Johanna (4;4 J) blättert in ihrem Bilderbuch „Klopf an!" und erzählt dazu Geschichten aus den Animationen der beiliegenden CD-ROM (den PC aus dem Büro der Leiterin darf sie nicht benutzen).

Die aufgeführten Beispiele lassen sich angesichts des grenzenlosen Spielzeugangebotes weiter fortsetzen. Sie veranschaulichen, welchen ausdrücklich subjektiven Stellenwert Spielmittel für das einzelne Kind einnehmen. Die Beispiele deuten aber auch auf Probleme und soziale Konflikte hin, die entstehen können, wenn Kinder in Tageseinrichtungen ihr eigenes Spielzeug mitbringen.

„Spielzeug ist ein wesentlicher Bestandteil der Kultur von Kindern"[1] und wenn Kinder ihr eigenes Spielzeug mit in die Tageseinrichtung bringen, bieten sich für sozialpädagogische Fachkräfte unschätzbare Möglichkeiten um

Konsequenzen

→ die Kinder zu beobachten,

→ mit ihnen in einen Spieldialog zu kommen,

→ ihre äußere und innere Erlebenswelt zu erfassen.

Wenn aber die Kindergartenkinder nur zu einem willkürlich festgelegten Termin ihr privates Spielzeug mitbringen, womöglich in großem Ausmaß, dann kommt es fast zwangsläufig zu Unruhe und unangenehmen Streitigkeiten:

→ Besitzanspruch wird geltend gemacht,

→ Neidgefühle kommen auf,

→ Rivalität und Konkurrenzverhalten brechen aus,

→ bei mangelnder Beachtung entsteht Enttäuschung oder Frustration,

→ Teile des Spielzeugs gehen verloren oder kaputt,

→ die Eltern mischen sich ein u. Ä. m.

---

1 Gauly, B.: *Lasst die Kinder entscheiden*, in Kindergarten heute, 1/2000, Herder Verlag, Freiburg 2000.

Für konstruktive Auseinandersetzungen und Spielinitiativen bleibt an einem Spielzeugtag kaum Zeit und Gelegenheit, obwohl sie für die Kinder sehr hilfreich wären. Dies könnte geschehen, wenn an jedem Tag Spielzeugtag wäre oder (ähnlich dem Projektkonzept spielzeugfreier Kindergarten, s. S. 80 ff.) alle Beteiligten – Kinder, Fachkräfte der Tageseinrichtungen und Eltern – gemeinsam in einen Spieldialog treten um Wertvorstellungen zu erleben und Perspektiven zu entwickeln.

„privates" Spielzeug

Mit seinem Spielzeug verknüpft das Kind etwas ganz Besonderes, Persönliches. Diesbezüglich spielt es keine Rolle, ob das Spielzeug pädagogischen Standards entspricht. Ausschlaggebend ist nur, mit welcher Funktion das Kind sein Spielzeug besetzt: In der Fantasie übernimmt das Kind die Kraft von Action-Figuren. Diese Vorstellung hilft ihm, mit den Risiken des Alltags fertig zu werden. Im Spiel mit der Barbie-Puppe können sich geheime Träume und unerfüllte Wünsche erfüllen. Dabei benutzen Kindergartenkinder die Spiel-Figuren und andere Spielgegenstände nicht ausschließlich im intendierten Spielsinn, sondern erfinden im selbstbestimmten Umgang eigene (Rollen-)Spielinhalte.

„öffentliches" Spielzeug

Das Spielzeug in Kindertageseinrichtungen gehört zum Eigentum der jeweiligen Einrichtung. Es ist zwar allgemein zugänglich und kann von allen Kinder gleichermaßen benutzt werden – insofern ist es „öffentlich" – aber es kann nicht mit nach Hause genommen werden und es steht nicht zur beliebigen Verfügung. Eine Identifikation und emotionale Beziehung wie beim privaten Spielzeug kann hier kaum entstehen und ist auch nicht beabsichtigt; vielleicht trägt dieser Umstand auch zur Attraktivität dieses Spielmaterials bei. Das „öffentliche" Spielzeug der Kindertageseinrichtung wird von Erwachsenen nach spielpädagogischen Intentionen ausgewählt und unter Berücksichtigung der jeweiligen pädagogischen Konzeption den Kindern methodisch durchdacht angeboten.

subjektive Bewertungen

Erwachsene unterziehen das Spielzeug der Kinder oft einer subjektiven Bewertung und teilen es in „gut" und „schlecht" ein. Dadurch und stärker noch durch Spielzeugverbote werden Auseinandersetzungen umgangen, werden tatsächliche Spielbedürfnisse der Kinder nicht ernst genommen, wird die Begeisterung übersehen, die Kinder für dieses Spielzeug, z.B. *Action-Figuren, Barbie-Puppen* u.Ä. entwickeln. „Kindern ist nicht geholfen, wenn sie mit ihren Gefühlswelten in Bezug auf dieses Spielzeug und die damit verbundenen Spielinhalte allein gelassen oder wenn diese gar abgewertet werden. Notwendig ist eine Kultur des Ernst-Nehmens, der teilnehmenden Beobachtung und des Dialogs."[1]

Entgegen den Ansprüchen der Erwachsenen eröffnen alle Spielmittel die Möglichkeit in der spielerischen Identifikation Fantasien und Wünsche wie auch Aggressionen auszuleben. Bezüglich des Spielzeugs

---

[1] Gauly, B.: *Lasst die Kinder entscheiden*, in Kindergarten heute, 1/2000, Herder Verlag, Freiburg 2000.

scheinen die Kinderwünsche und Erziehungsvorstellungen manchmal unvereinbar. Brauchbare Hilfestellungen für die Auswahl von Spielzeug finden sich in vielen Ratgebern wie beispielsweise in Publikationen des Arbeitsausschuss Kinderspiel und Spielzeug. (s. S. 51)

Dass Kinder auch ohne Spielzeug wertvolle Erfahrungen im Spiel sammeln beweisen u. a. die Erfahrungen mit dem pädagogischen Konzept „spielzeugfreier Kindergarten".

Die Werbung der Spielwarenindustrie und Merchandising-Konzepte (s. S. 55) suggerieren ihren Konsumenten natürlich anderes, nämlich konsumorientierte Verhaltensmodelle und konsumfixierte Lebensziele. Aber auch Konsumerlebnisse gehören zur Lebenswirklichkeit der Kinder und die Fachkräfte in Kindertageseinrichtungen müssen sie bei ihren erzieherischen Bemühungen berücksichtigen.

Spielaufgaben

1. *Beobachten Sie in Ihrer Praktikumsstelle am Spielzeugtag die Kinder. Besprechen Sie in der Lerngruppe Ihre Eindrücke. Entwickeln Sie gemeinsam Alternativen.*

2. *Erörtern Sie in Ihrer Lerngruppe die nachfolgenden Fragstellungen und fassen Sie die Ergebnisse anschaulich zusammen:*

   → *Warum wünschen sich Kinder bestimmtes Spielzeug?*

   → *Was macht Spielzeug so attraktiv?*

   → *Welches Spielzeug ist für Kindergartenkinder überflüssig oder gar schädlich?*

3. *Was verstehen Sie unter dem Begriff Kriegsspielzeug? Würden Sie in Ihrer Kindergartengruppe Kriegsspielzeug dulden? Begründen Sie Ihre Meinung. Zeigen Sie Alternativen auf.*

4. *Organisieren Sie in Ihrer Fachschule einen Spielzeugbasar.*

5. *Diskutieren Sie in Ihrer Lerngruppe die Aussage: „Mit der braven Holzeisenbahn lockt man heutzutage kein Computerkind hinter dem Ofen hervor!"*

Beobachtungen am Spielzeugtag:

→ Welches Kind bringt welches Spielzeug mit?

→ Auf welche Weise beschäftigt sich das Kind damit? Wie lange? Lässt es andere Kinder mitspielen?

→ Beachtet das Kind das Spielzeug der anderen Kinder? Auf welche Weise?

→ Steht ein bestimmtes Spielzeug im Mittelpunkt? Wodurch?

→ Wie reagieren die Erzieherinnen auf das mitgebrachte Spielzeug?

→ Wird das private Spielzeug in den Gruppenalltag integriert? Auf welche Weise?

2.5 Institutionalisierte Spielkonzepte für Kindergartenkinder

Die meisten Kinder zwischen dem dritten und sechsten Lebensjahr besuchen einen Kindergarten. Jeder Kindergarten arbeitet nach einem bestimmten pädagogischen Konzept und folglich vollzieht sich auch das Spiel der Kinder nach festgelegten inhaltlichen Überzeugungen. Die hier vorgestellten Spielkonzepte leiten sich aus bereits verbreiteten sowie aktuellen Kindergartenkonzeptionen ab, dazu gehören:

→ Spielzeugfreier Kindergarten,

→ Waldkindergarten,

→ offener Kindergarten,

→ Waldorfkindergarten,

→ Montessori-Kindergarten,

→ integrativer Kindergarten.

Die beschriebenen Segmente der jeweiligen Schwerpunkte geben nur eine stark reduzierte Übersicht wieder. Eine weitergehende und vertiefende Auseinandersetzung muss deshalb in den entsprechenden Unterrichtsfächern der sozialpädagogischen Ausbildung erfolgen oder im Selbststudium.

Spiel im spielzeugfreien Kindergarten

Grundgedanke

Auch zu viel Spielzeug kann Langeweile zur Folge haben.

Der Grundgedanke, im Kindergarten für einen gewissen Zeitraum das vorhandene Spielzeug zu reduzieren bzw. phasenweise ganz darauf zu verzichten, begründet sich durch die vorhandenen vielfältigen Konsumgüter (Spielzeug) und die Fülle an Freizeitangeboten, denen die Kinder ständig ausgesetzt sind. Viele Kinder erleben schon sehr früh, dass unbefriedigte Bedürfnisse und Frustrationen mit dem Kauf von Spielzeug kompensiert werden.

Kinder stark machen

Einerseits versucht der Kindergarten die Kinder zu befähigen eine sinnvolle Auswahl der verschiedenen Angebote zu treffen; andererseits eröffnet das Konzept „spielzeugfreier Kindergarten" Kindern neue Erfahrungswelten. Ohne Konsumzwang und Angebotsfülle jedoch mit großem Zeit- und Spielraum ergeben sich Gelegenheiten für die Entdeckung eigener Möglichkeiten. Andere Kindergartenkonzeptionen (z. B. situationsorientierter Ansatz, Montessori-Pädagogik) orientieren sich ebenfalls an dieser Zielsetzung.

„Kinder stark machen – Suchtvorbeugung im Kindergarten" lautet der Slogan der Bundeszentrale für Gesundheitliche Aufklärung, der die Durchführung des Projektes „spielzeugfreier Kindergarten" unterstützt. Eine wissenschaftliche Begleitstudie belegt dabei positive Effekte der präventiven Grundkonzeption. Die beteiligten Kinder nutzen ihre Fantasie, Kreativität als auch den ungewohnten Freiraum und setzten sich mit den eigenen Bedürfnissen und Frustrationen auseinander. Solchermaßen erworbenes Selbstbewusstsein gibt Sicherheit, verhindert Abhängigkeiten und beugt Süchten vor.[1]

Sucht-prävention

„Durch die Herausnahme des Spielzeugs, das Wegfallen der Angebote und vorstrukturierten Lösungen durch die Erzieherinnen – so die Idee, die sich entwickelte – konnte eine Situation geschaffen werden, in der die Kinder durch die entstandene Leere auf sich selbst, ihre Ideen, Fantasie, Bedürfnisse, Wünsche, Stärken und Schwächen zurückgeworfen wurden."
Das Projekt richtet sich nicht gegen Spielzeug, sondern die Herausnahme des Spielzeugs und das Wegfallen der Angebote ist eine Methode, um in einem begrenzten Zeitraum eine Situation zu schaffen, in der Kinder ihre Lebenskompetenzen erproben und entwickeln können.[2]

Lebens-kompetenz

Nach einer Vorbereitungsphase wird gemeinsam mit den Kindern alles vorhandene Spielzeug und Bastelmaterial für den Zeitraum von drei Monaten aus allen Gruppenräumen entfernt. Sonst übliche Bewegungsangebote werden ebenfalls nicht durchgeführt. Stattdessen werden alle gewohnten Spielecken und Räume von den Kindern neu erobert und mit neuen Spielideen besetzt. Ersatzweise spielen die Kinder mit Möbeln, Decken, Kissen etc. oder gehen nach draußen und beschäftigen sich mit Sand, Erde, Steinen, Blättern oder Ästen. Sie beobachten und erforschen ihre alltägliche Umwelt, entdecken neue Rollenspielhandlungen und erfinden neue Regeln für gemeinsame Spiele. Wenn die Kinder danach fragen, erhalten sie Werkzeuge oder Materialien, die sie zur Realisierung ihrer Ideen benötigen oder sie bringen diese von zu Hause mit.

Zeit ohne Spielzeug

Die Aufgabe der Erzieherinnen besteht im Wesentlichen darin, soziale Prozesse zu beobachten, zu protokollieren und die Kinder in ihrem Tun zu ermutigen. Mit dem Einverständnis der Kinder und den Eltern kann das Projektgeschehen mit der Videokamera begleitet werden. Ganz wichtig ist der Austausch mit den Eltern in Form von Gesprächen und vorherigen Informationsveranstaltungen. Darüber hinaus sollten sich Erzieherinnen wie auch Bezugspersonen der Kinder mit ihren persönlichen Lebensweisen auseinander setzen und eigenes Suchtverhalten klären.

Aufgaben der Erzieherinnen

---

[1] Vgl.: Winner, A.: *Der spielzeugfreie Kindergarten – ein Projekt zur Förderung der Lebenskompetenz bei Kindern*, München 1996.

[2] Strick, R.: *Spielzeugfreier Kindergarten – von der Analyse zum Konzept*, in: Becker-Textor, u. a.: Ohne Spielzeug, S. 38.

Spielaufgaben

1. *„Was ist Sucht?" Zur spielerischen Klärung bekommen alle Spielteilnehmer eine „Suchtkarte" auf den Rücken geklebt. Mittels Befragung müssen sie nun herausfinden, welche Sucht sie haben, z. B. Eifersucht, Spielsucht, Esssucht u. a. m.*

2. *Welches sind Ihrer Meinung nach die wichtigsten Ursachen von (späterem) Suchtverhalten?*

   Bitte bringen Sie die nachfolgend genannten Antworten in die für Sie richtige Reihenfolge (am wichtigsten 1, am zweitwichtigsten 2 usw.; verwenden Sie jede Zahl nur einmal):

   schlechter Freundeskreis

   schlechte Familienverhältnisse

   Vorbild der Eltern

   Überforderung in Kindergarten/Schule/Ausbildung/Beruf

   Vorbild von Erziehern, Lehrern, anderen erwachsenen Bezugspersonen

   fehlendes Selbstwertgefühl

   Werbung

   „süchtige" Gesellschaft

   schlechte Wohngegend

   Fehlende Informationen über die Gefahren der Suchtmittel

3. *Vergleichen und diskurieren Sie die Ergebnisse in der Lerngruppe.*

4. *Diskutieren Sie in der Lerngruppe das Thema: Suchtprävention im Kindergarten?*

Spiel im Waldkindergarten

Kindergarten unter freiem Himmel
Die Idee des Waldkindergartens entstand in den siebziger Jahren in Dänemark. Nachfolgende Konzepte setzen sich auch in Deutschland bis heute weiter fort. Der Waldkindergarten ist ein Kindergarten ohne Dach, Wände und Türen. Für extreme Witterungen steht eine Schutzhütte zur Verfügung. Die vorgefundene landschaftliche Umgebung ist der Spiel- und Beschäftigungsraum der Kinder.

Natur zum Anfassen
Die Natur zum Anfassen ermöglicht Erfahrungen mit allen Sinnen. „Im Kindergarten unter freiem Himmel spielt sich alles im Wald ab. Die Kinder laufen, spielen und basteln dort, wie in einem anderen Kindergarten auch. Es gibt kein festes Haus, denn die Kinder sind bei Wind und Wetter draußen"[1].

---

1 Waldkindergarten Würzburg, im Internet: *www.wuerzburg.de/waldkindergarten*

Die Kinder verbringen in der Regel mit zwei Erzieherinnen täglich etwa vier Stunden im Waldkindergarten. Sie sind ausgerüstet mit wettergerechter Kleidung, einem kleinen Rucksack mit Proviantdose, Thermoskanne und kleiner Isomatte. Die Erzieherinnen führen meist in einem Handwagen noch Zusätzliches mit: Mobiltelefon, Verbandskasten, ein Bestimmungs- wie Geschichtenbuch, Decken, Seile etc. Wie im klassischen Kindergarten können sich die Kinder am geregelten Tagesablauf mit seinen Elementen orientieren.

alltägliche „Ausrüstung"

„Kinder bekommen hautnah den Jahreskreislauf der Natur vermittelt, außerdem lernen sie Pflanzen und Tiere intensiv kennen. Im Wald lernen die Kinder fantasievoll zu spielen: mit Tannenzweigen, Stöckchen und Blättern entwickeln sie Geschichten und Abenteuer. [...] Die Kinder finden Raum zum Toben, Raum für Stille, Raum zur Konzentration auf eine Sache, Raum für Abenteuer, Raum zum Klettern, Raum zum Balancieren und viele andere Möglichkeiten. Jedes Kind kann sich die Beschäftigung suchen, die es braucht. [...] Die Vielfalt an motorischen Möglichkeiten und die Anregung aller Sinne verhelfen den Kindern dazu [...] Konzentration und Ausdauer zu entwickeln."[1]

Spielraum Wald

Der Waldkindergarten bietet eine Alternative oder auch eine richtungsweisende Ergänzung zum klassischen Kindergarten. Das Prinzip der Waldkindergartenpädagogik ist das Spiel. Im Wald können Kinder ungehindert ihren natürlichen Bewegungsdrang ausleben, Fantasie und Kreativität werden durch die Vielfalt der Natur des Waldes angeregt und gefördert. Beim Spiel in freier Natur erleben Kinder selbst ihre Grenzen, erfahren ihre Entwicklungsfortschritte und üben sich im sozialen Verhalten.

Alternative zum klassischen Kindergarten

Der tägliche Aufenthalt im Freien bewirkt, dass sich der Körper nach kurzer Gewöhnungszeit auf die unterschiedlichen Witterungsverhältnisse einstellt und das Immunsystem gestärkt wird. Erfahrungen der dänischen Waldkindergärten ergaben, dass Waldkindergartenkinder widerstandsfähiger sind, weniger Probleme mit Allergien auftreten, dem Spiel- und Bewegungsbedürfnis der Kinder entsprochen wird und die Kinder sich austoben können.
„Durch den Besuch des Waldkindergartens entwickeln Kinder eine natürlich gewachsene, liebevolle Beziehung zu ihrer Umwelt. Dies ist die beste Voraussetzung, als Erwachsener die Umwelt zu schützen und sich für diese aktiv einzusetzen."[2]

Auswirkungen

---

[1] Waldkindergarten Flensburg e.V., im Internet: *www.waldkindergarten.de*
[2] Wißmann-Hardt: *Waldkindergärten – Chancen für die Jugendverwaltung*, in Hrsg.: Arbeitsgemeinschaft Natur- und Umweltbildung e.V.; Sozialpädagogisches Institut NRW; Verband für Umweltberatung; Stadt Bergisch Gladbach: *Waldkindergärten in Nordrhein Westfalen*, Dokumentation der Fachtagung in Bergisch Gladbach 1997; Jugendamt der Stadt, An der Gohrsmühle 18, 51439 Bergisch Gladbach.

andere Konzepte Die positiven Auswirkungen der Waldkindergartenpädagogik zeigen in der klassischen Kindergartenpraxis immer stärker Konsequenzen. In Anlehnung an den reinen Waldkindergarten verbreiten sich weitere Konzepte zunehmend:

→ Im integrativen Waldkindergarten gehen die Gruppen eines Regelkindergartens turnusmäßig für einen bestimmten Zeitraum in den Wald.

→ Im Projekt grüner Kindergarten werden die Außenanlagen unter Einbindung der Kinder in einen Nutzgarten umgewandelt.

→ In der Freilandpädagogik sind die Aufenthaltsorte nicht nur auf den Wald beschränkt, sondern das unmittelbare Wohnumfeld der Kinder wird ganz bewusst einbezogen.[1]

→ Im Naturkindergarten wird den elementaren Spielräumen der Kinder – Gruben, Gräben, Sand – neben der Natur- und Umwelterfahrung besonders entsprochen.

Spielaufgaben

1. *Führen Sie mit Ihrer Lerngruppe eine Waldrallye durch.*

Beispiele für Rallye-Aufgaben :

→ *Wie heißen die bekanntesten einheimischen Nadelbäume?*

→ *Welcher Nadelbaum hat die längsten Nadeln?*

→ *Sammeln Sie fünf verschiedene Pflanzen, die Sie mit Namen kennen.*

→ *Was ist richtig „Lärche" oder „Lerche"?*

→ *Nennen Sie fünf verschiedene Pilzarten, die Sie in heimischen Wäldern/Wiesen finden können.*

→ *Finden Sie so viele Lieder wie möglich, in denen der „Wald" vorkommt (in der Abschlussrunde singen).*

→ *Welche Geräusche hören Sie im Wald? Wer verursacht sie?*

→ *Nennen Sie fünf heimische Vogelarten. Wo nisten sie?*

→ *Was sind Zugvögel?*

→ *Nennen Sie einheimische Pflanzen und einheimische Tiere, die im Gleichgewicht mit der Natur leben, ihr eigenes Ökosystem schaffen und verdeutlichen Sie die Nahrungskette.*

→ *Ist der Stamm der Buche rau oder glatt?*

→ *Befestigen Sie eine Papprolle und gestalten Sie in den Blickausschnitt eine „kleine Welt" aus Naturmaterialien. Erfinden Sie zu Ihrer Miniaturwelt eine Geschichte.*

2. *Planen Sie für Ihre Kindergartengruppe eine geeignete Waldrallye.*

---

1 Prokop, E.: *Was ist eigentlich Freilandpädagogik?* in Kindergarten heute 5/99.

3. *Überlegen Sie Bewegungsspiele oder Sinnesspiele, die Sie mit Kindern im Wald oder auf der Wiese ausführen. Reflektieren Sie in der Lerngruppe Ihre Erfahrungen.*

4. *Erfinden Sie eine geeignete Bewegungsgeschichte für den Wald, die Wiese o.Ä.*

5. *Stellen Sie gemeinsam mit Kindern ein Zuordnungsspiel aus Naturmaterialien her.*

6. *Erkunden Sie beim örtlichen Jugendamt, wo sich der nächste Waldkindergarten befindet. Nehmen Sie Kontakt zu dem Waldkindergarten auf und planen Sie eine Hospitation mit Ihrer Lerngruppe.*

7. *Erfassen bzw. markieren Sie in Ihrer Spielkartei solche Spiele, die dem Konzept* Waldkindergarten *entsprechen.*

Spiel im „offenen" Kindergarten

Schneller gesellschaftlicher Wandel beeinflusst auch die pädagogischen Inhalte und Konzepte der Kindertageseinrichtungen und bestimmt somit auch die Arbeitsplatzbedingungen sozialpädagogischer Fachkräfte. Als Reaktion auf gesellschaftliche Veränderungen entstanden Mitte der achtziger Jahre auf der Grundlage des situationsbezogenen Ansatzes neue Schlagworte wie „offener" Kindergarten oder „offene" Arbeit im Kindergarten.

Reaktion auf gesellschaftlichen Wandel

„Offener" Kindergarten bedeutet nicht, dass den Kindern alle Räume uneingeschränkt zur freien Verfügung stehen und sie hier völlig unbegrenzt tun können, was sie möchten. Hinter dem Begriff verbergen sich die Umorientierung konzeptioneller Handlungsrahmen sowie geänderte Strukturen aktueller Kindergartenpädagogik; die freien Spielräume der Kinder sollen erweitert werden. Innerhalb gemeinsam getroffener Vereinbarungen und Handlungsregeln können Kinder frei entscheiden, auf welche Weise sie ihren Spiel- und Bewegungsbedürfnissen nachkommen.

Umorientierung der Kindergartenpädagogik

Der „offene" Kindergarten soll Lebens- und Erfahrungsraum sein, in dem behinderte und nicht behinderte (s. S. 95), chronisch kranke und gesunde, hochbegabte und entwicklungsverzögerte, ausländische und deutsche Kinder miteinander spielen und lernen.[1] Die Kinder sollen lernen vermehrt eigene Entscheidungen zu treffen, sei es durch die Wahl der Spielpartner, des Raumes, der Beschäftigung oder der Erzieherin.

Lebens- und Erfahrungsraum

Fünf Strukturelemente bewirken „offene" Kindergartenarbeit und sollten als Grundhaltungen vorhanden sein[2]:

Strukturelemente

---

[1] Büchsenschütz/Regel: *Mut machen zur gemeinsamen Erziehung*, EBV Rissen, Hamburg 1991.

[2] Regel: *Zusammenwirkende Strukturelemente offener Kindergartenarbeit*, in Kindergarten heute, 1/92, Herder Verlag Freiburg 1992.

→ Das zugrunde liegende Menschenbild
Das Kind wird als Akteur seiner Entwicklung gesehen und nicht als Produkt seiner Umwelt. Die Erwachsenen verstehen sich nicht in der Rolle der „Macher", sondern die Entwicklung vollzieht sich durch schöpferische Aktivität und handelnde Auseinandersetzung mit der dinglichen und sozialen Umwelt.[1]

→ Orientierung an den Bedürfnissen der Kinder
Die Bedürfnisorientierung ergibt sich aus dem zugrunde liegenden Menschenbild, wobei Angebote und Hilfestellungen an den Interessen und Stärken der Kinder ausgerichtet werden.

→ Methodenkonzept der Handlungsforschung
Planung, Gestaltung und Handeln der Kindergartenarbeit werden durch stetige Reflexionen begleitet.

→ Psychomotorik
Die Förderung ist ganzheitlich, d.h. alle Sinne und Entwicklungsbereiche werden einbezogen. Mit Unterstützung geeigneter Spiel- und Bewegungsangebote können eingeschränkte Bewegungserfahrungen der Kinder ausgeglichen werden.

→ Rolle des Personals
Alle Mitarbeiter der Einrichtung bilden ein verlässliches Gesamtteam und haben für alle Arbeitsgebiete klar umrissene Zuständigkeiten.

Handlungs-rahmen

Das Konzept des offenen Kindergartens bietet einen Handlungsrahmen, in dem Kinder die für ihre Entwicklung wichtigen Erfahrungen sammeln können. Angestrebt wird eine vom Kind ausgehende, situationsorientierte Arbeit und eine ganzheitliche Erziehung in einer Umgebung, die den Kindern vielseitige Wahrnehmungs-, Erlebnis- sowie Entwicklungsmöglichkeiten bietet. Gemeinsam erarbeitete, einrichtungsspezifische Strukturen, wie z. B. Öffnungszeiten, Tagesablauf, Raumnutzung/-gestaltung, bieten Kindern, Erzieherinnen und Eltern klare Orientierungspunkte.[2]

organisatori-sche Voraus-setzungen

Es gibt nicht die eine Form der offenen Arbeit und nicht den offenen Kindergarten, sondern offene Konzepte mit vielen Gesichtern[3]. Erst auf der Grundlage charakteristischer organisatorischer Voraussetzungen kann „offene" Arbeit praktiziert werden. Die offene Arbeit muss dem jeweiligen Einrichtungstyp – Kindergarten, Kindertagestätte oder altersgemischte Gruppen – angepasst werden.

---

[1] Vgl. Regel, G.: *Der offene Kindergarten – Eine Weiterentwicklung die überzeugt*, in Kindergarten heute, Heft 9/97.

[2] Vgl.: Eickelberg-Quednau, „*Offene" Arbeit mit Kindern – „Offener Kindergarten"*, in: Info Post Nr. 2: *Konzepte-Wandel-Zukunft*, Hrsg: Sozialministerium NRW, Düsseldorf 1996.

[3] Vgl. Regel, G.: *Der offene Kindergarten*, a. a. O.

→ Raumaufteilung

Die bisherigen Gruppenräume werden in Spiel- oder Erfahrungsräume mit entsprechender Ausstattung umgewandelt. In Übereinstimmung mit den zentralen kindlichen Entwicklungsbedürfnissen werden primär eingerichtet:

- ein Bewegungsraum,
- ein Raum für Rollenspiele,
- ein Kreativraum,
- eine Ruhezone,
- eine Cafeteria (Frühstücksraum).

Stehen weitere Räumlichkeiten wie Flure und Nebenräume zur Verfügung, werden diese je nach aktuellen Spielinteressen der Kinder gemeinsam hergerichtet.

→ Tagesablauf

Ähnlich wie in traditionellen Kindergarten- konzepten gibt es wiederkehrende Elemente im Tagesablauf:

- In der freien Spielphase entscheiden die Kinder, wo, womit, was, mit wem und wie lange sie spielen möchten.

- Während dieser Phase verabreden die Erzieherinnen – in gebotener Kürze – die aktuellen Angebote, welche sich immer aus der Lebenssituation, den Beobachtun- gen der Kinder oder von Aktivitäten des Vortages ableiten lassen.

Treffen einer „Blitzrunde"

- In dieser freien Phase kann das Kind frühstücken.

- Zu einer bestimmten Zeit oder auf ein verabredetes Zeichen hin treffen sich alle Kinder mit ihrer Erzieherin in ihrer Stammgruppe zu der so genannten Blitzrunde. Hier werden alle Anwesenden begrüßt, Neuigkei- ten ausgetauscht, festgestellt, wer fehlt, über die anstehenden Ange- bote informiert und Wahlmöglichkeiten aufgezeigt.

- In der anschließenden Angebotsphase werden gruppenübergreifend in Kleingruppen die vom Kind frei gewählten Aktivitäten durchgeführt.

- Bis zur Verabschiedungsphase können die Kinder wieder frei spielen.

→ Stammgruppen

Regelmäßig und zu bestimmten Zeiten treffen sich die Kinder mit ihrer Erzieherin in ihrer Stammgruppe. In der übrigen Zeit sind die Gruppen- strukturen aufgelöst. Gerade für jüngere und neue Kinder bildet die Stammgruppe einen Treffpunkt und notwendige Kontaktstelle für den sozial-emotionalen Austausch.

Mitwirkung aller
Beteiligten

Äußere Bedingungen und Qualitätsanforderungen unterliegen einem ständigen Wandel. Damit man den kindlichen Entwicklungsbedürfnissen in der Zukunft weiter gerecht werden kann, müssen die bestehenden Konzepte überprüft, ergänzt und gegebenenfalls geändert werden. Praktizierte „offene" Kindergartenarbeit lebt von der Flexibilität und der Mitwirkung aller Beteiligten: Fachkräfte – Kinder – Eltern.

Spielaufgaben

1. Malen oder gestalten Sie: *„Mein Bild vom Kind".*

2. Diskutieren Sie die Aussage *„Das Kind ist Akteur seiner Entwicklung und nicht das Produkt seiner Umwelt!"* in Ihrer Lerngruppe.

3. Hospitieren Sie in einem Kindergarten, der nach dem Prinzip des offenen Kindergartens arbeitet. Reflektieren Sie Ihre Beobachtungen mit den zuständigen Erzieherinnen.

   → Beobachten Sie ein Kind und begleiten Sie es durch den Vormittag. Protokollieren Sie seine freien Spieltätigkeiten.

   → Verbringen Sie einen Vormittag im Bewegungsraum. Protokollieren Sie die Spielaktionen der Kinder, z. B.

      – Anzahl/Alter/Geschlecht/Aufenthalt/Dauer,

      – Spielinhalte/Spielthemen/Spielideen,

      – Spielpartner/Sozialverhalten,

      – psychomotorische Fähigkeiten,

   → Protokollieren Sie eine Blitzrunde.

   → Welches Spielmaterial/welcher Spielraum wird zurzeit von den Kindern favorisiert. Ermitteln Sie mögliche Gründe.

   → Welchen Spielraum bevorzugen **Sie**? Warum?

   → Vergleichen Sie in Ihrer Lerngruppe die erworbenen Eindrücke und Erfahrungen.

4. Erkunden und erfassen Sie das Spielumfeld Ihres Praktikums-Kindergartens.

Spiel im Waldorfkindergarten

Waldorfkindergärten und Waldorfschulen gibt es mittlerweile in vielen Ländern der Welt. Häufig entstehen sie durch Initiative der Eltern. Der erste Kindergarten wurde 1919 von dem Philosophen Rudolf Steiner (1861–1925) auf der Grundlage anthroposophischer Erkenntnis- und Entwicklungslehre gegründet.

Die Waldorf-Pädagogik orientiert sich an einem ganzheitlichen Menschenbild und vermittelt, dass die Entwicklung von Körper, Geist und Seele in einem bestimmten Rhythmus und in sieben aufeinander folgenden Stufen erfolgt. Das anthroposophische Bild vom Wesen des Kindes und die abgeleitete Entwicklunglehre führen aus, dass das Kindergartenkind sich im ersten „Lebensjahrsiebt" befindet. Das ist die erste Entwicklungsstufe, in der kindliche Spieltätigkeiten im Wesentlichen aus Nachahmung äußerer Eindrücke und nachahmendem Gestalten der inneren Fantasie bestehen.[1]

Waldorf-pädagogik

Spielentwicklung vollzieht sich nach dem Verständnis der Waldorfpädagogik durch Vorbild und Nachahmung, Rhythmus und Wiederholung in drei Stufen[2]:

Spielentwick-lungsstufen

→ In der ersten Spielstufe (1–3 Jahre) bilden Bewegung und Imitation die zentralen Spielformen. Das Kind will alles begreifen und mittun, jedoch erfasst es die tiefere Bedeutung noch nicht.

→ In der zweiten Spielstufe (3–5 Jahre) vertieft das Kind sein Spiel. Es will in dieser Altersstufe überwiegend reiche Spielanregungen, mit denen alle Sinne angesprochen werden.

→ In der dritten Spielstufe (5–7 Jahre) will das Kind sich in seinem Spiel zielgerichteten Tätigkeiten hingeben, es möchte eigene Vorsätze und Neigungen verwirklichen.

„Im Spielen zeigt uns das Kind sein Wesen. Im Spiel erfährt und bildet es sich selbst, im Spiel erobert es seine Welt. Sein eigenes Dasein und die Außenwelt sind noch eine Einheit: Für alle Eindrücke ist es offen, dabei lebt es in seinem Spielen zugleich mit voller Hingabe an seine Umgebung. Alles Spielen wirkt deshalb auf das ganze Wesen des Kindes. Im Spiel bilden sich seine leiblichen Organe aus, in ihm werden die Fundamente für die Gesundheit, für seelische Empfänglichkeit, für Geistesgegenwart und für die Fähigkeit zum verantwortungsvollen Handeln gelegt. Was sich das Kind erspielen darf, wird zum Lebensvermögen des Erwachsenen. Sich dem Spielen des Kindes zuzuwenden und einen gesunden, dem Kinde entsprechenden Spielraum zu schaffen, ist die Aufgabe der frühkindlichen Erziehung und ein Hauptanliegen des Waldorfkindergartens." [3]

kindliche Spiel-handlungen

---

[1] Weitere Hinweise zu diesem Thema findet man bei: Jaffke, F.: *Spielen und Arbeiten im Waldorfkindergarten*, Stuttgart 1991; Kiersch, J.: *Die Waldorfpädagogik. Eine Einführung in die Pädagogik Rudolf Steiners*, Verlag Freies Geistesleben 1997; Steiner R.: *Die Erziehung des Kindes vom Gesichtspunkt der Geisteswissenschaft*, Dornach 1992;

[2] Jaffke, F.: *Waldorf-Pädagogik, Vorbild und Nachahmung, Rhythmus und Wiederholung*, in: Kindergarten heute – Spezial, Herder Verlag Freiburg,1996.

[3] Internationale Vereinigung der Waldorf Kindergärten (IVW), a. a. O.: *Der Waldorfkindergarten – Komm mit*, Stuttgart 3/1999.

Bedingungen für erfülltes Spiel

Der Waldorfkindergarten will einen gesund gestalteten Lebensraum und Lebensrhythmus schaffen. Erst wenn wichtige Bedingungen erfüllt sind, kann das Kind sich im Spiel verwirklichen. Das gilt für den Kindergarten und das Elternhaus.

Wichtige Bedingungen für ein erfülltes Spiel sind:

→ Vielfältige Möglichkeiten zu körperlicher Bewegung und Sinneswahrnehmung aus eigenem Willen und eigener Kraft, etwa wenn das Kind mit Gegenständen aus dem Haushalt die Arbeiten und Tätigkeiten der Erwachsenen nachahmt.

→ Anregungen zum reichen Erleben im Spiel, um die erwachte Fantasie zu betätigen. Die dazu notwendigen Spielmaterialien werden in der Regel selbst hergestellt und bestehen aus natürlichen Rohstoffen und zeigen in ihrer Einfachheit eine besondere Ausdruckskraft, wie z. B. Puppen und Holzfiguren. Selbst gefärbte Tücher, Wolle und andere Naturmaterialien sensibilisieren die Sinneswahrnehmungen und regen zum Verkleiden, Bauen, Spielen in der Puppen- und Bauecke an. [1]

→ Vorbilder für sein Spiel und sein eigenes Verhalten, da Anregungen und Spielimpulse jetzt verstärkt aus dem eigenen Vorstellungsbild kommen. So werden Situationen und Ereignisse vergangener Tage nun gezielt in Spielhandlungen nachgespielt.

→ Verschiedene Spielräume im Haus und draußen.

→ Der zeitliche Rhythmus, damit das Kind sich wohl fühlt und all seine Spielbedürfnisse entfalten kann.[2] Der Tages- und Wochenablauf umfasst dabei:

– das tägliche freie Spiel zu Beginn des Tages,

– das gemeinsame Zubereiten und Verzehren des Frühstücks,

– die künstlerischen Fähigkeiten wie Malen, Eurhythmie, Plastizieren, Werken in regelmäßigen Rhythmen,

– den täglichen Abschluss mit einem Fingerspiel, Märchen oder Handpuppenspiel.

Waldorf-Erzieherin

„Ruhender Pol und zugleich wichtigste Person inmitten einer im ganzen Raum verteilt spielenden Kinderschar ist der tätige, vorbildgebende Erwachsene. An ihm lernen die Kinder – selbstverständlich ohne darüber zu reflektieren –, dass der Mensch verantwortlich ist für den Fortgang des täglichen Lebens und dass er dafür Sorge trägt. Zu seinen Aufgaben gehört auch alles was denkt und fühlt, seine Gesinnung. Diese offenbart sich in seinen Handlungen und in der Ausstrahlung seines Wesens."[3]

---

[1] vergl. dazu auch Retter, H.: *Naturgemäße Spielmittel in der Waldorfpädagogik*, in *Spielzeug*, Weinheim 1979.

[2] Jaffke, F.: *Waldorf-Pädagogik, Vorbild ... a. a. O.*

[3] Ebd.

Spielaufgaben

1. *Nehmen Sie Kontakt zu einem Waldorfkindergarten auf und hospitieren sie dort.[1] Vergleichen Sie Ihre Eindrücke mit denen aus dem Regelkindergarten.*

Stellen Sie wesentliche Unterschiede gegenüber, wie Tagesablauf, Spielmaterial, angeleitete und freie Spielsituationen u. a. m.

2. *Beschreiben Sie ein Spiel bzw. ein Spielmittel und stellen Sie es in Ihrer Lerngruppe vor. Was ist das Charakteristische, Typische des Spiels für die Waldorfpädagogik?*

3. *Setzen Sie sich unter Einbeziehung spezifischer Fachliteratur mit der Sichtweise anthroposo- phischer Spielentwicklung auseinander. Erstellen Sie eine Übersicht der drei Spielentwick- lungsstufen.*

4. *Stellen Sie Ausbildungsinhalte und -methoden des Unterrichtsfaches Spiel in der Fachschule für Sozialpädagogik / Ausbildung zur Waldorf-Erzieherin gegenüber.*

Spiel im Montessori-Kindergarten

Die Auseinandersetzung mit den Grundgedanken der Ärztin und Pädagogin Maria Montessori (1870–1952), ihren pädagogischen Zielsetzungen, ihrem Bild vom Kind sowie den speziellen Arbeitsprinzipien, hat in den letzten Jah- ren verstärkt zugenommen. Das erste Kinderhaus wurde 1907 von Maria Montessori in Rom gegründet. Heute arbeiten viele Kinderhäuser, Kindergär- ten, integrative Kindertageseinrichtungen, Schulen etc. in fast allen Ländern der Erde nach ihrem Konzept, und viele Regeleinrichtungen übernehmen Ele- mente dieser pädagogischen Ausrichtung. Die von Maria Montessori entwor- fenen Grundsätze werden in umgewandelter Form in aktuellen Kindergartenkonzeptionen umgesetzt.

Die Montessori-Pädagogik ist ein Erziehungsstil, der sich unmittelbar am Kind orientiert und konsequent die Bedürfnisse des Kindes berücksichtigt. Die Per- son des Kindes steht ganzheitlich im Mittelpunkt. Das Kind wird in seinem vielfältigen Selbstausdruck wahrgenommen. Von inneren Gesetzen geleitet vollzieht sich seine Entwicklung durch sensomotorische, soziale und sprachli- che Kompetenzerweiterung. Das Ziel der Montessori-Pädagogik ist die Aus- formung eines selbstständigen und unabhängigen Menschen mit der Achtung vor Mensch, Tier und Pflanze sowie die Erziehung zum Frieden (= kosmische Erziehung). Für diese Erziehung, die im Kindesalter anfängt, trägt der Erwach- sene die Verantwortung.[2]

Ziele der Montessori- Pädagogik

---

[1] Eine Übersicht der Waldorfkindergärten kann bezogen werden bei:
 Internationale Vereinigung der Waldorf Kindergärten e.V. Heubergstraße. 18, 70188 Stuttgart; Weitere Informationen und Links im Internet unter:
 www.waldorf.net oder *www.Waldorfkindergaerten.de*

[2] Vgl. Grundlagen der Montessori-Pädagogik:
 Montessorie, M.: *Die Entdeckung des Kindes*, Herder Verlag Freiburg 1969.
 Montessorie, M.: *Kinder sind anders*, Ullstein Verlag Frankfurt 1980.
 Helmig, H.: *Montessori-Pädagogik*, Herder Verlag Freiburg 1977.
 Becker-Textor, I.: *Maria Montessori, people.freenet.de/Textor/Montessori 2000.*

Prinzipien der Montessori-Pädagogik

Zusammengefasst lauten die Prinzipien der Montessori-Pädagogik:

→ Das Kind wird in seiner Persönlichkeit geachtet und als ganzer, vollwertiger Mensch gesehen.

→ Das Kind entwickelt seinen Willen, indem man ihm Raum für freie Entscheidungen gibt und ihm Hilfe zum selbstständigen Denken und Handeln anbietet.

→ Das Kind folgt seinem eigenen Lernbedürfnis, wenn sich eine passende Gelegenheit ergibt. Kinder wollen nicht nur irgendwas lernen, sondern zu einem bestimmten Zeitpunkt etwas ganz Bestimmtes.

→ Wenn man ihm Hilfestellung gibt, lernt das Kind Schwierigkeiten zu überwinden statt ihnen auszuweichen.

Entwicklungsphasen

Maria Montessori gliedert die kindliche Entwicklung in drei Hauptphasen:

1. Die Aufbauphase (0–6 Jahre) unterteilt sich in die frühe Phase von 0–3 Jahre und wird charakterisiert durch die spezielle Geistesform, den absorbierenden Geist, d. h. das Kind nimmt seine Umwelt unreflektiert und unbewusst auf. In der anschließenden Phase (4–6 Jahre) wird das Kind vom unbewussten Schöpfer zum bewussten Arbeiter. In der vorbereiteten Umgebung wird nun das von Maria Montessori entwickelte Material eingesetzt.

2. Die Ausbauphase (6–12 Jahre) umfasst die Schulzeit, die durch Auseinandersetzung mit der Umwelt, moralische Sensibilisierung und Entwicklung des Abstraktionsvermögens gekennzeichnet ist.

3. Die Umbauphase (12–13 Jahre) ist charakterisiert durch soziale Sensibilität verbunden mit der Entwicklung bewusster Unabhängigkeit innerhalb des sozialen Beziehungsnetzes.[1]

Entwicklungsförderung

In der Montessori-Pädagogik hat das Kind ein Recht auf Spontaneität und freie Entfaltung. Der Entwicklungsprozess wird demzufolge mit folgenden Methoden gefördert:

→ Das Arbeitsmaterial und die vorbereitete Umgebung sind auf die Bedürfnisse der Kinder abgestimmt und herausfordernd genug.

→ Übungen des täglichen Lebens können die Kinder in der vorbereiteten Umgebung nachvollziehen und erlernen.

---

[1] Vgl.: Pädagogisches Konzept der Montessori-Schule, Pfaffenhofen, 2000, Internet: *http://montessori.pfaffenhofen.de*

→ In der Freiarbeit, dem Kernstück der Montessori-Pädagogik, wählen die Kinder nach eigenen Entscheidungen ihre Tätigkeit. Der Erzieher beobachtet und gibt evtl. Hilfen. Das Kind bestimmt seinen Arbeitsrhythmus und die Beschäftigungsdauer, ob es allein oder mit einem Partner arbeiten, spielen, lernen möchte.

→ Jede Angebotsform findet in einem eigenen kleinen Bereich im Raum statt. Charakteristisch dafür sind eingerichtete Einzelarbeitsplätze für die zahl–reichen Angebote.

→ Bei Sport-, Gesellschaftsspielen und Singen/Singspielen erleben Kinder Gemeinschaft und soziale Erfahrung.

→ Entsprechend dem Lernbedürfnis kann das Kind seine Beschäftigung selbst auswählen, wobei individuelle Angebote vorgeschlagen werden.

Montessori entwickelte spezielle Arbeitsmaterialien[1]. Sie sind kein Spielzeug, mit dem die Kinder gemeinsam spielen können, sondern werden von dem einzelnen Kind zu gegebener Zeit benutzt, damit es spezielle Funktionen entwickeln kann (siehe nachstende Grafiken). Es ermöglicht dem Kind selber eine Fehlerkontrolle.

Montessori-Material

Sandpapierbuchstaben, die auf Holzbrettchen aufgeklebt sind (Konsonanten und Vokale auf verschiedenartigem Grund): Sie dienen zur Vorbereitung auf das Schreiben. Das Kind kann die Buchstaben mit dem Finger nachfahren und sie somit auch über die Motorik erfassen.

Die konstruktiven Dreiecke dienen zur Vorbereitung auf geometrische Formen.

---

[1] Um das Material optimal einzusetzen und zu benutzen, bedarf es einer speziellen Ausbildung.

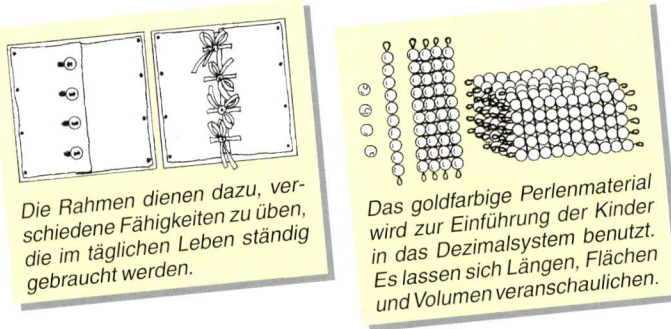

Die Rahmen dienen dazu, verschiedene Fähigkeiten zu üben, die im täglichen Leben ständig gebraucht werden.

Das goldfarbige Perlenmaterial wird zur Einführung der Kinder in das Dezimalsystem benutzt. Es lassen sich Längen, Flächen und Volumen veranschaulichen.

Dazu gehören:

→ Übungen des täglichen Lebens mit geeignetem kindgerechten Material, in der Größe dem Kind angepasst. (z. B. Schleifen binden, Knöpfe, Schnallen schließen, Kochen, Backen, Fegen u. a. m.).

→ Sinnesmaterial besteht meist aus Holz oder Metall (z. B. Schachtel mit 64 Farbtafeln, Geräusch- und Wärmedosen, der rosa Turm, die braune Treppe, die Zylinderblocks u. a. m.).[1]

→ Mathematikmaterial / Sprachmaterial (hier handelt es sich im Wesentlichen um Material für das Schulkind).

→ Material zur kosmischen Erziehung für die Sensibilisierung von Naturerfahrungen (Geografie- und Biologiematerial).

Material zu Übungen des täglichen Lebens und die Sinnesmaterialien sind geeignete Lernmaterialien für das Kindergartenkind. Es ist in Schränken und Regalen frei zugänglich. Die klare Einfachheit, Ordnung und Struktur des Materials (es steht auf Tabletts, das Kind beschäftigt sich damit auf einem kleinen Teppich) sowie die Aufteilung der scheinbar unübersichtlichen Übungen in einzelne Teilvorgänge, verhelfen dem Kind innere Ordnung und Orientierung zu finden. Außerdem ist die Anzahl des Materials begrenzt, weil ein Überangebot die Aufmerksamkeit beeinträchtigt und das Kind dabei lernt, geduldig zu warten. Gleichzeitig bekommt die Tätigkeit die Qualität des Einzigartigen.[2]

Montessori-Erzieher

Die Aufgabe der Erzieher besteht im Wesentlichen darin, den Kindern eine Umgebung zu gestalten, in der sie sich frei entfalten können.[3] „Die Montessori-Erzieher verstehen sich als Helfer zur Entwicklung selbstständiger Persönlichkeiten. Zur rechten Zeit sind ihre Worte und ihre Konsequenz gefragt. Sie sind sehr flexibel. Mit Geduld erklären sie den Gebrauch der Montessori-Materialien und unterstützen die Kinder damit umzugehen. Sie bringen das Kind auch in

---

[1] Vgl. auch Retter, H: *Die Sinnesmaterialien Maria Montessoris,* in: *Spielzeug,* Weinheim 1979.

[2] Vgl. Helmig, H.: *Montessori-Pädagogik*; Herder, Freiburg 1977.

[3] Montessori, M. *Das kreative Kind*, Herder Verlag Freiburg 10'1994.

Beziehung zur Ordnung in ihrer Umgebung."[1] Um diese Aufgaben erfüllen zu können, bedarf es einer Ausbildung in der Montessori-Pädagogik sowie einer Übereinstimmung mit den Standpunkten dieser Pädagogik.

Spielaufgaben

1. *Nehmen Sie Kontakt zu einem Montessori-Kindergarten auf und hospitieren sie dort*[2]. *Vergleichen Sie Ihre Eindrücke mit dem Regelkindergarten. Stellen Sie wesentliche Unterschiede gegenüber, wie z. B. Tagesablauf, Spielmaterial, Spielweise, angeleitete und freie Spielsituationen u. a. m.*

2. *Setzen Sie sich unter Einbeziehung spezifischer Fachliteratur mit den Prinzipien der Montessori-Pädagogik auseinander. Erstellen Sie eine Übersicht der typischen Materialien und Methoden.*

3. *Wählen Sie ein typisches Arbeitsmaterial aus und verdeutlichen Sie daran die charakteristischen Merkmale der Montessori-Pädagogik.*

4. *Diskutieren Sie in Ihrer Lerngruppe anhand von beobachteten Spielsituationen den Leitsatz der Montessori-Pädagogik: „Hilf mir, es selbst zu tun".*

5. *Vergleichen Sie die Leitgedanken und (Spiel-)Arbeitsweisen des Montessori-Kindergartens mit anderen Kindergartenkonzeptionen.*

6. *Stellen Sie Ausbildungsinhalte und -methoden des Unterrichtsfaches* Spiel in der Fachschule für Sozialpädagogik *und der* Ausbildung zur Montessori-Erzieherin *gegenüber.*

Spiel im integrativen Kindergarten

Bis etwa Anfang 1970 gab es in Deutschland fast ausschließlich separate Sondereinrichtungen für Kinder mit einer körperlichen oder geistigen Behinderung oder einer Mehrfachbehinderung. Entsprechend den verschiedenen Behinderungsarten wie auch dem Grad der Behinderung umfassen die Aufgabenbereiche sonderpädagogischer Tageseinrichtungen die sozialpädagogische Betreuung, körperlich-pflegerische Versorgung und therapeutische Förderung der Kinder. Die Einzugsgebiete sind häufig noch sehr großräumig, sodass die meisten Kinder sehr lange Fahrwege zurücklegen müssen und die notwendige Zusammenarbeit mit den Eltern sich dadurch schwierig gestaltet.

getrennte Lebenswelten

---

1 Vgl. *Montessori-Pädagogik* im Internet unter *www.montessori.de*

2 Eine Übersicht der Montessori-Kindergärten in Deutschland kann im Internet auf Web-Seiten gesichtet werden.

Öffnung der Regel- und Sonderkindergärten

Nicht zuletzt aus der Erkenntnis, dass diese getrennten Lebenswelten Isolation und bei Begegnungen Verhaltensunsicherheit, Mitleid, Angst oder Abwehr bewirken, wurden in mehreren Bundesländern verschiedene Modellversuche zur gemeinsamen Erziehung von Kindern mit und ohne Behinderung in Kindertageseinrichtungen durchgeführt. Die positiven Ergebnisse führten bundesweit zur Öffnung der Regel- als auch der Sonderkindergärten.[1] Vorreiter war sicherlich das so genannte Cuxhavener-Modell-Projekt, in dem konzeptionelle Aspekte gemeinsamer Erziehung erprobt wurden.[2] (s. S. 85 f.).

gemeinsame Erziehung

Integrative Gruppen in Kindertageseinrichtungen haben sich in ihren Grundsätzen und mit ihren Konzepten bis heute durchgesetzt, als „Alternative zur heilpädagogischen Einrichtung für eine Region. [...] Das bringt für alle Kinder den Vorteil, dass die im Rahmen der Förderung vorgesehenen verbesserten Bedingungen intensiver und umfassender genutzt werden können. [...] Gemeinsame Erziehung bedarf keiner speziellen Lern- und Förderprogramme. Im Mittelpunkt stehen vielmehr die Beziehungen, die die behinderten und nicht behinderten Kinder miteinander eingehen. Sie sind Spielpartner, die sich mit ihren unterschiedlichen Interessen gegenseitig öffnen und mitteilen, die miteinander wetteifern und sich gegenseitig vielfältige Lernimpulse geben. Gemeinsame Spielprozesse nehmen einen zentralen Stellenwert in der Entwicklungsförderung der behinderten Kinder ein. Hier sind sie gefordert, ihre Fähigkeiten gleichberechtigt einzubringen, ihre Grenzen zu erkennen, zu akzeptieren und Misserfolge zu ertragen. Wie anderen Kindern fällt es ihnen leichter, Anforderungen an ihr Verhalten zu akzeptieren, wenn Kinder sie stellen."[3]

Rahmenbedingungen

Integration ist ein ganzheitlicher Prozess, bei dem Kinder im wechselseitigen Kontakt miteinander und voneinander lernen. Kinder mit und ohne Behinderungen spielen, lernen und sammeln Erfahrungen gemeinsam in einer Gruppe. Jedes einzelne Kind muss dabei allerdings zu seinem Recht kommen. „Die gemeinsame Erziehung braucht deshalb besondere Rahmenbedingungen:

→ Räumlichkeiten und Materialien, die für Kinder mit und ohne Behinderung geeignet sind.

→ Kooperation zwischen Eltern, therapeutischen und pädagogischen Kräften.

→ Therapeutische und pädagogische Fachkräfte mit spezieller Qualifikation und der Bereitschaft sich mit der gemeinsamen Erziehung konzeptionell auseinander zu setzen.

→ Fortbildung und Beratung als fortlaufende, fachliche Unterstützung."[4]

---

1 Deutsches Jugendinstitut (Hrsg.): *Ein Kindergarten für behinderte und nicht behinderte Kinder*, München 1984.

2 Büchsenschütz, J./Regel, G.: *Mut machen ...* Rissen, Hamburg 1991.

3 Vgl.: Landschaftsverband Westfalen-Lippe (Hrsg.): *Arbeitshilfe – Gemeinsame Erziehung*, Münster 1998.

4 Zit.: Paritätischer Wohlfahrtsverband NRW (Hrsg.): *Zukunft in Vielfalt*, 9/96 Heft 16, NRW-Schriften.
Arbeitshilfe des Paritätischen Landesverband NRW e.V. *Gemeinsam leben, gemeinsam spielen, gemeinsam lernen*, Wuppertal 1995.
Bundesvereinigung Lebenshilfe (Hrsg.): *Gemeinsam Leben und Lernen im Kindergarten*, Lebenshilfe-Verlag Marburg 1996.

Spielmittel und Spieltätigkeiten sind an der kindlichen Gesamtentwicklung ausgerichtet und unterscheiden sich grundsätzlich nicht von den Spielmitteln des Regelkindergartens, bis auf wenige Ausnahmen bei der therapeutischen Einzelförderung im Wahrnehmungs-, Sprach- und Bewegungsbereich. Im Spiel der Kinder, ob mit oder ohne Behinderung, werden so nach und nach Einfühlungsvermögen, gegenseitige Rücksichtnahme und Toleranz unbemerkt zu wichtigen Alltagskompetenzen herausgebildet. Die Bedeutung der Spielmittel liegt dabei nicht nur in der Therapie oder Rehabilitation klar umrissener körperlicher oder geistiger Behinderungen, sondern sie sind Erziehungs- und Kommunikationsmittel.

Bedeutung der Spielmittel

„Viel grundlegender ist die Aufgabe, den Behinderten durch das Spielen zu einer lustvoll erlebten Form der aktiven Auseinandersetzung mit der Umwelt zu führen. Dieser spielpädagogische Grundgedanke, der die allgemeine Persönlichkeitsförderung vor die spezielle Therapie stellt, wird die besonderen therapeutischen Möglichkeiten einzelner Spielmittel dennoch nicht unbeachtet lassen."[1]

Um die Anforderungen aktueller und zukünftiger Situationen des Alltags praktisch zu bewältigen, bilden insbesondere Kinder mit einer Behinderung Fähigkeiten heraus, die zur Gemeinschaft und Mobilität beitragen. Um innere und äußere Sicherheit zu erfahren, sind das Einüben von Tätigkeiten des täglichen Lebens im pflegerischen wie hauswirtschaftlichen Bereich von großer Bedeutung.

Alltagssituationen bewältigen

Spielaufgaben

1. *Nehmen Sie zu einer sonderpädagogischen bzw. integrativen Kindertageseinrichtung Kontakt auf und führen Sie dort eine Hospitation durch. Vergleichen Sie Ihre Eindrücke mit denen aus dem Regelkindergarten. Stellen Sie anschließend wesentliche Unterschiede gegenüber, z. B. Gruppenstärke, Tagesablauf, Spielmaterial, angeleitete und freie Spielsituationen u. a. m.*

2. *Wo gibt es in Ihrer Nähe eine Frühförderstelle? Informieren Sie sich:*

    → *Mit welcher personellen Besetzung arbeitet die Frühförderstelle?*

    → *Welche Kinder werden betreut? Wie erfolgt eine Kontaktaufnahme?*

    → *Welche Förderungsangebote werden gegeben? Welche Spielgruppen gibt es?*

3. *Erörtern Sie in Ihrer Lerngruppe die Aussage „Waldorfkindergärten und Montessori-Kindergärten eignen sich besonders für integrative Arbeit."*

---

[1] Retter, H.: *Behinderte Kinder in sonderpädagogischen Einrichtungen* a. a. O. Seite 364 in: *Spielzeug*, Weinheim 1979.
Vgl. dazu: Arbeitsausschuss Kinderspiel und Spielzeug e.V., *Behinderte Kinder wollen wie alle Kinder spielen.*

3 Das Spiel des Grundschulkindes (6–10 Jahre)

3.1 Freunde, Cliquen oder Interessengruppen?

selbst gewählte Freundschaft mit Gleichaltrigen

Spätestens mit Beginn des Schulalters wird der Kontakt zu Gleichaltrigen (*peers*)[1] intensiviert und feste Freundschaften geschlossen. Das Alter ist für Schulkinder ein wichtiges Statusmerkmal, deshalb grenzen sie sich besonders gegenüber den Jüngeren ab. Viele Kinder verbringen mehr Zeit mit ihren Freunden als mit der eigenen Familie.

gleichge-schlechtliche Spielpartner

Ebenso bevorzugen Kinder im Grundschulalter (ca. ab 8 Jahren) gleichgeschlechtliche Spielpartner. Dabei tendieren Jungen-freundschaften eher zu sportlichen Aktivitäten im Freien, wie Fußballspielen, Fahrradfahren etc., während sich Mädchen eher gemeinsam mit reproduktiven, räumlich eingeschränkten Spielen beschäftigen[2], z. B. *Stickertau-schen*, Rollenspiele mit *Puppen* etc. Das vorgelebte geschlechtstypische Verhalten der erwachsenen Bezugspersonen fließt dabei unbewusst in das Spielverhalten ein.

unterschiedli-ches Spielver-halten von Jungen und Mädchen

Janet Lever (1976)[3] untersuchte das Spielverhalten 10- bis 11-jähriger Kinder und stellte dabei bemerkenswerte Unterschiede zwischen Jungen und Mädchen fest:

→ Mädchen spielen mit Vorliebe in kleineren Gruppen, Jungen bevorzugen größere Gruppen (z. B. Fußballspielen).

---

[1] Aus dem Englischen: *peers* – Altersgenossen

[2] Nötzel, R.: *Spiel und gesellschaftsspezifische Arbeitsteilung,* Centaurus-Verlagsgesellschaft, Pfaffenweiler, 1987.

[3] Von der Horst, R.(Hrsg.): *Handbuch Spielraum*, Spielraum Fachinformation, Winsen 1996.

→ Mädchen spielen häufiger in altershomogenen Gruppen, Jungen sind öfter in altersheterogenen Gruppen zu beobachten.

→ Die Spiele von Mädchen sind weniger auf Wettstreit ausgerichtet als bei den Jungen.

Im Grundschulalter festigt sich die individuelle Persönlichkeit des Kindes, sodass es häufiger den Erwachsenen widerspricht. Das Kind kann und will sich die abstrakte Erfahrungs- und Wertevermittlung der Erwachsenen nicht zu eigen machen und lehnt sie meist als mächtige Überlegenheit oder Besserwisserei ab. Schulkinder müssen eigene Erfahrungen sammeln und sie mit ihren selbst gewählten Freunden verarbeiten. Den Erwachsenen durch freche Bemerkungen oder ungehöriges Verhalten herauszufordern wird z. B. im Fangspiel deutlich: So bringen sich Kinder nicht mehr nur in Sicherheit, sondern „befreien" auch die anderen Kinder und necken den Fänger. Interessant an diesen Spielveränderungen ist, dass der zentralen Figur jetzt von den übrigen Mitspielern zugesetzt wird. Dies drückt den Wunsch nach einer Unabhängigkeit von Machtfiguren aus, den die Kinder einige Jahre später zu verwirklichen versuchen. Im Spielraum des Fangspiels haben sie jetzt schon die Möglichkeit, mit diesen Verhaltenswünschen in begrenzter Weise zu „spielen".[1]

Demonstration von Unabhängigkeit gegenüber Erwachsenen

Mit wachsendem Grundschulalter werden die Spielfreundschaften bzw. Spielgruppen immer stabiler und bleiben häufig über Monate bestehen. Bereits in den ersten Schuljahren bilden sich Ansätze einer sozialen Rangordnung, die durch gesellschaftliche Werte und Normen beeinflusst werden, sodass Spielverderber, aggressive, hässliche, kontaktscheue und hochintelligente Kinder zu Außenseitern werden können. Diese Rollenzuweisungen sind jedoch noch veränderbar, während sich hierarchische Positionen in einer Gruppe bereits herauskristallisieren, z. B. der Anführer, der Clown, der Prügelknabe.

Rangordnung und Gruppenhierarchie

Im Zusammenspiel der bisherigen und von jedem Kind etwas anders gemachten Sozialisationserfahrungen bilden sich in den Spielgruppen eigene Regeln und Werte aus. Um in eine Spielgruppe aufgenommen zu werden, sind Kinder im Grundschulalter bereits in der Lage taktische Strategien zu entwickeln. Dazu gehören freundliche Mimik oder Gestik, Argumentation oder Ablenkung anderer Mitspieler, aber auch Machtmechanismen wie Bestechung, Erpressung („Wenn ich nicht mitspielen darf, bin ich auch nicht mehr deine Freundin!"). Manchmal wird auch vor der Anwendung von verbaler oder körperlicher Gewalt nicht zurückgeschreckt. Mitunter verwenden die Spieler genauso viel Zeit, um das Spiel zu organisieren und die Spielregeln zu diskutieren wie für das Spiel selbst. Es wird entschieden, wer mitmachen darf und wer nicht, welche Regeln befolgt werden müssen, wer an der Reihe ist, wer „gemogelt" hat, was bei Regelverletzungen oder Regelüberschreitungen geschieht und wer

Spielregeln bestimmen das Gruppenspiel

---

[1] Fritz, J.: *Theorie und Pädagogik des Spiels*, Juventa, Weinheim 1991, S. 44.

letztlich ausgeschlossen wird. Dabei neigen Mädchen eher dazu Mitspieler auszuschließen, während Jungen ihre Mitspieler eher verbal oder körperlich attackieren oder ihnen mit Folgestrafen drohen.

„Regie-Ebene" im Spiel

Eigene Spielregeln werden nicht willkürlich aufgestellt, sondern entsprechen dem Entwicklungsstand der Gruppenstruktur und sind jederzeit veränderbar. Spielerische Auseinandersetzungen auf der Regie-Ebene sind nicht nur für die Entwicklung des eigenen Sozialverhaltens von großer Bedeutung, sondern auch zur Einübung gesellschaftlicher Regeln.

Erwachsene als neutrale „Spiel-Schiedsrichter"

Auch wenn 6–8-Jährige in einer Gruppe von 5–6 Mitspielern bereits selbst auf die Einhaltung ihrer Spielregeln achten, brauchen sie hin und wieder einen Erwachsenen oder Jugendlichen, der als neutraler Spielleiter oder Schiedsrichter fungiert und Konflikte ausgleicht.

Bildung von Cliquen und Banden

Je ausgeprägter das Gruppengefühl wird, desto stärker wächst der Wunsch nach Gruppenzugehörigkeit. Viele Kinder bilden in diesem Alter Banden oder Cliquen, deren Mitglieder meist in enger Nachbarschaft wohnen, allerdings häufig wechseln. Sie stellen eigene Gesetze auf und erfinden eigene Rituale wie Schwüre, Losungswörter und Aufnahmerituale, die aber auch sehr schnell wieder verändert oder aufgehoben werden. Hauptsächlich führen sie gemeinsame (Spiel)-Aktivitäten durch, Streiche gegenüber Erwachsenen oder Verfolgungsspiele sind sehr beliebt. Das Spielthema und die Bandenstruktur stehen dabei in einem engen Zusammenhang und werden situationsbedingt verändert, z. B.: „Die Bande baut sich auf einem Brachgelände eine Bude. Christian bestimmt, wie die Bude gebaut werden muss. Plötzlich wird die Bude von zwei fremden Jungen angegriffen. Die Bande verteidigt ihre Bude, wobei Max als Anführer die Verfolgungsjagd übernimmt."

Interessen-gruppen

Neben diesen frei gewählten Spielgruppen hat das Schulkind mit ca. 9–10 Jahren auch Interesse an formellen Gruppen wie Sportvereinen oder kirchlichen Freizeitgruppen. Obwohl Bindungen zu diesen Interessengruppen mitunter jahrelang bestehen, sind enge Freundschaften eher selten.

Schulklasse

Darüber hinaus ist die Schulklasse eine wichtige Sozialisationsinstanz, die dem Kind die Möglichkeit der Beobachtung von sozialen Verhaltensweisen und des Experimentierens und Handelns mit gesellschaftlichen Regeln ermöglicht. So zu sein wie die anderen ist gerade im Grundschulalter für alle Kinder ein wichtiger Motor des sozialen Lernens.

Spielaufgaben

1. *Führen Sie eine Befragung zur Spielorganisation von Grundschulkindern durch.*

Benutzen Sie dafür den nebenstehenden Fragenkatalog und ergänzen Sie ihn ggf.

Werten Sie Ihre Befragung in der Lerngruppe aus!

Welche Konsequenzen ziehen Sie für Ihre pädagogische Arbeit als Spielleiterin/Spielleiter?

2. *Sichten Sie in einschlägiger Spielliteratur Kontaktspiele, Kennenlernspiele und Kommunikationsspiele für Kinder im Grundschulalter.*

Stellen Sie ausgewählte Spiele in Ihrer Lerngruppe vor!

Übertragen Sie die Spiele in Ihre Spielkartei.

3. *Sie beobachten eine Gruppe von Schulkindern in Ihrer Einrichtung. Sie möchten ein Mannschaftsspiel organisieren, können sich aber nicht einigen, wer mit wem spielt und wer beginnt.*

Geben Sie spielerische (objektive) Hilfestellungen zum Spielstart und zur Bildung von Mannschaften/Spielgruppen.

> **Fragebogen**
> → Mit wem spielst du gerne?
> → Warum spielst du gerne mit der/dem/denen zusammen?
> → Wenn ihr zusammen spielt, wo spielt ihr gerne?
> → Warum spielt ihr gerne dort?
> → Was und womit spielt ihr gerne?
> → Was ist an dem Spiel so interessant/spannend/lustig?
> → Gibt es manchmal bei eurem Spiel Streit oder Ärger?
> → Welchen Grund gibt es dafür?
> → Wie löst ihr diesen Streit?

> **Zapp**
> *Zippe zapp*
> *Knopp is ab.*
> *So ein Dreck –*
> *Du bist weg.*
> *(Janosch)*[1]

3.2 Spielraum ist Lebensraum

Im Schulalter wächst das Bedürfnis des Kindes nach eigenständiger Auseinandersetzung mit der Umwelt. Es möchte experimentieren, seine Kräfte handelnd erproben und sich mit sich selbst und Gleichaltrigen messen. Das Grundschulkind möchte sich seine Umgebung, seine Lebenswelt selbstständig aneignen und erschließen. Das sozial-ökolo-

das sozialökologische Modell

gische Zonenmodell von Dieter Baacke[2] verdeutlicht den Aneignungsprozess von Kindern und Jugendlichen in Bezug auf ihre Lebenswelt und stellt den

---

[1] Aus Gelberg, H.-J. (Hrsg): *Geh und spiel mit dem Riesen*, Beltz, Weinheim 1971.

[2] Baacke, D.: *Der sozialökologische Ansatz zur Beschreibung und Erklärung des Verhaltens Jugendlicher*, in: Deutsche Jugend 1980, S. 493.

Zusammenhang zwischen den Umwelterfahrungen und dem Prozess der eigenen Entwicklung dar:

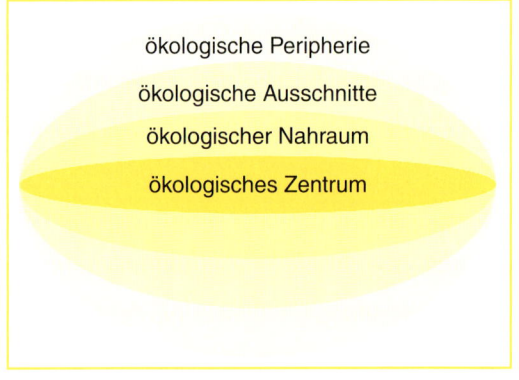

ökologische Peripherie

ökologische Ausschnitte

ökologischer Nahraum

ökologisches Zentrum

1. Das ökologische Zentrum ist das Zuhause, die Wohnung, die Bezugspersonen, der Ort, an dem sich das Kind überwiegend aufhält.

2. Der ökologische Nahraum ist die unmittelbare Umgebung, der Ort, in dem das Kind die ersten Außenkontakte herstellt, z. B. die Nachbarschaft, der Kindergarten, umliegende Geschäfte, die Kirche.

3. Die ökologischen Ausschnitte sind Orte mit funktionsspezifischen Aufgaben, die das Kind zu einem bestimmten Zweck aufsucht. Dazu gehören die Schule, das Schwimmbad, der Sportverein, das Freizeitzentrum usw.

4. Die ökologische Peripherie sind Orte des Erlebens, die die drei anderen Zonen ermöglichen, aber von den Kindern nicht geplant und regelmäßig aufgesucht werden, da sie möglicherweise räumlich zu weit entfernt liegen, z. B. der Wald, der See, der Bauernhof, der Urlaubsort usw.

Das Zonen-Modell ist durchlässig und dynamisch: Das Kleinkind hält sich vorwiegend zu Hause in der Nähe der Bezugspersonen auf. Später erobert es die nähere Nachbarschaft, den nahe gelegenen Spielplatz, den Kindergarten und als Schulkind erkundet es mit gleichaltrigen Freunden den gesamten Stadtteil, kehrt aber stets wieder in das ökologische Zentrum zurück.

Voraussetzung für ungestörtes Spielerleben

Das zeitweise Lösen vom ökologischen Zentrum ohne Anwesenheit von Erwachsenen, die kontrollieren, helfen und bevormunden, ist gerade für Kinder im Grundschulalter eine wichtige Voraussetzung für ungestörtes Spielerleben und von großer Bedeutung für die Persönlichkeitsentwicklung. Der Wunsch, mit Gleichaltrigen auf Entdeckungstour zu gehen und Neues zu erfahren setzt geeignete Spielräume voraus, in denen sich solche Aktivitäten entwickeln können.

Separierung von Spielräumen

Die Separierung des Kinderspiels und Spielens in gesonderte Räume zeigt jedoch den Sonderstatus, den die Kindheit heute in unserer Gesellschaft einnimmt: ihre räumliche Verdrängung und mangelnde Gleichberechtigung gegenüber Erwachsenen.

Denn es sind nicht die an Inseln erinnernden schön gestalteten Grünanlagen oder Spielplätze und offiziellen Schulhöfe, die von Schulkindern bevorzugt aufgesucht werden, sondern eher die „informellen" Spielorte wie unbebaute Grundstücke, Straßen, Garagenhöfe, Baustellen und umzäunte Gelände, deren Zutritt mit Gefahren verbunden ist, aber abenteuerliches Fantasiespiel anregt. Sie beanspruchen und besetzen Räume meist dort, wo es am wenigsten erwartet wird. Schulkinder, besonders Jugendliche markieren sie auch durch ihre Verhaltensweisen, z. B. Pöbeleien, Zerstörung und Verschmutzung.

„informelle"
Spielorte

Um räumliche Alternativen für Schulkinder zu entwickeln, um ihnen einen anderen Stellenwert bei der Planung von Spiel- und Erfahrungswelt zu sichern, ist es notwendig die Trennung zwischen Spiel- und Lebensbereich aufzuheben, um Kinderspiel nahezu an jedem Ort attraktiv zu machen und zu fördern. Alternativen zu Spielplätzen, etwa bespielbare Treppenhäuser, Entkernungen der Hinterhöfe nach Vorschlägen von Inge Thomas[1] oder sinnliche Erfahrungsfelder nach dem Vorbild von Hugo Kükelhaus[2] sollten bei der Städte- und Raumplanung viel stärker berücksichtigt werden, um Kindern ganzheitliche Erlebnis- und Erfahrungsmöglichkeiten zu schaffen und etwaigen Fehlentwicklungen vorzubeugen.

Alternativen zu
Spielplätzen

Spielaufgaben

1. *Suchen Sie „informelle" Spielorte von Grundschulkindern in Ihrem Stadtteil auf. Stellen Sie durch Befragung fest, welche Attraktivität von diesen Spielorten ausgeht.*

2. *Machen Sie Gestaltungsvorschläge zur Verbesserung der Spielraumsituation von Grundschulkindern. Beziehen Sie dabei Ihre Befragungsergebnisse mit ein.*

3. *Suchen Sie nach Möglichkeiten Ihre Vorschläge der Öffentlichkeit zugänglich zu machen, z. B. den Eltern Ihrer Kindergruppe, den Trägern sozialpädagogischer Einrichtungen, dem Jugendamt oder der Stadtjugendpflege. Stellen Sie Ihr Konzept vor.*

---

[1] Thomas, I.: *Bedingungen des Kinderspiels in der Stadt,* Metzler, Stuttgart 1979.
[2] Kükelhaus, H./zur Lippe, R.: *Entfaltung der Sinne,* Fischer TB, Frankfurt 1990.

3.3 Regelspiele: Frustration oder Erfolg?

kompetitive Regelspiele

Im Schulalter setzt sich die Entwicklung des Regelverständnisses weiter fort. So genannte *kompetitive* Regelspiele (mit konkurrierenden Spielpartnern und einem festgelegten Spielziel) werden interessanter, gleichzeitig sind aber die drei Phasen im Entwicklungsprozess des Regelbewusstseins (nach *Piaget*) weiterhin zu beobachten:

Entwicklungsprozess des Regelverständnisses

1. Phase der individuellen Riten
   Das Kind entwickelt eigene Regeln für seine Handlungen, die jedoch keine Verpflichtung haben, z. B. geht es die Treppe herauf, benutzt dabei aber nur jede dritte Stufe oder passiert den Fußweg ohne auf die Striche der Gehwegplatten zu treten.

2. Phase des egozentrischen Regelverständnisses
   Das Kind ahmt vorgemachte Regeln nach und unterwirft sich ihnen, z. B. die Spielgruppe führt simultan ein Bewegungs-, Kreis- oder Tanzspiel aus. Durch nachahmendes Verhalten im Spiel wechselt das Kind sich mit anderen ab, hält Reihenfolgen ein und übernimmt Einzelaufgaben im geregelten Gemeinsamkeitsspiel.

> **Gorilla ärgere dich nicht!**
> *Ich warf mal einen Gorilla*
> *Beim Spiel vor dem Loch hinaus.*
> *Ich sagte: „Das Spiel heißt*
> *Mensch-ärgere-dich-nicht!"*
> *Er aber rief: „Das betrifft mich nicht!"*
> *Und schmiss mir die Kegel ins Gesicht.*
> *(Josef Guggenmos)*[1]

Ein weiterer Schritt in dieser Phase ist das Einhalten der Spielregel mit gleichzeitiger Unterdrückung eines Handlungsimpuls. Beispiel: Die Spielgruppe hat in Abwesenheit eines weiteren Mitspielers einen Gegenstand im Raum versteckt, der gesucht werden soll. Für eine kurze Zeit dürfen alle ihr verabredetes Versteck nicht verraten, um das Ratespiel zu ermöglichen. Der Sieg der Spielregel über den Handlungsimpuls gelingt meist erst mit ca. fünf bis sechs Jahren und führt dazu, dass die äußere Spielregel zu einer verinnerlichten Verhaltensregel werden kann. Das ist dann zu beobachten, wenn die Kinder ohne Spielleiter ein Spiel nach vereinbarten Spielregeln fortsetzen.

3. Phase des Regelspiels mit vereinbarten Spielregeln
   Hierbei handelt es sich um sozial kontrollierte Regelspiele, die in der Gemeinschaft gespielt werden und durch gemeinsam getroffene Absprachen den Spielverlauf bestimmen. Die Spielgemeinschaft wacht über die Einhaltung der aufgestellten Regeln, kann sie aber auch nach Belieben verändern. Das Demonstrieren eigener Fähigkeiten weicht zu Gunsten der sozialen Spielstruktur. Regelverstöße werden meist durch abwertende Äußerungen oder Spielausschluss geahndet (*„Du kapierst auch gar nichts!" „Du Spielverderber! Du hast schon wieder geschummelt! Jetzt spielste nicht mehr mit!"*) Da dem Kind die Gruppenzugehörigkeit aber sehr wichtig ist, versucht es Regelwidrigkeiten zu vermeiden.

---

[1] Guggenmos, J.: Oh, *Verzeihung sagte die Ameise*, Beltz, Weinheim, 1990.

Erst im späteren Grundschulalter begeben sich Kinder gerne in *kompetitive* Spielsituationen, die durch Wettbewerb, konkurrierende Gegenspieler (personell oder virtuell) und abwechselnden Spielvollzug gekennzeichnet sind. Nur eine Spielpartei kann das Spiel gewinnen, die andere Spielpartei erlebt einen Misserfolg. Beide Situationen werden kognitiv erfasst und emotionell erlebt, z. B. bei *Gesellschaftsspielen*, Computerspielen oder Bewegungsspielen in einer Mannschaft.

Wettbewerbs- und Konkurrenzspiele

Der kritische Vorwurf, *kompetitive* Regelspiele fördern Konflikte und Frustrationen und verhindern die Entwicklung des Sozialverhaltens, ist im Schulalter nicht immer berechtigt, da auch in Wettbewerbsspielen Kooperation möglich ist. Zum anderen unterwerfen sich Schulkinder offensichtlich gerne den im Spiel aufgestellten Regeln, weil sie die Spannung steigern, während Spiele ohne Regeln als langweilig und uninteressant empfunden werden.

Mühle

Mühle ist ein Spiel.
Dazu braucht man nicht viel.
Doch braucht man ihn, den Dings
*   da oben*
– wie heißt er gleich? –,
den Kopf.

Der Kopf,
das wär das eine.
Auch braucht ein jeder neun Steine
Neun schwarze Steine,
neun weiße –
ging ein Stein auf die Reise,
tut' s dafür ein Knopf.

(Josef Guggenmos)[1]

Wettbewerbsspiele ja oder nein?

Brett-, Karten- und Würfelspiele

Alle *kompetitiven* Regelspiele, die das 5–6-jährige Kindergartenkind bevorzugt, sind auch weiterhin für das Grundschulkind von Interesse, allerdings mit steigendem Niveau: vom *Puzzle* und *Memory* bis hin zu bekannten Gesellschaftsspielen wie *Malefiz* (Ravensburger), *Uno* (Amigo) oder *Kniffel* usw.

Der Begriff *Gesellschaftsspiele* umfasst alle Brett-, Karten- und Würfelspiele, die im Zusammenwirken von Spielregeln, Spielmaterialien und Mitspielern eine Spielstruktur und Spieldynamik schaffen.
Besonders in Brettspielen spiegeln sich gesellschaftliche und kulturelle Weltbilder im Miniformat wieder, die deutlich machen, dass Menschen zu allen Zeiten das Bedürfnis hatten, reale Situationen im Spiel zu simulieren und zu verarbeiten.
J.Fritz[2] macht deutlich, dass alle bekannten *Gesellschaftsspiele* sich auf Grundmuster menschlicher Bedürfnisse zurückführen lassen, die wiederum zu einer Einteilung in fünf verschiedene Spielarten führen:

Gesellschaftsspiele

1   Guggenmos, J.: *Oh, Verzeihung sagte die Ameise,* Beltz, Weinheim, 1990.
2   Fritz, J.: *Spielzeugwelten*, Juventa, Weinheim 2./1992.

Spielart	Menschliches Bedürfnis	Spielbeispiel	Charakteristik
Strategiespiele			...zwei Spielgegner messen sich in ihren strategischen Fähigkeiten, die den eigenen Sieg bzw. die Niederlage des Spielgegners zum Ziel hat. Spannung und Freude am Spiel entstehen durch die Unberechenbarkeit der Spielzüge des Gegenspielers, wobei eine Gleichwertigkeit der Spieler Voraussetzung ist.
Kriegsspiele Kriegerische Verbreitungsspiele	Kampf Verbreitung, Besetzung	*Schach, Go, Risiko*	
Positionsspiele	Ordnung	*Vier gewinnt*	
Mühle-Spiele	Ordnung, Kampf	*Mühle*	
Strategische Wettläufe	Ziellauf	*Halma*	
Zielläufe	Ein Ziel zu erreichen	*Mensch ärgere dich nicht* (Schmidt), *Backgammon, Malefiz* (Ravensburger), *Hase und Igel,*	...die eigene Spielfigur setzen, um als Erster das Ziel zu erreichen, wobei eine Wegstrecke mit Hindernissen oder Ereignissen überwunden werden muss. Der Spielausgang ist vom Zufall abhängig, aber auch von eigenen Fähigkeiten bestimmt. Die Spielregeln hierbei sind klar strukturiert und besonders für jüngere Kinder einfach und leicht verständlich.
Bereicherungsspiele	Besitz zu haben und zu vermehren	*Monopoly* (Parker), *Halli Galli* (Amigo), *Wari, Börsenspiel*	...am Ende des Spiels möglichst viel Geld, Immobilien, Figuren, Steine oder Karten zu besitzen; Wirtschaftsspiele, die Prozesse und Strukturen des heutigen Wirtschaftslebens simulieren
Prüfungsspiele Gedächtnisspiele		*Memory, Coco Crazy* (Ravensburger)	...Ratespiele, die von den Spielern Sachkenntnisse, logisches Denken und Gedächtnisleistungen fordern.
Logikspiele	Sich zu bewähren, seine Fähigkeiten unter Beweis zu stellen	*Mastermind* (Parker), *Cluedo*	Die Fülle der verschiedenen Quiz-Spiele auf dem heutigen Spielemarkt hängt mit den erhöhten Leistungsanforderungen in unserer Gesellschaft zusammen. Auch in der Freizeit findet man Spaß daran, sein Wissen zu präsentieren.
Quizspiele		*Wissens-Quiz* (Noris), *Trivial Pursuit* (Parker)	
Ordnungsspiele Legespiele	Eigene Ordnungsvorstellungen auch gegen widrige Umstände zu verwirklichen	*Domino, Mah Jongg,*	...das Spielmaterial muss nach einem bestimmten Ordnungsprinzip gelegt oder zusammengesetzt werden. Der Zufall aber auch Kombinationsfähigkeit und taktisches Vorgehen bestimmen den Ausgang des Spiels.
Buchstabenspiele		*Scrabble, Kreuzworträtsel,*	
Puzzle-Spiele		*Puzzle, Tangram* (Dumont), *Zauber* (Rubik)-*Würfel*	

Viele *Gesellschaftsspiele* sind sicher nicht einer speziellen Spielart zuzuordnen, sondern kombinieren eine oder mehrere miteinander.

In der sozialpädagogischen Arbeit mit Kindern ist es jedoch von Vorteil Brettspiele analysieren zu können (s. auch „Beurteilungskriterien für Brettspiele"), um grundlegende (Spiel)bedürfnisse, Tendenzen oder Vorlieben zu erkennen und gezielt darauf einzuwirken.

Analyse von Brettspielen

Die meisten Brettspiele orientieren sich an *kompetitiven* Prinzipien, die am Ende die Spieler zu Gewinnern und Verlierern machen. Über den Wert dieser Spiele sind Pädagogen geteilter Auffassung. Befürworter sehen in den Konkurrenzspielen die Anstrengungsbereitschaft der Spieler, die Spaß, Abwechslung und Spannung in der Gemeinschaft erleben wollen, während Kritiker behaupten, dass Verlieren zu Frustrationen, Versagungsängsten und Mangel an Selbstwertgefühl führen kann. Aus psychoanalytischer Sicht haben jedoch gerade Kinder die Möglichkeit im Spiel und durch das Spiel seelische Konflikte zu verarbeiten und Wunschvorstellungen von Macht, Erfolg und Anerkennung, die durch die Konfrontation mit den Erwachsenen entstehen, zu kompensieren. Wettbewerbsspiele können hingegen auf einer *Transformationsebene*[1] kooperative Elemente enthalten, d. h. es geht nicht nur um das Gewinnen und Verlieren, sondern auch um ein anregendes Spiel, das allen Mitspielern Spaß macht, sodass auch partnerschaftliche Ziele erreicht werden können.

Pro- und Kontra-Argumente

Beurteilungskriterien für Brettspiele
Name des Spiels: ....
....

❶ *Zielgruppe*
→ Anzahl
→ Alter
→ voraussetzende Fähigkeiten / Kenntnisse
→ besondere Zielgruppe, z. B. Behinderte
❶ *Handlungsmöglichkeiten / Spielfluss*
→ Spielprozess (abhängig von Zufällen, Regeln, individuellen oder Gruppenentscheidungen)
→ Spieltempo (rascher Wechsel zwischen den Spielzügen)?
→ Abwechslungsreichtum
→ Veränderungsmöglichkeiten
❷ *Spielmaterial*
→ Größe
→ Qualität
→ grafische Aufmachung
→ Verpackung
→ Haltbarkeit
❸ *Spielregeln*
→ verständliche Alltagssprache
→ mit Abbildungen
→ kurzer, zusammenfassender Überblick
❹ *Spielprinzip*
→ Konkurrenz
→ Kooperation
→ Koalitionsmöglichkeiten
❺ *Spielinhalt*
→ Aktualität des Spielthemas
→ Authentizität, Simulation
→ Konfliktthemen, z. B. Diskriminierung
❻ *Spielziel und Spielreiz*
→ Einzelsieg
→ Gruppensieg
→ Spannungsbogen
→ bes. Spielideen, Spieleffekte

Demgegenüber stehen die so genannten kooperativen Brettspiele, bei denen alle gemeinsam zum Ziel kommen und es keinen Einzelsieger und Einzelverlierer gibt. Für den Kindergartenbereich sind eine Reihe von kooperativen Brettspielen entwickelt worden, die ohne einen personengebundenen Gegner auskommen, allerdings eine sehr geringe Komplexität und Spieldynamik entwickeln.

kooperative Brettspiele

Für den Grundschulbereich stellen koalitive Brettspiele eine Alternative dar. Bei diesen Spielen spielt eine Gruppe gegen eine andere, innerhalb der Gruppe wird kooperiert, gegen die andere Gruppe kompetitiv vorgegangen.

koalitive Gesellschaftsspiele

---

[1] Fritz, ebd. S. 149.

Koalitive Spiele sind im eigentlichen Sinne Mannschaftsspiele, z. B. das Spiel *Scotland Yard* (Ravensburger), das nur durch Kooperation der Detektive den Täter stellen kann. Bei einigen bekannten „Gesellschaftsspielen" bieten sich koalitive Spielweisen an, wenn gemeinsam der stärkste Mitspieler besiegt werden soll, z. B. bei *Malefiz* oder *Monopoly*.[1]

Spielaufgaben

Spieltest -Karte	(zutreffendes unterstreichen)
Name des Spiels:	

Bei diesem Spiel kommt es

haupt-sächlich	auch	nicht	darauf an, dass einer oder eine Partei gewinnt.
haupt-sächlich	auch	nicht	darauf an, dass man sich gegenseitig unterstützt.
haupt-sächlich	auch	nicht	darauf an, dass man Glück hat.
haupt-sächlich	auch	nicht	darauf an, dass man bestimmte Fähigkeiten besitzt.

Dieses Spiel verlangt

viel	auch	kein(e)	Konzentration, Gedächtnis.
viel	auch	keine	Geduld, Ausdauer.
viel	auch	keine	körperliche Geschicklichkeit.
viel	auch	keine	sprachliche Ausdrucksfähigkeit.
viel	auch	keine	Sachwissen.
viel	auch	keine	Taktik, Kombinationsfähigkeit.
viel	auch	keine	spontanes, kreatives Verhalten.
viel	auch	keine	Rücksichtnahme, Kooperation.
viel	auch	keine	selbstkritisches Nachdenken.

Dieses Spiel hat mir viel teilweise wenig Spaß gemacht.

Dieses Spiel würde ich gerne unter Umständen nicht häufiger spielen.

Dieses Spiel ist für Kinder Erwachsene ab J. die ganze Familie geeignet.

Ich gebe dem Spiel die Gesamtnote: ❶ ❷ ❸ ❹ ❺ ❻

*nach U. Baer: Spielpraxis, Kallmeyersche Verlagsbuch. 95

1. Ordnen Sie folgende Brettspiele einer oder mehrerern Spielarten zu: Das verrückte Labyrinth *(Ravensburger)*, Die Siedler von Catan *(Kosmos)*, Sagaland *(Ravensburger)*, Das Nilpferd auf der Achterbahn *(Ravensburger)*, Tikal *(Ravensburger)*.

2. Entleihen Sie ein Brettspiel, das Ihnen unbekannt ist. Schreiben Sie eine Beurteilung zu diesem Brettspiel.

3. Stellen Sie es Ihrer Lerngruppe vor und lassen Sie dazu Spieltest-Karten *ausfüllen*. Vergleichen Sie Ihre eigene Beurteilung mit den Spieltest-Karten *in Ihrer Lerngruppe*.

4. Spielen Sie ein Brettspiel, das nach Ihrer Meinung für Grundschulkinder geeignet ist. Formulieren Sie in Partnerarbeit die dazu erforderlichen Spielregeln. Stellen Sie Ihre Spielregeln der Lerngruppe vor und stellen Sie fest, welche der aufgestellten Spielregeln am besten verstanden werden.

5. Gestalten Sie in Teamarbeit ein Brettspiel für Kinder im Grundschulalter. Erstellen Sie die Spielregeln und fertigen Sie einen festen Spielplan an.

6. Richten Sie in Ihrer Fachschule eine Spielothek (Ausleihe für *Gesellschaftsspiele*) ein. Überlegen Sie, welche Spiele zu einem Grundbestand gehören sollten. Fertigen Sie zu jedem Spiel eine Spieltest-*Karte* an.

---

[1] Hilfen bei der Auswahl guter Brettspiele: *Spiel des Jahres* – verliehene Auszeichnung von Spielkritikern; *Ausgezeichnete Spiele* – Ratgeber der Jury „Spiel des Jahres", Don Bosco, Freiburg 1998; Zeitschrift Spielbox, Huss, München; *Spielereport* – Arbeitsstelle für Spielforschung der Fachhochschule Dortmund, Postfach 105018, 44047 Dortmund; *Deutsches Spiele Archiv* – Beratung und Information zu Brettspielen, Ketzerbach 21½, 35037 Marburg; weitere Informationen im Internet unter: *www.kmwsspielplatz.de*

Computerspiele mit der M@us

Die Frage „Ist der Computer ein geeignetes Spielzeug für Kinder?" stellt sich in der heutigen Zeit nicht mehr, da er schon längst von Kindern als Spielzeug entdeckt wurde. Die Frage heißt als nicht „ob", sondern „ab wann?", „wie?" und „was oder womit?"

Das breite Angebot von Computerspielen wird immer vielfältiger und technisch perfektionierter. Viele Eltern und Erzieherinnen fühlen sich unsicher und überfordert, wenn es um den Umgang mit Computerspielen im erzieherischen Alltag geht. Denn etliche dieser PC-Spiele beinhalten massive Gewaltszenen und demonstrieren Brutalität. Alle an der Erziehung beteiligten Erwachsenen sind daher gefordert eigene Kompetenzen zu erwerben, sich mit den neuen Technologien auseinander zu setzen, um in der sozialpädagogischen Praxis beraten zu können und den richtigen Umgang zu vermitteln.

Erwerb von Kompetenzen

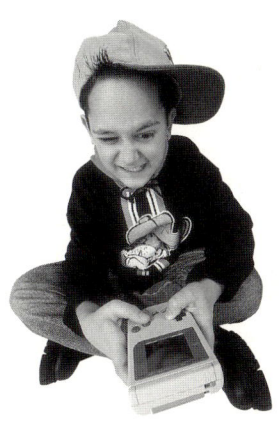

Der erste Schritt ist *learning by doing,* selbst Computerspiele ausprobieren, ihre Wirkung und ihre Qualität analysieren und beurteilen.

learning by doing

Der zweite Schritt ist, sich einen Überblick über das Angebot an Computerspielen zu verschaffen, sie miteinander zu vergleichen und Intentionen und Lernzielbereiche zu ermitteln.

Angebot von Computerspielen sichten

Edutainment: Software zwischen Spielen und Lernen[1]

Erscheinungsformen	Intention	Spielebeispiele[2]
1. Teachsoftware (Lehrprogramme) mit *Thinkin Things* (Memory-Aufgaben), *Gimmicks* (etwas durch Anklicken zum Leben erwecken), *Jump-and-Run* (Zeichentrickfolgen), *Living-books* (elektronische Bilderbücher)	Vermittlung von Wissen, Einsichten, Fähigkeiten und Fertigkeiten allgemeiner Art durch unterhaltsame Elemente bei lernzielorientiertem, vorgegebenem Lernweg.	*Max und die Geheimformel* (Tivola 4–8 Jahre), *Löwenzahn* (Terzio ab 6 Jahre)

[1] *Computerspiele auf dem Prüfstand* – Informationsdienst – Loseblattsammlung, erscheint 2–3-mal jährlich mit je 8 Besprechungen von aktuellen Computerspielen. Kann im Abonnement kostenlos von Multiplikatoren der Bildungsarbeit bestellt werden: Hrsg. Bundeszentrale f. Politische Bildung, Referat Neue Medien, Postfach 2325, 53013 Bonn; *Liste gewaltfreier Computerspiele*, Senator für Jugend und Sport, Abt. Jugendschutz, Am Karlsbad 8–10, 10785 Berlin.

[2] Empfohlen nach Th. Feibel: *Großer Lern-Software-Ratgeber 2000,* Markt & Technik-Verlag, München; Informationen zu allen Neuerscheinungen im Internet: *http://www.mut.com*

Erscheinungsformen	Intention	Spielebeispiele
2. Toolsoftware (Werkzeuge)	Ohne professionellen Anwendungsbezug Herstellung kreativer Objekte	*Playtoons 1–5* (Sierra Coktel 6–10 Jahre), *Microsofts 3-D-Filmstudio* (Microsoft ab 8/10 Jahre)
3. Infosoftware (Information) mit *Click and learn* (Sachbuchcharakter, Nachschlagewerke)	Unterhaltsame Informationssysteme zu Themen wie Musik, Kunst, Ritter etc. durch Filme, Texte, Bilder, Geräusche, Musik	*Kuck mal Kunst* (Systema 4–10 Jahre), *Was-ist-was-Quiz: Ritter* (Tivola ab 6 Jahre)
4. Simsoftware (Simulationsprogramme) <u>Aktionale</u>: z. B. der Spieler ist der Fahrer, direkter Zeitfluss, <u>strategische</u>: Entscheidungen treffen, erst dann Fortschreiten der Zeitsimulation	Simulationen mit spielerischer Dramaturgie zu lernrelevanten Inhalten, z. B. Fahrzeugsimulation, Städtebau, politische und wirtschaftliche Prozesse, ökologische Simulation	*Age of Empires II – the Age of Kings* (Microsoft ab 10 Jahre), *Ecopolicy* (Studiengruppe für Biologie und Umwelt / badisches Pressehaus ab 10 Jahre)
5. Gamesoftware (Spielprogramme)	Unterhaltsame Spiele, die allgemeine Kenntnisse und Fähigkeiten fördern.	*Mütze und Co* (Tivola), *Das verlorene Gedächtnis des Dr. Brain* (Sierra Coctel)

Einsatz von Computerspielen

Der dritte Schritt ist die Entwicklung eines didaktisch-methodischen Handlungskonzeptes, ausgehend von den Interessen, Bedürfnissen, entwicklungsbedingten Fähigkeiten und dem sozialen Umfeld der Zielgruppe. Es empfiehlt sich zunächst eine kritische Auseinandersetzung mit Wirkungsmechanismen ausgewählter Computerspiele, um dann über sinnvolle Einsatzmöglichkeiten in der sozialpädagogischen Praxis zu entscheiden.
Hinweise zum Einsatz von Computerspielen:

1. Der Spielinhalt darf nicht gewaltintensiv, kriegsverherrlichend, politisch extremistisch, pornographisch oder menschenverachtend sein, z. B. wenn Spieler in einer virtuellen Welt, die der realen nachgebildet ist, ohne Moral und Empathie kämpfen müssen um zu überleben.

2. Die Spielstrategie sollte nicht zerstörend sein, sondern konstruktiv, z. B. durch taktisch kluges oder geschicktes Handeln Lösungen zu erzielen und nicht durch schlagkräftige, militärische Aktionen.

3. Die Spiele sollten möglichst vielfältige Aufgaben enthalten. Logisches Denken, Kombinationsfähigkeit und Sprachfähigkeit sollten ebenso gefördert werden wie Reaktionsschnelligkeit.

4. Die Spiele sollten sich in der Spieloberflächengestaltung (Grafik, Sound, Animation) und Dramaturgie an den entwicklungsbedingten Interessen und Fähigkeiten der Zielgruppe orientieren.

5. Es sollten sich möglichst mehrere Spieler gleichzeitig beteiligen können. Der Computer sollte kein Ersatz für interessante Freizeitgestaltung und soziale Kontakte sein.

6. Das Spiel am Computer sollte zeitlich begrenzt sein, im Grundschulalter eine halbe bis eine Stunde und durch Bewegung, möglichst im Freien, ausgeglichen werden.

7. Kinder und pädagogische Mitarbeiter sollten oft zusammen am Computer spielen. Der gemeinsame Spaß vermittelt emotionale Verbundenheit und das Kind hat die Gelegenheit seine Überlegenheit gegenüber dem Erwachsenen zu zeigen. Zum anderen kann der Erwachsene auf diese Weise das Kind in seinem Spiel beobachten.

Spielaufgaben

1. *Entleihen Sie in einer öffentlichen Bücherei ein Computerspiel. Spielen Sie es im Team und tragen Sie zusammen, was Sie fasziniert bzw. abstößt. Erstellen Sie eine Beurteilung und suchen Sie Einsatzmöglichkeiten für die sozialpädagogische Praxis.*

2. *Sie wollen den Träger Ihrer Freizeiteinrichtung überzeugen Computer für Ihre sozialpädagogische Arbeit mit Grundschulkindern anzuschaffen. Lesen Sie die meist genannten Vorurteile, die sich gegen das Spielen am Computer aussprechen:*

→ *Der Computer macht einsam.*

→ *Die Kinder lesen keine Bücher mehr.*

→ *Der Computer hemmt die Kreativität.*

→ *Die Kinder sitzen nur noch vor dem Bildschirm und gehen überhaupt nicht mehr an die frische Luft.*

→ *Die Kinder spielen ja nur damit, lernen aber nichts.*

→ *Es gibt ja nur Schrott, Gewalt, Sex und Nazispiele.*

→ *Der Computer ist ein kaltes Medium.*

→ *Der Fortschritt verlangt ständiges Aufrüsten um „up to date" zu bleiben.*

→ *Das ist alles wahnsinnig teuer.*
Formulieren Sie überzeugende Gegenargumente.

Beurteilungskriterien für Computerspiele
(nach Thomas Feibel)[1]
Name des Spiels:
Hersteller:
Kategorie:
Systemvoraussetzung:

1. **Konzeption**
   → Benutzerführung
   → Idee
   → Spielziel
   → Navigation
   → Aufbau

2. **Grafik**
   → Qualität der Illustrationen
   → Qualität der Videos

3. **Sound**
   → Qualität der Musik
   → Qualität des/der Sprecher
   → Qualität der Geräusche

4. **Text**
   → Textsprache dem Alter entsprechend
   → Quantität

5. **Pädagogisches Konzept**
   → Voraussetzende Fähigkeiten
   → Intentionen
   → Feed-back

6. **Spielzeit**
7. **Preis-Leistungs-Verhältnis**
Empfehlung ❶❷❸❹❺❻

---

[1] Feibel, Th.: *Multimedia für Kids: Spielen und Lernen am Computer*, rororo, Reinbek 1997.

Bewegungsspiele

Bewegungsspiele gehören zu den ältesten Spielen der Menschheit. Ebenso wie an Gesellschaftsspielen sind auch an ihnen die Strukturen einer Gesellschaft erkennbar.[1]

*Bewegungs-
spiele nach
Regeln mit und
ohne Spielmittel*

Das Grundschulkind ist an allen bewegungsreichen Spielformen interessiert, die seine motorischen Fähigkeiten, seine körperliche Geschicklichkeit und Reaktion ansprechen, herausfordern und erweitern. Beliebt sind dabei Spiele, die nicht an Spielmittel gebunden sind und spontan mit mehreren gespielt werden können, z. B. Lauf-, Fang- und Versteckspiele. Die meisten Bewegungsspiele sind jedoch an besondere Spielmittel oder Materialien gebunden, z. B. Fußball, Rollerbades oder Kickboard, und benötigen fast ausschließlich das Außengelände. Leider stehen vielen Kindern keine geeigneten Spielräume und Freiflächen für ungezwungene Bewegungsspiele zur Verfügung, sodass ihre motorische als auch soziale Entwicklung behindert wird.

Alle spielmittelgebundenen Bewegungsspiele setzen das Erlernen einer Spieltechnik voraus, erst dann ist es sinnvoll nach festgelegten Spielregeln zu spielen, die meistens kompetitives Spielverhalten beinhalten.

*Einteilungs-
kriterien*

Das Angebot an Bewegungsspielen ist recht umfangreich. Zur besseren Übersicht und zum Vergleich kann eine Einteilung der Bewegungsspiele nach den charakteristischen Spielprinzipien (nach *J.Fritz)*[2] *vorgenommen werden:*

Spielprinzip	Name des Spiels	Charakteristische Spielweise
1. Trefferprinzip	Murmelspiel / Boule / Kegeln / Hockey / Krokket / Mini-Golf / Tischtennis Federball / Fußball / Dart / Basketball / Völkerball / Hase u. Jäger etc.	Kugeln, Murmeln, Bälle o.a. werden durch einen einmaligen Wurf oder Stoß bewegt, sodass sie etwas treffen oder eine bestimmte Lage einnehmen. Diese Spiele weisen recht unterschiedliche Spielregeln auf. Sie sind abwechslungsreich und durch vielfältige Handlungsmöglichkeiten sehr beliebt.
2. Lenkungsprinzip	Angelspiel / Käsebrett / Labyrinth / Geduldsspiele etc.	Ein mobiler Gegenstand, meist eine kleine Kugel, wird durch ständiges Bewegen über oder durch ein Hindernisparcours gelenkt. Diese Spiele werden meist allein gespielt und haben ihren Reiz durch wiederholtes Ausprobieren eigener feinmotorischer Geschicklichkeit.

---

[1] Interessant sind Vergleiche mit Bewegungsspielen in anderen Kulturen, weil sie interessanterweise über gleiche Grundmuster verfügen.

[2] J.Fritz, ebenda, S. 81ff.

Spielprinzip	Name des Spiels	Charakteristische Spielweise
3. Reaktionsprinzip	Plumpsack / Feuer, Wasser, Sturm / Die Reise nach Jerusalem / Fangen / Verstecken / Fischer wie weht deine Fahne etc.	Die Spieler müssen schnell auf einen Reiz reagieren, z. B. auf ein Signal loslaufen, sich einen Platz suchen, einen Ball fangen. Diese Spiele sind sehr dynamisch mit wechselnder Rollenverteilung und einfacher Spielregel, sodass sie auch gerne von jüngeren Kindern gespielt werden.
4. Mikadoprinzip	(Riesen)Mikado / Scree Stapelspiele etc.	Die Spieler müssen einzelne Spielteile aus einem (un)geordneten Ganzen so geschickt wie möglich wegnehmen. Bei den Stapelspielen ist das geschickte Hinzufügen einzelner Teile zu einem Ganzen Ziel des Spiels.
5. Konstanzprinzip	Kreisel / Jojo / Diabolo / Seilspringen / Hula-Hoop-reifen / Jonglieren / Drachensteigen etc.	Der oder die Mitspieler lösen eine Bewegung aus, die fortwährend beibehalten wird. Bei diesen Spielen handelt es sich um eine Mischung aus Geschicklichkeits- und Glücksspiel, von denen eine besondere Faszination ausgeht (s. auch „Roulette", „Spielautomaten").

Jüngere Grundschulkinder sind meist noch nicht in der Lage ohne Spielführung eines Jugendlichen oder Erwachsenen ein *kompetitives* Regelspiel in einer Mannschaft zu spielen. Sie organisieren ihr Bewegungsspiel häufig spontan, z. B. auf der Straße, auf dem Schulhof in kleineren Spielgruppen, nach dem „Reaktionsprinzip", z. B. *Verstecken* oder *Fangen*. Auch diese Spiele gehören zu den *kompetitiven* Regelspielen, die allerdings auch *koalitiv* gesehen werden können, da das Gewinnen und Verlieren einzelner Mitspieler nicht das wichtigste Spielmerkmal ist, sondern der Fänger z. B. nur für eine kurze Zeit eine konkurrierende Position gegenüber den übrigen Mitspielern einnimmt und die Gegenspieler-Rolle in der nächsten Spielrunde bereits wechselt.

Spielführung

Anna versteckt sich

ANNA hat sich heute Nacht
ein Versteckspiel ausgedacht:
Das wird lustig, denkt sie, denn
hinter einem Zaun aus N
kann ich gut verschwinden,
keiner wird mich finden!
NNNNNNNNNNNANNANNNNNNNNNN
Doch sie hat sich kaum versteckt,
da hat Karl sie schon entdeckt,
weil man ihre beiden A
durch den N-Zaun deutlich sah.
(Hans Georg Lenzen)[1]

Ebenso können Wettbewerbsspiele, die in Mannschaften gespielt werden (besonders Regelspiele nach dem „Trefferprinzip") in *koalitiver-kompetitiver* Spielweise durchgeführt werden, z. B. bei einem Fußballspiel: Kooperatives Spielverhalten steht vor konkurrierendem Spielverhalten. Eigene Vorteile können zwar gesucht werden, der Erfolg der Mannschaft ist jedoch vorrangig.

Mannschaftsspiel

---

[1] Gelberg, H.-J. (Hrsg.) *Geh und spiel mit dem Riesen,* Beltz, Weinheim, 1971.

Diese Spielweise ist einerseits dynamischer, aber auch weniger konfliktreich, da es keine Einzelsieger und -verlierer gibt, sondern Erfolg oder Niederlage ein kollektives Erlebnis ist.

Maßgeblich beteiligt am emotionalen Stimmungsbild einer Mannschaft ist jedoch die Spielleitung. Sie kann durch spielpädagogische Methoden und demokratische Verhaltensweisen eine harmonische Spielatmosphäre schaffen, die die Mannschaft motiviert, ermutigt und zu kooperierendem Verhalten auffordert. Sie kann aber auch durch das eigene Verhalten Mitspieler entmutigen, verunsichern, diskriminieren und sie dazu veranlassen mit Gewalt und Aggressivität gegen die anderen Mitspieler vorzugehen. (s. S. 145 Spielleiterverhalten).

Spielaufgaben

1. *Stellen Sie in Ihrer Lerngruppe ein Bewegungsspiel für Grundschulkinder vor und verdeutlichen Sie Ihre Zielsetzung. Schreiben Sie die dazu erforderliche Spielanleitung mit didaktisch-methodischen Hinweisen. Erweitern Sie Ihre Spielkartei.*

2. *Tragen Sie Bewegungsspiele aus den Herkunftländern der Teilnehmer in Ihrer Lerngruppe zusammen. Können Sie gleiche Grundmuster feststellen?*

3. *Spielen Sie das Spiel* Eine Reise nach Jerusalem. *Verändern Sie die herkömmliche Spielregel zugunsten einer kooperativen bzw. koalitiven Spielweise. (Lesen Sie dazu den nebenstehenden Zeitungsartikel.)*

4. *Viele Bewegungsspiele beinhalten bei Misserfolg eines Mitspielers das Ausscheiden.*
   Führen Sie Spiele mit dieser Spielregel
   durch und beschreiben Sie anschließend Ihre Gefühle. Suchen Sie nach alternativen spielpädagogischen Lösungsmöglickeien.

**Aufregung wegen
Reise nach Jerusalem**
Das Spiel sei zu aggressiv für Kinder

London. (dpa) In britischen Kindergärten und Schulen soll künftig die „Reise nach Jerusalem" nicht mehr gespielt werden, weil das Spiel Kinder angeblich zu aggressiv macht. Dies jedenfalls empfiehlt eine Broschüre, die von der britischen Erziehungs-Staatssekretärin vorgestellt wurde.

Bei dem Spiel müssen die Kinder versuchen, sich beim Innehalten von Musik oder Gesang auf einen Stuhl zu setzen, jedoch gibt es immer einen Stuhl weniger als Kinder vorhanden sind. Wer keinen Stuhl abbekommt, scheidet aus.

Ein Sprecher der Staatssekretärin relativierte: „Das Buch setzt sich nicht für ein Verbot ein, sondern rät den Lehrern, weniger aggressive Spiele auszuwählen." Die Autorin der Broschüre beklagte, dass bei der „Reise" „immer die größten und stärksten Kinder gewinnen."

Iserlohner Kreisanzeiger 23.05.2000

3.4 Konstruktions- und Technikspielzeug

Kindergartenkinder sind damit zufrieden aus Holzbausteinen oder anderen Materialien Bauwerke herzustellen und sich gleichzeitig in eine vorgestellte Spielwelt zu begeben. (Vgl. Bau- und Materialspiele s. S. 72 f.). Grundschulkinder hingegen versuchen ihre Bauwerke möglichst funktionstüchtig und realistisch nachzubilden, wobei das rollenorientierte Figurenspiel immer weiter verdrängt wird. Ziele des Spiels der Grundschulkinder sind differenzierter, Kinder im fortschreitenden Schulalter sind in der Lage, sich über einen längeren Zeitraum konzentriert in eine Spieltätigkeit zu vertiefen und mit einem Spiel zu beschäftigen. Während dieser Zeit vollenden sie ihre selbst gestellte sowie selbst geplante Spiel-Aufgabe mit Ausdauer.

Überwiegend werden die Lernprozesse im Konstruktionsspiel vom Materialcharakter systematisch gesteuert, wie durch

→ das Erfassen von (statischen, mechanischen, elektrischen u. Ä.) Gesetzmäßigkeiten,

→ das Erkennen von Zusammenhängen,

→ das Erschließen räumlichen Denkens.

Andererseits motivieren Lob und Anerkennung seitens der Erwachsenen oder auch älterer Kinder die Fortsetzung und Erweiterung der Bauwerke sowie die kreative Auseinandersetzung.

Wie jede Art von Spielzeug unterliegt auch Konstruktionsspielzeug dem Zeitgeist, dem die Spielmittelindustrie folgt und ein breit angelegtes Sortimentsangebot an Steck- und Haftsystemen aus Kunststoff entwickelt hat, z. B. Constri, Plasticant, Poly-M, Fischertechnik, Lego u. a. Die meisten Konstruktionssysteme werden in Baukastenform oder Einzelproduktkästen angeboten, womit z. B. nur ein spezielles Fahrzeug, Gebäude oder ein Themenbereich (z. B. Flughafen/Adventurers jungle) gebaut werden kann. Gelegentlich ergänzen sich die Bausätze eines Systemsortiments unter Einbeziehung von Zusatzmaterial. „Am Anfang jeder Idee steht die Fantasie." Viele Konstruktionsspielzeuge, teilweise auch Lego sind hingegen nur auf eine vorgegebene Bauweise fixiert und lassen keine anderen kreativen Lösungen zu.

Unter den Haftsystemen ist *Lego* das bekannteste. Bereits 1949 stellte der Däne O. K. Christiansen die allerersten Bausteine aus Kunststoff her. Dank ihrer neuartigen Klemmverbindung durch Noppen und Hohlröhrchen gerieten diese Kunststoffbausteine nicht mehr ins Wackeln. Im Laufe der Jahre hat *Lego* seine Produktpalette kontinuierlich erweitert von Häusern mit Schrägsteindach, über Eisenbahnen, Schiffe, Weltraumraketen bis hin zu Piraten.

das Neueste

Das Neueste ist die Verknüpfung von Konstruktionselementen mit dem Computer. So wird z. B. „auf CD-ROM eine virtuelle Reise in ein Baukasten-Spielzeugland angeboten, in dem nach Anweisungen elektronischer Begleiter parallel am Bildschirm und in der Realität Roboter gebaut werden können, die dann z. B. elektronisch gesteuerte Boxkämpfe austragen."[1]
Aktuell sind auch elektrische Erweiterungen, z. B. Elektromotoren oder elektronische Ergänzungen, so genannte elektronische Bausteine, die mithilfe einer einfachen Programmiersprache über den Computer selbst programmiert werden können. So entwarfen zwei achtjährige Mädchen eine Katzenmutter, dazu ein Katzenkind mit Leuchtdiodenaugen, deren Blinken die Mutter herbeilockte, wo immer die gerade zufallsgesteuert herumsurrte."[2] Im Gegensatz zu einem industriegefertigten Spielzeug mit festgelegten Funktionen können die Kinder hierbei zwar das ferngesteuerte Spielzeug selbst konstruieren, die Funktionsweise eines elektronischen Bausteins bleibt ihnen jedoch nach wie vor verborgen.

Auswahl-kriterien

Konstruktionsspielzeuge sind demzufolge in der Regel erst für Kinder im Grundschulter geeignet, vorausgesetzt

→ sie sind an technischen Konstruktionen interessiert,

→ sie sind experimentierfreudig,

→ sie besitzen Kombinationsfähigkeit, um Bauanleitungen aufschlüsseln zu können,

→ sie verfügen über feinmotorische Fähigkeiten,

→ sie besitzen Konzentrationsfähigkeit und Ausdauer.

Bei der Wahl eines speziellen Konstruktionssystems sollten folgende Überlegungen angestellt werden:

→ Ist das Material altersgerecht und besteht es aus einfachen, schnell zu begreifenden Formen?

→ Lässt das Material sowohl eine realitätsnahe als auch eine fantasievolle Gestaltung zu?

→ Hat das Material emanzipatorischen Charakter, d. h. können Kinder geschlechterneutral ihre Spielwelten gestalten?

→ Ermöglicht das Material durch eine starke Variabilität in der Anordnung der Elemente kreative Veränderungen?

→ Sind fertige Bauprodukte gut in die Materialelemente zerlegbar?

→ Ist das Material erweiterungsfähig, durch mobile Elemente wie Motoren u. Ä.?

→ Bietet das Material Kombinationsmöglichkeiten aufgrund einer Verknüpfung mit anderen Konstruktionssystemen?

---

[1] Verbraucherzentrale NRW (Hrsg.): *Spielzeugland*, Düsseldorf 1998, *www.vz-nrw.de*

[2] Zeitschrift: *Geo Wissen, Nr 1/1999*, Sütterlin, S.: *Als die Klötze denken lernten*, S. 95 ff., Gruner + Jahr, Hamburg; *www.geo.de*

Spielaufgaben

1. *Verschaffen Sie sich in Spielwarengeschäften oder durch Produktinformationen (Werbung/ Internet) einen Überblick über verschiedene Konstruktionssysteme.*

2. *Probieren Sie nach Möglichkeit zwei unterschiedliche Konstruktionssysteme auf verschiedene Weisen aus:*

   → *Konstruieren Sie ein Modell, frei nach Ihren Vorstellungen.*

   → *Konstruieren Sie ein Modell nach vorgegebener Konstruktionsanleitung.*

   → *Kopieren Sie ein Modell, das auf der Verpackung abgebildet ist.*

   Vergleichen Sie die drei Konstruktionsmöglichkeiten und stellen Sie Vor- und Nachteile der Konstruktionssysteme heraus.

3. *Bilden Sie sich eine Meinung zu folgendem Zitat eines Projektmanagers: „Als wir eines Tages sahen, dass Kinder mit einem unserer Prototypen sprachen, wussten wir, dass die Richtung stimmt. Die Tatsache, dass die Kinder unsere Modelle wie lebende Wesen behandelten war für uns der Beweis dafür, dass unser Konzept aufgeht."*

4. *Machen Sie Spielvorschläge zum Einsatz von Konstruktionsmaterial in einer außerschulischen Freizeiteinrichtung.*

3.5 Rollenspiele

Geht es beim spontanen Rollenspiel im Kindergartenalter meist darum, die Logik von Alltagshandlungen der Erwachsenen durch Nachahmung zu verstehen, so führen Rollenspiele im Grundschulalter eher dahin, Rollen und Handlungen zu begreifen, um Handlungsmotive von Erwachsenen und Gleichaltrigen nachvollziehen zu können. Das höhere sprachliche und

spontanes, freies Spiel

kognitive Niveau befähigt Kinder im Grundschulalter zu differenzierten und komplexen Rollenspielen. Emotional besetzte Themen wie Liebe, Angst, Versagen, Schuld etc., aber auch mediale Erlebnisse werden dramatisiert dargestellt und im fantasievollen Spiel durchlebt. Tod und Leben sind z. B. häufig inszenierte Themen: *„Du wärst jetzt wohl getroffen und müsstest tot umfallen!" „Aber ich hätte noch drei Leben und könnte weiterkämpfen"*. Das freie spontane Rollenspiel bietet dem Grundschulkind die Möglichkeit seine eigene Realität zu verarbeiten. Durch wechselnde Rollenübernahme lernt es, sich und andere besser wahrzunehmen und neue Handlungsweisen auszuprobieren. Grundschulkinder haben aber nur dann die Möglichkeit, das was sie bewegt im Rollenspiel zu bearbeiten, wenn ihnen geeignete Rahmenbedingungen zur Verfügung gestellt werden:

geeignete Rahmenbedingungen

→ Akzeptanz und Wertschätzung durch den Erwachsenen

→ Bereitstellung von Zeit, Ort und Material (z. B. Verkleidungsgegenstände, Zubehör, Bau- und Gestaltungsmaterial zur Errichtung von Buden, Verstecken etc.)

→ Freie Gestaltung des Rollenspiels (Mitspieler, Thema, Ablauf, Spielwiederholungen)

Im spontanen Rollenspiel nimmt die Spielpädagogin keinen Einfluss auf die Rollenverteilung, den Spielinhalt und den Spielprozess. In Spielgruppen bilden sich jedoch schnell Funktionen heraus, die einzelnen Kindern zugeschrieben werden und sich durch Spielwiederholungen verfestigen. So werden z. B. gehemmte oder schüchterne Kinder im Spiel unterdrückt oder sogar ausgeschlossen und demonstrierte Machtmechanismen von anderen Kindern bedenkenlos nachgeahmt.

Pädagogisch angeleitete Rollenspiele

Pädagogisch angeleitete Rollenspiele sind „Spielformen, bei denen soziale Interaktionen in Szenen umgesetzt werden, um soziales Verhalten zu lernen, Konfliktlösungen zu finden und Handlungsalternativen zu erproben."[1]

Konzeption

In pädagogisch angeleiteten Rollenspielen übernehmen die Spieler fremde Rollen, die sie gemäß der Situations- und Handlungsbeschreibung ausfüllen,

dabei sind das Problem, der Ort, an dem die Handlung stattfindet, und die Zeit, in der sich das Geschehen ereignet, vorgegeben. Der Spielverlauf, Dialoge und der Ausgang des Spiels entwickeln sich im Spielprozess. Die Spielgruppe, die sich aus Spielern und Beobachtern zusammensetzt, ist voneinander abhängig, da die Rollen ständig wechseln. Die Beobachter identifizieren sich mit den Spielern und teilen nach dem Spiel ihre Beobachtungen mit. Fällt ein Spieler aus seiner Rolle heraus, wird das Spiel unterbrochen.

soziale Lernziele

Durch seinen Modellcharakter können bei pädagogisch angeleiteten Rollenspielen folgende Lernziele verfolgt werden:

→ Selbst- und Fremdwahrnehmung,

→ Antizipation,

→ nonverbale und verbale Ausdrucksformen,

→ Kommunikationskompetenz,

---

1 Baer, U.: *Spielpraxis,* Kallmeyersche Verlagsbuchhandlung, Seelze-Velber 2/1996, S. 115.

→ Problemlösungsmodelle,

→ Selbstbestimmung,

→ Entscheidungsfähigkeit,

→ u. a. m.

Pädagogisch angeleitete Rollenspiele werden ohne Publikum, in einer Kleingruppe von 6–10 Teilnehmern gespielt. Um über den Einsatz von angeleiteten Rollenspielen mit Kindern oder Jugendlichen zu entscheiden, müssen die Spielleiter über theoretische Kenntnisse des Rollenspiels verfügen, eigene Spielerfahrungen mitbringen und Reflexionsfähigkeit besitzen. Zur qualifizierten Durchführung gehören darüber hinaus Kenntnisse der wichtigsten Rollenspieltechniken[1]:

Der Rollentausch	Eine Szene wird wiederholt, wobei zwei Spieler, die gespielt haben, ihre Rollen mit dem Ziel tauschen, eigene Handlungsweisen oder Positionen dem anderen verständlich zu machen.
Der Rollenwechsel	Nach einer Szene gibt ein Spieler seine Rolle an einen Beobachter ab, der sie nach seiner Auffassung spielt. Nach einer Spielwiederholung werden beide Lösungsmöglichkeiten besprochen.
Die Doppelgänger-Methode bzw. das Hilfs-Ich	Ein Spieler stellt sich hinter den Rollenträger, um ihn als zweites „Ich" zu unterstützen. Zeigt der Rollenträger Unsicherheiten, hilft der Doppelgänger durch Beratung oder laute Gedankenäußerungen.
Die Spiegelmethode	Die Beobachter wiederholen bzw. ahmen die Szene nach (spiegeln), wodurch den vorhergehenden Spielern eigenes Verhalten verdeutlicht wird.
Der Selbstgespräch-Monolog	Der Spieler denkt laut. Er spricht seine Handlungsabsichten, seine Ängste, Erwartungen, Hoffnungen oder Forderungen aus, um sich der Motivation seines Verhaltens bewusst zu werden. Diese Rollenspieltechnik lässt sich gut mit der Doppelgänger-Methode verbinden.
Die Rückmeldung (Feed-back)	Nach jeder Spielszene teilen Spieler und Beobachter mit, was sie in Hinblick auf sich selbst und die anderen erlebt, gefühlt und wahrgenommen haben.

Rollenspieltechniken

---

1 Freudenreich, D./Gräßer, H./Köberling, J.: *Rollenspiel,* Schroedel, Hannover 5/1981.

**Rollenspiel-
phasen**

Pädagogisch angeleitete Rollenspiele sind für die meisten Kinder und Jugendlichen ungewohnte Spielformen, die möglicherweise Hemmungen und Ängste hervorrufen können. Um bei den Adressaten problemorientierte Rollenspiele erfolgreich einzusetzen, ist ein allmählicher Rollenspielaufbau notwendig[1]:

→ 1. Hinführung zur Spielfähigkeit

Durch den Einsatz von nonverbalen und verbalen Kontaktspielen werden Spielhemmungen abgebaut und eine möglichst hohe Gruppensicherheit erzielt.

→ 2. Rolleninformationen

Es werden Informationen zum Spielinhalt, zum Spielverlauf, zur Rollenbesetzung und zu Beobachtungsschwerpunkten, zur Klärung der Rollenübernahme mit den Mitspielern und Beobachtern sowie Hinweise zum Rollentausch gegeben.

→ 3. Spielbarmachen der Konfliktsituation

Planung des Szenenaufbaus und des Spielinhalts, wobei auf den Wirklichkeitsbezug der Verhaltensweisen, der Kommunikationsformen und der Problemlösungsstrategien geachtet werden sollte.

→ 4. Spielphase

Die Spielzeit sollte höchstens 10 Minuten betragen. Eine längere Spielzeit fördert die Spielunlust der Mitspieler und schränkt die Beobachtungsfähigkeit im Spielablauf erheblich ein.

→ 5. Spielnachbereitung

Nach dem Spiel diskutieren Spieler und Beobachter über den Spielverlauf nach vorher vereinbarten Kriterien. Eine Revision mit anderen Spielern ist danach möglich.

Pädagogisch angeleitete Rollenspiele können Probleme und Konflikte aus der Lebenswelt von Kindern und Jugendlichen sicher nicht lösen, tragen aber zur Persönlichkeitsentwicklung und Bewusstseinserweiterung bei sowie zum Aufbau sozialer Kompetenzen.

Weitere Formen des pädagogisch angeleiteten Rollenspiels:

Psychodrama

→ Im Psychodrama[2], in dem die Mitspieler kontinuierlich ihre eigenen Rollen spielen, geht es um persönliche, lebensgeschichtlich bedingte Probleme des Einzelnen. Diese werden im Psychodrama wiederbelebt, durch das Spiel bewusst gemacht und durch therapeutisch gelenkte Reflexion verarbeitet. Zu seiner Durchführung ist eine spezielle therapeutische Ausbildung notwendig.

---

[1] Broich, J.: *Rollenspiel-Praxis*, Maternus, Köln 1999, S. 32–33.
[2] Der Arzt und Psychotherapeut J.L. Moreno entwickelte das Psychodrama als therapeutische Methode.

→ Simulationsspiele (Planspiel, Entscheidungsspiel, Konfliktspiel) sind fiktive **Simulationsspiel** gesellschaftliche Konflikte, die nach vorgelegten Plänen verlaufen. Sie sind von Informationen abhängig und rekonstruieren modellhaft Wirklichkeit. Mit einem Simulationsspiel können jugendliche oder erwachsene Mitspieler lernen[1]:

- wie man taktisch-politisch handelt,

- wie Konflikte eskalieren,

- wie sich Kompromisse auswirken,

- welche Rolle Macht- und Herrschaftsstrukturen spielen,

- wie man sich als Gruppe durchsetzen kann.

→ Beim Forumtheater[2] (Statuentheater) stellen jugendliche oder erwachsene **Forumtheater** Mitspieler in der Rolle einer Statue selbst geschriebene Texte vor, die dann mit den Zuschauern weiterentwickelt werden. Szeneninhalte sind stets Situationen von Unterdrückung, die dem Publikum so vorgestellt werden, dass eine möglichst klare Beziehung zwischen „Opfer" und „Täter" entsteht. Das Publikum erhält durch einen Spielleiter oder Joker die Möglichkeit die Rolle des Opfers zu übernehmen und sie zu verändern.[3]

Spielaufgaben

1. *Die folgende Situation bildet den Ausgangspunkt für ein angeleitetes Rollenspiel in Ihrer Lerngruppe: „Sie haben in der Zeitung ein Stellenangebot für einen Animateur in einem Robinson Club auf Mallorca gelesen. Da Sie als Erzieherin diesen Job gerne annehmen möchten, rufen Sie bei dem Reiseveranstalter an und lassen sich einen Termin für ein Vorstellungsgespräch geben."*

Formulieren Sie die Ausgangslage, erstellen Sie Rollenbiografien (z. B. für die Bewerberin, Reiseveranstalter, Chefanimateur), nehmen Sie eine Rollenverteilung vor und versuchen Sie während des Spiels einige Rollenspieltechniken anzuwenden.

2. *„In Ihrer Hortgruppe beschimpfen sich seit einiger Zeit vier Kinder gegenseitig auf eine sehr aggressive Weise." Sie wollen diesem Problem mit der Methode des angeleiteten Rollenspiels begegnen. Entwerfen Sie einen möglichen Rollenspielaufbau.*

3. *Beschreiben Sie mögliche Probleme, die bei angeleiteten Rollenspielen mit Grundschulkindern auftreten könnten und diskutieren Sie Verhaltensweisen von Rollenspielleiterinnen.*

---

[1] Baer, U.: *Wörterbuch der Spielpädagogik,* Lenos, Basel 1981.
[2] Der Brasilianer Augusto Boal entwickelte das *teatro do oprimido* in Lateinamerika als Medium politischer Bewusstseinsbildung und gegen staatliche Unterdrückung.
[3] Boal, A.: *Theater der Unterdrückten, Übungen und Spiele für Schauspieler und Nicht-Schauspieler,* Suhrkamp, Frankfurt 1989.

Darstellende Rollenspielformen

 Darstellendes oder szenisches Spiel bezeichnet alle Rollenspielformen, bei denen es um das Darstellen, Ausdrücken und Vorführen von Handlungen vor Publikum geht. Zu den darstellenden Rollenspielformen gehören u. a. pantomimische Spiele, Klamauk-Theater, mediengebundene Rollenspiele (mit Figuren, Masken, Schatten, Schwarzlicht) und Kabarett-Theater.

Intentionen Für Kinder im Grundschulalter ist das darstellende Spiel ein ideales Medium für freie und spontane Mitteilungen. Im szenischen Spiel kann der Einzelne seine Gefühle zum Ausdruck bringen und in eine Rolle schlüpfen, die er im wirklichen Leben nicht darstellen kann. Zugleich kann die Gruppe im gemeinsamen Handeln zusammengeführt werden. In der pädagogischen Arbeit mit Grundschulkindern soll das darstellende Spiel vor allem Spaß am Spielen selbst vermitteln, ohne auf die erhoffte Wirkung bei einer Aufführung vor Publikum zu schauen. Der Spielleiter muss sich von vorgegebenen Theaterstücken oder Szenen und engen Rollenvorstellungen lösen, um Fantasie im Spiel zu entfalten. „Denn alles, was sich im Arbeits- und Lernprozess tut oder was entwickelt wird, ist zunächst wichtig und kann zum Bestandteil des Ergebnisses (Theaterstück) werden."[1] Darstellendes Spiel soll Schulkinder in ihrer gesamten Persönlichkeit fördern:

Spielfreude Spaß an Darstellung, Nachahmung, Verkleidung, Improvisation, Ungewohntem, Fantastischem, Bewegung, Sprache, Verfremdung

Vorstellung und Fantasie Sprache: Ausdruck, freies Sprechen, Zuhören, Beobachtungsfähigkeit, Nachahmungsfähigkeit

körperliche Ausdrucksfähigkeit Fein- und Grobmotorik, Koordination von Bewegungen und Sprache, Reaktionsfähigkeit, pantomimische Darstellung, Mimik, Gestik, Ideenreichtum, Originalität, Kreativität

Gemeinschaft Interesse am Zusammenspiel mit anderen, Kooperation, Teamfähigkeit

Erweiterung der Persönlichkeit Abbau von Hemmungen, Spontaneität, Identifikation mit einzelnen Rollen, Ausdrucksschulung, Selbstbewusstsein, Sicherheit

---

[1] Schriever, E.: *Kulturarbeit heißt Selbermachen,* Band 4, Amt für Jugendarbeit der EkvW, Schwerte, S. 8.

Spielleiter, die die Funktion und Koordination einer „Theaterspielgruppe" mit Grundschulkindern übernehmen, müssen von grundsätzlichen Vorüberlegungen ausgehen:

→ Gruppenkonstellation:
Anzahl, Alter, Interesse, Spielerfahrungen, Fähigkeiten, Intention,

→ Spielleiterverhalten:
eigene Fähigkeiten, Schwächen, Methoden, Ziele,

→ Organisitation des Spielraums:
Ruhe, genügend Platz, Variabilität,

→ Organisation des Zeitrahmens:
kein Zeitdruck, Kennenlernzeitraum berücksichtigen, Proben- und Arbeitsphasen, Pausen einplanen,

→ Kontakte herstellen:
Arbeitshilfen, Werbung, Zuschauer

Zu einer freien und offenen Rollenspieldarstellung ist ein Spielfreiraum mit einer angstfreien Atmosphäre notwendig. Grundschulkinder brauchen eine langsame Hinführung zu dieser speziellen Spielform. Dabei sollten die Spieler zunächst mögliche Spielhemmungen verlieren, um im weiteren Verlauf Ausdrucks- und Darstellungsfähigkeit zu verbessern. Der Arbeitsprozess verläuft in vier Phasen, die nicht klar voneinander getrennt werden können und in ihrer Intensität und zeitlichem Aufwand sehr stark von der jeweiligen Spielgruppe abhängen; siehe 4-Phasen-Modell für darstellendes Rollenspiel:.

Phase	Intention	Spielvorschläge
1. Phase	Kennenlernen, Spielhemmungen abbauen, Lockerung, Aktivierung	Kennenlern- und Kontaktspiele, Warming-up-Spiele
2. Phase	Körpertraining, Spieltechnik verbessern, Kontakt und Kooperation mit Partnern	Bewegungsspiele, Stimm- und Sprachspiele, Partner- und Vertrauensspiele
3. Phase	Darstellungs- und Ausdrucksfähigkeit verbessern	Pantomimische Spiele, Erzählspiele
4. Phase	Entwicklung von Szenen, Improvisationsübungen, Rollenarbeit	Improvisations- und Assoziationsspiele, z. B. zu einem Wort/Gegenstand/Bild, Fortsetzungsspiele

Weitere Formen des darstellenden Rollenspiels:

Pantomimische Spiele

Pantomime bedeutet „Sprechen ohne Worte", d. h. nur durch Mimik, Gestik und Körperbewegungen wird eine Handlung verständlich dargestellt. Für Kinder sind pantomimische Spiele eine gute Ausdrucksmöglichkeit, weil gerade hier durch die Einfachheit der Mittel der kindlichen Fantasie keine Grenzen gesetzt sind. In der pädagogischen Arbeit kann die Pantomime nicht als künstlerische Darstellungsform vermittelt werden, sondern dient der Bewusstmachung körperlicher Ausdrucksformen. Pantomimische Ratespiele sind für Kinder besonders gut geeignet. Sie führen zum szenischen Spiel hin.

Klamauk-Theater (Sketche, Stegreifspiele Clownerie)

„Klamauk-Spiele sind kleine, spontan inszenierte Stegreifspiele, bei denen alle Darsteller maßlos übertreiben dürfen, das Spiel darf im Tumult enden und es kann ein blöder Witz nach dem anderen kommen. Zu den Klamauk-Spielen gehört die witzige Überzeichnung der Rollen, Gags in der Szenengestaltung und turbulente Einfälle der Spieler. Wichtig ist, dass die Kinder Rollen spielen, sich in eine kurze Szenenvorgabe hineinfinden und ihrer Fantasie freien Lauf lassen."[1]

Für Schulkinder und Jugendliche gibt das Klamauk-Spiel, insbesondere die Clownerie die Möglichkeit typische Alltagsrollen abzulegen und durch eine gewisse Narrenfreiheit all das zu tun, was sonst scheinbar nicht erlaubt ist.

Mediengebundene Rollenspielformen (mit Figuren, Masken, Schatten, Schwarzlicht)

Der Einsatz von Medien im darstellenden Spiel trägt zur Erweiterung des Rollenverständnisses bei, denn menschlicher Ausdruck und menschliche Eigenschaften werden durch das Medium einerseits typisiert dargestellt, gleichzeitig aber auch verfremdet. Gerade dieser Verfremdungseffekt und die funktionalen Spielmöglichkeiten des jeweiligen Mediums bieten Kindern neue Erfahrungs- und Kommunikationsmöglichkeiten, insbesondere wenn die medialen Spielmittel selbst hergestellt werden.

Das Figurenspiel

Figurentheater kann das Spiel mit zweckentfremdeten Alltagsgegenständen, Naturmaterialien, Marionetten, Hand- und Stockpuppen sein. Durch die individuelle Gestaltung einer Figur findet bereits eine erste Identifikation mit der Figur und der Rolle statt. Gestaltete Figuren sind stets überzeichnete Typen, die nur durch die Darstellung polarisierter menschlicher Eigenschaften, (z. B. dumm – klug/ängstlich – mutig/lustig – traurig) beson-

---

[1] Baer, U.: *Wörterbuch der Spielpädagogik*, ebenda S. 112.

ders von jüngeren Zuschauern eindeutig identifiziert werden können. Durch die Verbindung von Sprache, Musik, bildnerische Gestaltung und Bewegung bietet das Figurenspiel Kindern im Grundschulalter vielfältige Möglichkeiten der kreativen Auseinandersetzung.

Die Gestaltung einer Rolle, das Erlebnis der Mit- und Gegenspieler und die Einordnung in eine Spielgemeinschaft kann darüber hinaus zum sozialen Verhalten von Grundschulkindern beitragen.

Zudem kann das Figurenspiel eine starke therapeutische Wirkung haben, da der Schutz der Bühne insbesondere sprachgehemmten Kindern hilft, ihre Angst zu überwinden.[1]

Das Maskenspiel

Masken haben zu allen Zeiten der Kulturgeschichte den Menschen die Möglichkeit gegeben ein anderer sein zu können. Sie sind als „ältestes Mittel der Entindividualisierung, der Typisierung und der Abstraktion"[2] zu verstehen. Das geschminkte Gesicht kann bereits Maske sein, aber auch Verpackungsmaterialien (Papiertüten/Eierkartons/Styropor), Naturmaterialien, Gipsbinden oder Pappmaché in Verbindung mit Draht (Großraummasken) können zur Maskenherstellung mit Grundschulkindern verwendet werden.

In der pädagogischen Arbeit bietet das Spiel mit Masken Kindern und Jugendlichen die Möglichkeit einer Projektion ihrer Vorstellungen und Wünsche und einer Identifikation mit verschiedenen Rollen.[3] Da das Maskenspiel meist ohne Sprache dargestellt wird, können ungeübte Spieler hinter ihrer Maske Hemmungen überwinden und in der Anonymität ungewohnte Spiel- und Bewegungsformen wagen, die das Selbstbewusstsein stärken können.

Schattenspiel

Das Schattenspiel ist eine besondere Art des Figurenspiels. Zwischen einer Lichtquelle und einem Rahmen, der mit weiß durchscheinendem Stoff bespannt ist, agieren die Spieler pantomimisch mit ihrem Körper (Menschenschattenspiel), mit gestalteten Schattenfiguren oder transparenten Materialien (Schemenspiel), die mittels Stäben dirigiert werden. Da im Schattenspiel nur die Fläche als dramatischer Spielraum zur Verfügung steht, müssen Kinder im Grundschulalter zunächst mit der Besonderheit dieses Mediums vertraut gemacht werden. Im experimentellen Spiel kann

---

[1] Schlamp, R.: *Rot und Blau ist dem Kasperl sei Frau – Figurentheater in Schule und Freizeit,* Don Bosco, München 1981.

[2] Lenzen, H.: *Mediales Spiel in der Schule*, Neuwied 1974.

[3] Seitz, R. (Hrsg.): *Masken – Bau und Spiel*, Don Bosco, München 4/1991.

die Wirkung eigener Gebärden sowie von Gegenständen und Materialien ausprobiert werden. Durch zusätzliche Effekte, z. B. farbiges Licht, Dia- oder Overhead-Projektoren, Musik oder Kulissen, können trickreiche Szenen erzielt werden, die den Spielreiz besonders bei Kindern erhöhen. Schüchterne oder gehemmte Kinder legen beim Schattenspiel schnell ihre Unsicherheit ab, da sie sich durch den Wandschirm unbeobachtet fühlen.[1]

Schwarzes Theater

Beim schwarzen Theater bewegen schwarz maskierte Spieler vor einem schwarzen Hintergrund helle Gegenstände. Durch Schwarzlicht (Wirkung von ultraviolettem Licht und fluoreszierenden Farben) entsteht beim Zuschauer der Eindruck, dass diese Gegenstände schweben und sich verwandeln. Die Darstellungsweise bewirkt, dass Schauspieler und Gegenstände als gleichwertige Partner erscheinen.[2] Für Grundschulkinder sind die ersten Experimente spannend. Sie können alles, was im Schwarzlicht effektvoll und interessant erscheint, ausprobieren: neonfarbene Gegenstände, geschminkte Körperteile oder fluoreszierende Materialien. Diese neuen Erfahrungen sind wichtig, um fantasievolle, turbulente Spielszenen oder kleine Theaterstücke selbst zu entwickeln.

Spielaufgaben

1. *Sichten Sie pantomimische Ratespiele in einschlägiger Spielliteratur und ergänzen Sie Ihre Spielkartei. Führen Sie einzelne Spiele in Ihrer Lerngruppe vor. Beschreiben Sie Ihre Gefühle.*

2. *Welche Wirkung kann die Anwesenheit von Publikum auf das darstellende Spiel mit Kindern im Grundschulalter haben?*

3. *Sie greifen das Interesse der Kinder auf und richten eine Theater-Arbeitsgemeinschaft in Ihrer Freizeiteinrichtung ein. Erstellen Sie eine Ablaufplanung. Konkretisieren Sie die Spielvorschläge in dem o. a. 4-Phasen-Modell für darstellendes Rollenspiel.*

4. *Gestalten Sie eine Figur. Geben Sie ihr eine Identität (Lebenslauf). Stellen Sie Ihre Figur mit Ihrem Text in der Lerngruppe vor. Nach dieser Einzelvorstellung begegnen sich verschiedene Lebensläufe und Sie entwickeln in Kleingruppen kurze szenische Figurenstücke. Übertragen Sie Ihre dabei gemachten Erfahrungen auf die pädagogische Arbeit mit Grundschulkindern. Worauf müssen Sie achten, wenn Sie mit dieser Zielgruppe ein mediengebundenes Rollenspiel durchführen wollen?*

---

[1] Wehle, G./H.-F.: *Schattenspiel – Ein Spaß für groß und klein*, Luchterhand, Neuwied 1991.

[2] Kersten, R.: *Schwarzes Theater,* Puppen & Masken, Eppsteinerstr. 22, Frankfurt 1990.

Zwischenspiel 3

Aggressivität/Gewalt im Spiel

Drei Facetten als Versuch einer Beschreibung des Zusammenhangs von Aggressivität und Spiel:

Als Herr B. die Toilette betritt, weil er Aufsicht hat, findet er den Schüler Florian (8 Jahre) vor, der gerade dabei ist seinen Mitschüler Christian mit dem Kopf in die Kloschüssel zu drücken: „Weil er mir nicht seinen Game-Boy geliehen hat!"

Wie jeden Nachmittag sitzt Nico (7 Jahre) vor dem Fernseher und verfolgt gespannt die japanische Zeichentrickserie „Pokémón". Heute soll Pokémón Nr. 151 mit dem Namen Mew in den Kampf der Elektro- und Psycho-Pokémóns eingreifen, um Glumanda zu befreien. Nico hat bereits jede Menge Sammelbilder am Kiosk gekauft. Nico ist sauer. Sein Album ist immer noch nicht vollständig, aber Dominik hat mehr. Doch Nicos Mutter gibt ihm kein Geld. Obwohl der Pokémón-Slogan lautet: „Schnapp sie dir alle!"

Mike (10 Jahre) erzählt in der Schule von seinem Wochendbesuch in einem Paintball-Center: „Das war geil! Wir hatten alle graue Anzüge an und Pistolen, die sahen aus wie MGs. Wenn du von denen getroffen wurdest, hatteste 'nen roten Fleck. Dann warste tot und du musstest dich sofort fallen lassen. Ich hatte nur 3 Flecken, aber meine Mutter 8... Gefährlich war das nich, denn da waren so „Marshalls", die haben immer aufgepasst, dass nichts passiert."

Action- und Horrorspiele, Gewalt-Videos, Vandalismus und eine zunehmende Brutalisierung in den Umgangsformen mit einem nicht mehr vorhandenem Schuld- und Grenzbewusstsein rufen heute bei vielen Eltern, Erzieherinnen und Lehrerinnen eine große Besorgnis hervor.

Kann aggressives Verhalten bei Kindern vermieden werden?

Wut und Angst sind Gefühle, die sich hinter aggressivem Verhalten verbergen. Aggression bezeichnet ein gezielt schädigendes Verhalten, das sich in verbalen oder tätlichen Angriffen äußert. Es richtet sich gegen Sachen, andere Personen oder die eigene Person in offener oder versteckter Weise. Die meisten Erklärungsansätze gehen davon aus, dass Aggression als ein affektbedingtes Angriffsbedürfnis[1] eines jeden Menschen zu verstehen ist, aber durch unterdrückende und frustrierende Erfahrungen gelernt und gefördert wird. Dennoch lassen viele Erwachsene diese Gefühle bei Kindern nicht zu. Sie begehen immer noch den Fehler, aggressionsauslösendes Verhalten geschlechterrollenspezifisch zu kritisieren: Jungen werden kritisiert, wenn sie Angst haben und Mäd-

---

[1] D. h. im Zustand starker Gefühlserregung, diese Gefühle durch Angriffe zu entladen.

chen getadelt, wenn sie aggressiv werden. Jedes Kind sollte jedoch das Recht haben, Aggressionen auf nicht verletzende Art in offener Konfrontation ausdrücken zu können und sich der dahinter stehenden Gefühle nicht schämen zu müssen.[1]

Kann aggressives Verhalten durch Spiel verhindert werden?

Spiel – ein Mittel zum Abbau von Aggressionen

Kinder spielen, um Erlebnisse und Erfahrungen zu verarbeiten, um sich die Umwelt im Spiel begreifbar zu machen und um neues im Spiel ungefährdet auszuprobieren. Spiel im Allgemeinen kann sicher die Ursachen für aggressives Verhalten bei Kindern nicht verändern, aber geeignete Spielformen und -methoden können dazu beitragen Aggressionen und Gewaltbereitschaft zu mindern und soziale Kompetenzen zu erwerben. Zum Beispiel sollte bei allen geplanten Spielaktivitäten mit aggressionsbereiten Kindern die Spielpädagogin zunächst für eine ausgeglichene Spielatmosphäre sorgen, die frei ist von Spannungen und Zeitdruck. Zur Steigerung der Spielbereitschaft und Spielmoti-

Konzeptionen

OH DANKE.
SO WAS HABE ICH
MIR SCHON LANGE
GEWÜNSCHT!

WENN ICH GANZ,
GANZ WÜTEND BIN,
BRAUCHE ICH
DEN.

BITTE NOCH SO EINEN...
...FÜR MICH.

vation ist es sinnvoll den Spielraum von den Spielteilnehmern nach eigenen Vorstellungen zu gestalten. *Petermann* und *Petermann*[2], die sich intensiv mit aggressivem Verhalten bei Schulkindern auseinander gesetzt haben, setzen z. B. vor jeder Spielstunde Entspannungsmethoden ein, die dem autogenen Training entsprechen, z. B. meditative Musik, Fantasiereisen, Entspannungsspiele. Als weitere Spielformen können Kontakt-, Körpererfahrungs-, Bewegungs- und Reaktionsspiele, auch aus dem Abenteuer- und Erlebnissport, dazu beitragen Hemmungen und Spannungen abzubauen, die Selbst- und Fremdwahrnehmung zu verbessern sowie Selbstwertgefühle zu entwickeln. Bei allen Spielen ist darauf zu achten, dass Gewinnen und Verlieren nicht als Ziel herausgestellt werden, sondern der Spaß am gemeinsamen Tun. Bei der Einführung von neuen Spielen müssen klare Regeln oder Strukturen, evtl. in Zusammenarbeit mit den Spielteilnehmern, definiert werden. Nur so können auch wilde, körperbetonte Action- und Kampfspiele[3] gefahrlos und fair verlaufen. Allerdings haben diese Spiele lediglich eine Ventilfunktion und müssen durch weitere aggressionsmindernde Maßnahmen aufgearbeitet werden.

---

[1]   Preuschoff, G./Preuschoff, A.: *Gewalt an Schulen – und was dagegen zu tun ist*, PapyRossa, Köln 1992/93.

[2]   Petermann, F./Petermann, U.: *Training mit aggressiven Kindern*, Beltz Weinheim 1991.

[3]   Sommerfeld, V.: *Krieg und Frieden im Kinderzimmer – über Aggressionen und Action-Spielzeug*, Rowohlt, Hamburg 1992.

Darüber hinaus bieten angeleitete pädagogische Rollenspiele[1] (s. S. 118 ff.) die Möglichkeit situationsbezogene Probleme oder Konflikte der Adressaten zu thematisieren, in den Mittelpunkt jeder Spielstunde zu stellen und z. B. mit Foto- oder Videomaterial zu modifizieren.[2]

Kann Spiel auch aggressives Verhalten bei Kindern fördern?

Wieder ein Beispiel:

Wölfchen, eben zwei geworden, kommt aus der Sandkiste wieder und weint. „Geh hin und sag Bitte", sage ich, „dann kriegst du deinen Bagger wieder." Er kommt gleich wieder und weint immer noch. „Geh hin und sag, ich will jetzt mit dem Bagger spielen", sage ich. Es nützt nichts. Er kommt wieder mit leeren Händen und weint. Ich sage: „Das ist dein Bagger, nimm ihn einfach weg." Diesmal klappt's.[3]

Spielzeugstreit, Frustrationen wegen Ausscheidens im Spiel, weil ein Spiel verloren wurde, Ärger über Spielregelverletzungen, diskriminierende Kommentare durch andere Mitspieler oder den Spielleiter können dazu führen, dass Aggressivität gegen Sachen oder Personen offen oder versteckt ausgetragen werden. Ebenso gibt es kommerzielle Spiele und Spielzeuge, die aggressives Verhalten herausfordern. Dazu gehören Spielmaterialien, mit denen aggressives Verhalten gegenüber anderen Menschen nachgeahmt werden kann, z. B. Kriegsspielzeuge wie Starwars-Fahrzeuge, Transformance-Figuren mit Vernichtungswaffen, Aufziehpanzer, Ninja-Sterne, Messer, Pistolen, Computerspiele mit Kriegs- und Kampfsimulationen (s. S. 109 ff.) u. a. m. Der Vorwurf, aggressionsbezogene Spiele würden die Aggressivität bei Kindern steigern, ist eine einseitige Behauptung und kann so nicht bestätigt werden. Hingegen können aggressionsbezogene Spiele die Aggressions- und Gewaltbereitschaft fördern, wenn das persönliche Umfeld des Kindes ebenso Aggressivität und Gewalt als Mittel der sozialen Auseinandersetzung vorlebt und verstärkt. Spiele, Spielmaterialien und Spielmethoden können nur im Zusammenwirken mit einer allgemeinen, gewaltreduzierten Gesellschaft das Lernziel Friedfertigkeit erreichen.

Aggressionen im Spiel und durch das Spiel

Aggressionsspielzeuge

Verbote helfen nicht

---

[1] Materialien der Arbeitsgruppe SOS-Rassismus und der Aktion COURAGE, Projektmappen und Handbücher u. a.: *Theater gegen Gewalt und Rassismus/Das Gewalt-Rollenspiel/Schule ohne Rassismus;* zu bestellen bei AG-SOS-Rassismus, Haus Villigst, 58239 Schwerte, Tel.02304–755190.

[2] Korte, J.: *Lernziel Friedfertigkeit – Vorschläge zur Gewaltreduktion in Schulen,* Beltz, Weinheim 1994.

[3] Heil, H./Perik, M./Wendt, P.-U. (Hrsg.): *Jugend und Gewalt,* Schüren, Marburg 1993.

Spielaufgaben

1. *Spiele zum Einstieg in die Thematik:*

→ *Jeder liegt auf einer Decke. Erinnern Sie sich an Ihre Kindheit. Wie sahen Sie aus? Was, wo und mit wem haben Sie besonders gerne gespielt? Malen Sie anschließend ein Bild davon und hängen Sie es auf.*

→ *Überlegen Sie, wo Sie Gewalt erlebt haben oder selbst Gewalt ausgeübt haben und schreiben Sie Ihre Erlebnisse auf das orangefarbene Blatt.*

→ *Erinnern Sie sich in diesem Zusammenhang an einen bestimmten Satz. Schreiben Sie ihn auf das gelbe Blatt.*

→ *Setzen Sie sich zu dritt zusammen und tauschen Sie Ihre Erinnerungen aus. Lassen Sie die Sätze im Kreis herumgehen. Sagen Sie die Sätze laut zu einer Mitspielerin.*

→ *Einigen Sie sich auf einen Satz. Stellen Sie diesen Satz in drei Standbildern dar und sprechen Sie ihn laut aus. (Die Spiele können auch in anderer Weise wiederholt werden.)*

2. *Inszenieren Sie auf einer belebten Straße, z. B. Fußgängerzone, ein gewaltbezogenes Rollenspiel. Beschreiben Sie anschließend die Reaktionen der Passanten.*

3. *Sichten Sie in Spielzeuggeschäften und Spielzeugkatalogen Spielmaterialien, die Kindern den Eindruck vermitteln, dass Gewalt sinnvoll, notwendig oder etwas ganz Normales ist. Tauschen Sie Ihre Beobachtungen und Erfahrungen aus. Erstellen Sie gemeinsam mit Ihrer Lerngruppe eine Dokumentation.*

4. *Stellen Sie das nachstehende Lied „Im Warenhaus" von* Reinhard Mey *in einem szenischen Rollenspiel dar.*

5. *Veranstalten Sie in Ihrer Fachschule oder in einer sozialpädagogischen Freizeiteinrichtung in Zusammenarbeit mit dem Jugendamt oder einem anderen Träger eine Spielzeugtauschbörse:* Gewaltspielzeug für Kinderspielzeug.

6. *Erstellen Sie eine Liste mit Bedingungen, die Aggressionen im Spiel hervorrufen. Erstellen Sie gleichzeitig eine Liste mit Bedingungen, die helfen, Aggressionen im Spiel abzubauen oder zu vermeiden.*

Im Warenhaus
Abscheuliches Lied für abscheuliche Leute
(Melodie und Text Reinhard Mey)

Im Warenhaus im dritten Stock
stehn Dracula und Frankenstein.
Laden zu Kauf und Nervenschock
zur Spielwarenausstellung ein.
Da ist alles aufgereiht,
was ein Kinderherz erfreut:
Nagelbrett und Daumenschrauben
lehrn das Kind ans Christkind glauben.
Folterwerkzeug, Messer sind
Lohn nur für ein braves Kind.

Alle Vögel sind schon da,
Superstar, Starfighter,
Micmirage, juchheirassa,
zeigt voll Stolz der Abteilungsleiter.
Kleine Bomben und Granaten
wirft er auf die Zinnsoldaten.
Raus Aladins Wunderlampe,
rein Raketenabschussrampe.
Panzerfaust und Zimmerflak
trägt der Nikolaus in seinem Sack.

Seht am Tischlein-deck-dich dort,
verkauft ein ausgedienter Legionär.
Zeigt Vater, Mutter, Kinder Mord
mit Katapult und Schießgewehr.
Starkstromtod, Elektrofalle,
aus dem Baukasten für alle.
Schreibt, wollt ihr noch mehr davon,
der Warenhausdirektion.
Eierchen mit Napalmgas
legt euch dann der Osterhas.

Im Warenhaus im dritten Stock
rolln D-Mark, Dollar, Franc im Überfluss.
Endlich kommt die Bilanz heraus,
vom Reingewinn der Überschuss
fließt, wie der Präsident beteuert,
laut Aktiengesetz, unversteuert,
dem Bau von Knastanstalten zu.
Der Rest fließt für die Seelenruh,
dass jeder sich vor Rührung schneuzt,
als Spende an das Rote Kreuz.

Im Warenhaus fiel drauf ein Schuss.
Da ward unschuldig Blut vergossen.
Da ward laut Aufsichtsratsbeschluss
der Weihnachtsmann erschossen.

3.6 Institutionalisierte Spielkonzepte für Grundschulkinder

In der außerschulischen Arbeit mit Kindern, sei es:

→ im Hort,

→ in der offenen Freizeiteinrichtung,

→ in der Grundschulbetreuung,

→ auf einem pädagogisch betreuten Spielplatz oder

→ durch ein Spielmobil,

sind unterschiedliche Rahmenbedingungen vorzufinden. Ausgehend von den Lebenssituationen, den Bedürfnissen und Fähigkeiten der Klientel (Kinder/Jugendliche) hat zwar jede sozialpädagogische Einrichtung ihr individuelles Handlungskonzept, orientiert sich jedoch weitgehend an pädagogischen Traditionen. Die folgenden Darstellungen verfolgen nicht die Absicht die o.g. Institutionen in ihrer sozialpädagogischen Gesamtkonzeption zu erläutern, sondern die *spielpädagogischen* Besonderheiten zu verdeutlichen. Je nach Klientel werden in der spielpädagogischen Arbeit thematische und pädagogische Schwerpunkte gesetzt, z. B.

→ im medienpädagogischen Bereich,

→ in der Umwelterziehung,

→ in der Jungen- und Mädchenarbeit,

→ im Abenteuer- und Erlebnisbereich,

→ in der kulturpolitischen Arbeit.

Alle bislang genannten Institutionen und ihre pädagogischen Konzeptionen sollten in der sozialpädagogischen Ausbildung intensiv erarbeitet und durch Erprobung zusätzlicher Fachliteratur selbstständig erweitert werden.

Das Spiel im Hort

Horte sind familienergänzende Tageseinrichtungen für Kinder im Alter von sechs bis vierzehn Jahren mit einem umfassenden Betreuungs-, Erziehungs- und Bildungsangebot. Überwiegend besuchen Grundschulkinder von allein erziehenden und/oder berufstätigen Müttern und Vätern den Hort. Die meisten altersgemischten Hortgruppen bestehen aus ca. 20 Kindern und sind räumlich mit Kindergartengruppen in einer Tageseinrichtung für Kinder verbunden. Der eigenständige Erziehungs- und Bildungsauftrag (GTK §3[1]) wird in enger Zusammenarbeit von Elternhaus und Schule erfüllt, mit den Zielen[2]:

→ der ganzheitlichen Persönlichkeitsentwicklung,

→ der Betreuung der Hausaufgaben,

→ einer sinnvollen Freizeitgestaltung.

Schulzeiten, Mittagessen und Hausaufgaben erfordern Abläufe, denen jeder Hort unterliegt. Dennoch bleibt genug Spielraum, der jedem Hort eine individuelle Prägung verleiht. Die freie Zeit nach der Schule soll dabei weitestgehend von den Kindern selbst gestaltet werden, wobei Erzieherinnen und Erzieher für die dafür erforderlichen Rahmenbedingungen Sorge tragen. Hausaufgaben dürfen nicht die meiste Zeit in Anspruch nehmen, denn gerade  Kinder im Grundschulalter brauchen viele Spiel- und Bewegungsmöglichkeiten. Sinnvoll ist es anstrengende Schularbeiten durch bewegungsreiche Schreib- und Malspiele zu unterbrechen, um auf fantasievolle und kindgerechte Weise den Umgang mit Buchstaben oder Zahlen zu erleichtern.

Freizeit-
gestaltung

Hortkinder haben nach der Schule unterschiedliche Bedürfnisse, z. B. sich im Freien auszutoben, sich mit ihren Freunden zu treffen, Rollerblades zu fahren oder Fußball zu spielen. Andere hingegen suchen ruhige Entspannung und hören in einem gesonderten Raum ungestört Musik, bauen etwas, spielen ein Gesellschaftsspiel oder basteln.

Freizeit-
pädagogik

Soll die Freizeitgestaltung im Hort einen lebenspraktischen Bezug haben, muss die Lebenswirklichkeit der Kinder zum Ausgangspunkt der Angebote gemacht werden. Emanzipatorisches Freizeitverhalten ist dann möglich, wenn sozialpädagogische Fachkräfte richtungsweisende Grundkonzeptionen der Freizeitpädagogik als Ausgangspunkt nehmen[3]:

---

[1] Gesetz für Tageseinrichtungen für Kinder in Nordrhein-Westfalen.

[2] Sozialpädagogisches Institut NRW (Hrsg.): *Kennen Sie die Hort-Angebote in NRW?* Köln 7/1998.

[3] Klawe, W.: *Arbeit mit Jugendlichen*, Juventa, Weinheim 1986.

→ Bedingungen, Abhängigkeiten, Zusammenhänge und Widersprüche des eigenen Freizeitverhaltens erkennen und reflektieren,

→ sich bei kommerziellen Freizeitangeboten mit Sach- und Konsumzwängen auseinander setzen,

→ Freizeit eigenaktiv und selbständig gestalten,

→ die Freizeitgestaltung als ein Handlungsfeld zu begreifen, in dem die Chance besteht, gesellschaftliche Alternativen oder kulturpolitische Veränderungen zu entwickeln.

Eine mögliche Form Lebenssituationen von Kindern aufzugreifen und in diesen Situationen zu lernen, ist die Planung von längerfristigen spielpädagogischen Projekten[1]. Besonders gut durchführbar sind Freizeitprojekte in den Schulferien, z. B.

spielpädagogische Freizeitprojekte

→ City Adventures in Form einer Rallye als Stadtteilerkundung,

→ ein Geländespiel zum Kennenlernen der naturnahen Umgebung,

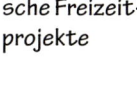

→ ein Spielfest rund um das Thema „Medien".

Die Spiele und Aktivitäten in den Projekten müssen so angelegt sein, dass die Kinder jederzeit einsteigen können, Spaß haben und im Gegensatz zu konkurrierendem Verhalten in der Schule kooperatives Verhalten im Vordergrund steht. Bei diesen Spielprojekten geht es nicht ausschließlich um die Vermittlung von Wissen, sondern um Erfahrungen und das Aufarbeiten sozialer Zusammenhänge aus dem Lebensbereich der Kinder.

Spielaufgaben

1. *Hospitieren Sie in einem Hort. Beobachten Sie das Spielverhalten, die Spielwahl und bevorzugte Spielorte. Erstellen Sie ein Protokoll.*

→ *Welche Spielorte bevorzugen die Kinder?*

→ *Welche Spielangebote werden vorgegeben?*

→ *Was haben die Spielangebote mit der Lebenssituation der Kinder zu tun?*

→ *Welche wichtigen Erfahrungen können die Kinder bei den Spielangeboten machen?*

2. *Planen Sie ein spielpädagogisches Freizeitprojekt. Orientieren Sie sich bei der Themenfindung an der Lebenswirklichkeit, den Interessen und Fähigkeiten der Kinder, z. B. Schule / Familie / Sexualität / Werbung / Regeln / Stadtteil / Freundschaft etc.*

---

[1] S. Brinkhoff/Hanika/Senninger/Völkening: *Projektarbeit mit Kindern & Jugendlichen*, AA-Verlag für Pädagogik, Köln 1998.

Das Spiel im Schulkinder-Haus und in der Grundschul-Betreuung

Aufgrund der sich verändernden Lebenssituationen von Familien und Kindern ist in den letzten Jahren die Nachfrage nach ganztägigen verlässlichen Angeboten für Grundschulkinder stark angestiegen. Es entstanden verschiedene Kooperationsmodelle zwischen Jugendhilfe, Schule und Kindergarten.

Konzeption von Schulkinder-Häusern

Schulkinder-Häuser sind Tageseinrichtungen für Schulkinder, die ihren eigenständigen Erziehungs- und Bildungsauftrag aus dem GTK (s. S. 144) des Landes NRW ableiten. Sie werden in der Regel für Kinder der jeweiligen Grundschule geführt und sind in ihrer pädagogischen Konzeption mit dem Hort zu vergleichen. Trotzdem unterscheidet sich das Schulkinder-Haus vom Hort durch folgende Bedingungen[1]:

→ Die Räume befinden sich im Schulgebäude oder in enger räumlicher Anbindung. Dadurch können Räume der Grundschule ebenfalls mitgenutzt werden.

→ Schulkinder-Häuser werden nur von den Kindern (6–10 Jahre) der jeweiligen Grundschule besucht.

→ Die räumliche Nähe, die Reduzierung der schulischen Ansprechpartner auf eine Schule und gesetzliche Regelungen (s. SchMG) erleichtern die Zusammenarbeit von Schulkinder-Haus und Schule.

→ Die Kinder können nicht nur die Schule, sondern auch andere Angebote in ihrem vertrauten Wohnumfeld besuchen. Soziale Kontakte bleiben erhalten und den Kindern werden lange oder gefährliche Wege zum Schulkinder-Haus erspart.

Konzeption der Grundschul-Betreuung

Die Grundschul-Betreuung bzw. die Grundschule von acht bis eins bietet für einen Teil ihrer Schülerinnen und Schüler eine Betreuung in den Stunden des Vormittags an, in denen kein Unterricht stattfindet. Dadurch ist für die Kinder der Betreuungsgruppe täglich, außer in den Schulferien, eine verlässliche Schulzeit von mindestens acht bis dreizehn Uhr gewährleistet. Die Grundschul-Betreuung wird überwiegend von pädagogischen Fachkräften (meist jedoch auf geringer Honorarbasis) übernommen und durch Elternbeiträge finanziert. In den mitunter recht kurzen Betreuungszeiten versuchen die Mitarbeiter vielfältige Aktivitäten anzubieten, mit dem Ziel sinnvolles Freizeitverhalten zu vermitteln, aber auch soziales Lernen zu fördern, z. B. durch Gestaltungsangebote, Gesellschafts- und Bewegungsspiele. Die zur Grundschule gehörende Turnhalle bzw. Sportanlage, insbesondere aber der angrenzende Schulhof helfen dabei, das angestaute Bewegungsbedürfnis zu befriedigen, um körperlichen Ausgleich zur schulischen Anspannung zu finden.

---

[1] Sozialpädagogisches Institut NRW (Hrsg.): *Schulkinder-Haus – Hort und Schule unter einem Dach,* Köln 1997.

Nicht jeder Schulhof ist für Kinder ansprechend oder reizvoll. Mitunter wirkt ausgelassenes Spiel für den noch laufenden Unterricht störend, der Hausmeister verhindert das Spielen auf dem Schulhof in der schulfreien Zeit oder der Schulhof bietet als Spielort keinen Anreiz. Daher ist es dringend notwendig Schulhöfe unter Berücksichtigung der Wohn- und Spielsituation durch eine anregende Gestaltung attraktiv zu machen. Schulhöfe können Erlebnisorte des Spiels und der Begegnung für alle Kinder im Einzugsbereich sein. Sie sind frei von Straßenverkehr und ermöglichen Kindern unterschiedlicher Altersstufen ungestörte „Streifzüge".[1] Ein wichtiger Aspekt ist dabei die Selbstbeteiligung der Schülerinnen und Schüler, denn Selbstgemachtes unterstützt das Vertrauen in die eigenen Fähigkeiten, fördert die Identifikation mit den Anforderungen der Schule und verhindert mutwillige Zerstörungen.

**Spielraum
Schulhof**

Spielbereiche	Gestaltungsbeispiele[1]
Kommunikations- und Entspannungsbereich	mit Sitzgruppen aus Baumstämmen, Lauben aus Weiden, Steine, Findlinge, Stufen mit Rasen
Hüpf- / Laufspielbereich	mit Flächen für Hüpf-, Spring-, Laufspiele, Springgruben, Rasenhügeln
Standspielbereich	mit Malwänden, Steckspielen, Baukastenspielen
Sandspielbereich	Sandspielanlagen, die mit Wasserstellen kombiniert sind
Kletterbereich	Baumstämme, Hangel- und Klettertaue, Kletterstangen, Seilrollbahnen, Kletternetze
Mannschaftsspielbereich	Markierungen und Geräte, die eine Nutzung für Ballspiele, Rollerblades und Skateboard zulassen
Wahrnehmungsbereich	Anpflanzung von Sträuchern, Bäumen (auch zum Verstecken/Klettern), Biotope, Holz, Steine, Sand, Wasser

In Spielaktionen oder Bewegungsprojekten können von den pädagogischen Mitarbeitern zusätzliche Bewegungsmaterialien und Geräte wie Jonglierbälle, Pedalos, Seile, Hula-Hoop-Reifen, Diabolos, Stelzen, Autoreifen, Frisbees u. a. m. angeboten werden, um so Schule als Ort des Spielens und nicht nur des Lernens zu öffnen. Außerdem erhöhen sie die Attraktivität des Spielraums „Schulhof" in der Öffentlichkeit und tragen zur aktiven Freizeitgestaltung bei.

Schulhofspiele

---

[1] Zeitschrift: *Gruppe & Spiel,* Sonderheft/98: *Spiele im öffentlichen Raum,* Knecht, G.: *Spielaktionen auf dem Schulhof,* Kallmeyersche Verlagsbuchhandlung, Seelze.

[2] Ministerium f. Arbeit, Gesundheit u. Soziales NRW (Hrsg.): *Spielen,* Düsseldorf 1989.
S. auch: Sozialpädagogisches Institut d. Landes NRW (Hrsg): *Projekt-Post: Schulkinder-Haus – Naturnahe Schulgeländegestaltung,* Köln 4/1994.

Spielaufgaben

1. Hospitieren Sie in einem Schulkinder-Haus oder einer Grundschul-Betreuungsgruppe. Vergleichen Sie die beiden Konzeptionen miteinander. Stellen Sie fest, welche Anforderungen an die Qualität der Spielangebote gestellt werden müssen. Berücksichtigen Sie dabei die unterschiedlichen Rahmenbedingungen beider Konzeptionen.

2. Spielen Sie auf dem Schulgelände/Schulhof Ihrer Fachschule Bewegungsspiele für Grundschulkinder. Ergänzen und erweitern Sie Ihre Spielkartei.

3. Planen Sie in Absprache mit der Schulleitung eine Spielaktion auf dem Schulhof einer Grundschule, z. B. unter folgenden Themen:

→ Spiele aus Großmutters Zeit,

→ Spiel-Olympiade,

→ Zirkus Plumpsack,

→ Schulhofforscher.

Das Spiel in offenen Freizeiteinrichtungen

Offene Freizeiteinrichtungen sind vor allem Jugendfreizeitstätten (z. B. Haus der Jugend, Kinder- und Jugendzentrum, Haus der offenen Tür), die allen Kindern und Jugendlichen durch Bereitstellen von Räumen und Sachmitteln die Möglichkeit zu vielfältigen Freizeitaktivitäten bieten und regelmäßig geöffnet sind[1]. Der Begriff *offene Freizeiteinrichtung* bezieht sich auf:

→ die Offenheit der inhaltlichen und thematischen Angebote,

→ die Offenheit und Tranparenz gegenüber der Öffentlichkeit,

→ die Offenheit für die Interessen der Kinder und Jugendlichen,

→ die Offenheit in den Organisations- und Sozialformen.

Vorrangig werden offene Freizeiteinrichtungen von jugendlichen Hauptschülern und Auszubildenden besucht.

gruppen-
bezogene und
informelle
Aktivitäten

Die methodischen Handlungskonzepte in den offenen Freizeiteinrichtungen sind unterschiedlich gewichtet und reichen von gruppenbezogenen Aktivitäten in Form von Hobby-, Interessen-, Projektgruppen und Arbeitskreisen bis hin zu informellen Aktivitäten wie Teestube, Internet-Café, Film- oder Discoveranstaltungen, mit dem Ziel Freizeit eigenverantwortlich mit anderen zu gestalten. In vielen Einrichtungen werden neben der Jugendarbeit am Spätnachmittag und Abend ab mittags auch Angebote für Kinder bereit gestellt.

Konzeption

Aufgrund der sich verändernden städtischen Lebensräume und verstärkter Problemsituationen in den Familien drängen in letzter Zeit immer mehr Kinder

---

[1]   Klawe, W.: *Arbeit mit Jugendlichen,* Juventa, Weinheim 1986.

in offene Freizeiteinrichtungen, mancherorts sind es sogar 50 % der Besucher[1]. Bei der Erstellung einer pädagogischen Konzeption muss daher diese Zielgruppe stärker berücksichtigt werden.

Durch die Veränderung der Lebenswelt von Kindern verändert sich auch die Funktion von offenen Freizeiteinrichtungen in der Weise, dass Kinder sie als öffentliche Streifräume besetzen, da ihnen wichtige Bezugspersonen und Rückzugsmöglichkeiten zu Hause fehlen, z. B. tauchen sie in einer kleinen Clique in der Einrichtung auf, verhalten sich auffällig und verschwinden wieder. Aus diesem Grunde sollten offene Freizeiteinrichtungen vor allem Kindern und jüngeren Jugendlichen geeignete Erlebnis- und Erfahrungsspielräume sichern und erschließen, in denen sie soziale Erfahrungen mit sich und anderen machen können. Geeignete Spiel-Räume sind Räume,

Spiel-Räume gestalten

→ in denen sie sich wohl fühlen und die nach ihrem Geschmack eingerichtet und ausgestattet sind,

→ die ihnen jederzeit zur Verfügung stehen,

→ die ihre unterschiedlichen Interessen, Bedürfnisse und Fähigkeiten berücksichtigen,

→ die ihnen Schutz vor Übergriffen und Einmischungen von älteren Jugendlichen bieten.[2]

In von pädagogischen Mitarbeitern und Kindern gemeinsam durchgeführten Projekten werden Räume gestaltet bzw. renoviert. Sie erhalten so eine individuelle Prägung und Atmosphäre, die zur Aneignung und Identifikation beitragen und bedürfnisorientierte Freizeitaktivitäten und Spielprojekte ermöglichen (z. B. Disco- und Tanzspiele).

Offen Freizeiteinrichtungen eröffnen Kindern aber auch aktive Spielraumerfahrung in und mit der Umwelt durch erlebnispädagogische Projektangebote, in denen sinnliche Erfahrungen in der Natur und in der Gruppe gemacht werden können. Diese Angebote sind nicht einmalig, sondern in den pädagogischen Alltag eingebettet und an den didaktischen Prinzipien der Erlebnispädagogik orientiert:[3]

erlebnispädagogische Spielangebote

→ selbst organisiertes Zusammenleben in ungewohnter Umwelt,

→ Learning by Doing,

→ Mitgestaltung statt Konsum,

[1] Deinet, U.: *Im Schatten der Älteren,* Juventa, Weinheim 1987.

[2] Deinet, U.: a. a. O. S. 56 f.

[3] Klawe, W.: a. a. O. S. 135 ff. Weitere Informationen zur Erlebnispädagogik bei: *Erlebnispädagogik e.V., Fährsteg 3, 21337 Lüneburg.*

→ neue Beziehungsdefinition zwischen pädagogischen Mitarbeitern und Teilnehmern,

→ keine Mutproben und Wettkämpfe, sondern gemeinsame Bewältigung anstehender Aufgaben.

Dabei können nicht nur die Outdoor-Aktivitäten wie Kanufahren und Klettern Ziele der klassischen Erlebnispädagogik vermitteln, sondern auch Spiel-Angebote und -Projekte in räumlicher Nähe der Freizeiteinrichtung, so genannte City Adventures (nach Dave Ruse), z. B.:

→ Eine abenteuerliche Floßfahrt im örtlichen Hallen- oder Freibad,

→ nächtliche Spielaktionen in und um die Freizeiteinrichtung,

→ Stationenspiele für die sinnliche Wahrnehmung.[1]

Sicherheitsvorkehrungen
Erlebnispädagogische Angebote müssen von den pädagogischen Mitarbeitern verantworlich geplant und begleitet werden. Im Rahmen der Erlebnispädagogik sollen Kinder zwar Gefahren erkennen, vorbeugen und überlegt handeln, trotzdem sollten alle notwendigen Sicherheitsmaßnahmen getroffen werden, um mögliche Risiken auszuschalten. Bei einigen Spielen müssen sogar zusätzliche Fachkräfte (z. B. Rettungsschwimmer/Bergführer) zur Verfügung stehen.

Spielaufgaben

1. *Hospitieren Sie in einer offenen Freizeiteinrichtung. Stellen Sie fest, wie viele Kinder diese Freizeiteinrichtung regelmäßig oder unregelmäßig besuchen.*

Beschreiben Sie das Raum- und Aktivitäten-Angebot speziell für Kinder. Welche Angebote werden bevorzugt/welche abgelehnt? Machen Sie Vorschläge für mögliche Veränderungen.

2. *Planen Sie ein erlebnispädagogisches Spielprojekt für Kinder unter Berücksichtigung der Lebenssituation, Interessen, Bedürfnisse und Fähigkeiten der Teilnehmer.*

Erstellen Sie zuvor eine Liste mit den wichtigsten Sicherheitsregeln. Beachten Sie:

→ *die persönliche Sicherheit,*

→ *die Sicherheit der anderen Mitspieler, Teilnehmer oder unbeteiligten Passanten,*

→ *die Sicherheit der Ausrüstung,*

→ *die Sicherheit des Umfeldes.[2]*

---

[1] Vgl. Kretschmann, F.: *Abenteuer- und Erlebnisprojekte in der Offenen Kinderarbeit,* Bezugsadresse: KLHOT -NW, Marzellenstr. 32, 50668 Köln.
Sportjugend NW: *Praxismappe Abenteuer/Erlebnis, 1994,* Bezugsadresse: Sportjugend NW, Friedrich-Alfred-Str. 25, 47055 Duisburg.

[2] Ruse, D.: *City Adventures*, Ökotopia, Münster 1996.

Das Spiel auf dem Bau- oder Abenteuerspielplatz

Bereits im Jahre 1931 stellte der dänische Architekt C.Th. Sörensen fest, dass sich Kopenhagens Kinder weniger auf den von ihm errichteten, außerordentlich abwechslungsreich gestalteten Spielplätzen aufhielten als auf Baustellen und Abstellplätzen. Dort spielten sie mit Brettern, Balken, Stöcken, Erde usw. und bauten Hütten, Höhlen und Gärten. Er änderte daraufhin die bisherige Konzeption seiner Spielplatzgestaltung, und es entstand ein neuer Spielplatztyp: der Bau- oder Abenteuerspielplatz.

Konzept einer Spielplatzgestaltung

Bau- oder Abenteuerspielplätze sind pädagogisch betreute Spielplätze, die in ihrer Arbeit auf die Bedürfnisse der 6–14-Jährigen eingehen. Vielfältige freizeit- und erlebnispädagogische Angebote vermitteln ganzheitliche Erfahrungsmöglichkeiten mit der Zielsetzung, verloren gegangene Eigeninitiative, Kreativität und soziale Mitbestimmung wieder zu entdecken. Zur Verwirklichung der Ziele ist die Gestaltung und Ausstattung eines Bau- oder Abenteuerspielplatzes von großer Bedeutung. Die hier dargestellten Planungshilfen geben Anregung, dienen aber nicht als Rezept für die Gestaltung von Spielplätzen.[1]

Bedürfnisse	Gestaltungsprinzipien	Planungsbeispiele
Bewegungs-bedürfnis	→ Schaffung von Bewegungsflächen und Bewegungsgeräten mit unterschiedlichen Schwierigkeitsgraden → natürliche Gegebenheiten berücksichtigen	→ Flächen mit unterschiedlichem Untergrund → Klettergeräte/Kletterkombinationen → Mäuerchen, Palisaden, Türme → Hügel → Balanciermöglichkeiten, Schaukeln → Flächen zum Hüpfen, Seilspringen etc.
Bedürfnis nach sinnlicher Wahrnehmung	→ verschiedene Tages- und Jahreszeiten erfahrbar machen → Erfahrungsmöglichkeiten für alle Sinne schaffen → überlegen, welche Spielbereiche in der Sonne, im Schatten, im Wind liegen → kleine Tieranlagen, Bau von Stallungen	→ keine Giftpflanzen bzw. keine Früchte, die ungenießbar sind → vielfältige Vegetation → Nutzpflanzen → Kletterbäume → Pflanzen, die Geräusche machen → Pflanzen, die riechen → Findlinge als Erfahrungsmöglichkeit → Licht- und Schattenplätze → Nischen als Rückzugsmöglichkeit → elementare Erfahrungsmöglichkeiten schaffen (Sand, Wasser, Erde) → Ställe, um den Umgang mit Tieren zu ermöglichen

---

[1] Ministerium f. Arbeit, Gesundheit u. Soziales, NRW (Hrsg.): *Spielen – Erprobungsmaßnahme des Landes NRW: Verbesserung der Spielsituation für Kinder,* Düsseldorf 1989.

Bedürfnisse	Gestaltungsprinzipien	Planungsbeispiele
Bedürfnis nach Kreativität	→ Die Gestaltung des Spielplatzes und die Spielgeräte sollen Freiraum für Veränderungen und Ideen geben. → handwerklicher Bereich	→ veränderbare Spielbereiche → Naturmaterialien (Holz, Steine, Sand) → Budenbau (Umgang mit Werkzeug) → multifunktionale Geräte → Wasserbereich → Maltafeln
Bedürfnis nach Erprobung	→ Risiken kalkulierbar einbauen → nicht einsehbare Spielbereiche schaffen → verschiedene Schwierigkeitsgrade → Erfahrungen mit den Elementen Feuer und Wasser → Tätigkeiten zur Erprobung der eigenen Kraft und Geschicklichkeit	→ Klettermöglichkeiten → Versteckmöglichkeiten → Feuerstelle → stehendes Gewässer → Werkmaterialien → Budenbau
Soziale Bedürfnisse	→ Der Platz sollte so gegliedert sein, dass er Spiele unterschiedlicher Altersgruppen, Gruppenspiele und Alleinspiel zulässt.	→ große Flächen für Mannschaftsspiele → Spielgeräte und Flächen zum Rollenspiel → Räume für Rückzugsmöglichkeiten → Kommunikationsecken

informeller Treffpunkt

Der Bau- oder Abenteuerspielplatz kann durch seine offene Konzeption zu einem informellen Treffpunkt[1] für Kinder aller Altersgruppen werden und dazu beitragen, soziale Kontakte und Freundschaften zu vermitteln und zu pflegen. Die Kinder sollen durch spielerisches Handeln Erfahrungen mit den Elementen (Erde, Wasser, Feuer, Luft), Pflanzen und Tieren machen, ihre Umwelt aktiv gestalten und verändern können sowie Spaß und Freude im gemeinsamen Tun erleben. Die meisten Bau- oder Abenteuerspielplätze verfügen über ein festes Spielhaus, in dem z. B. von den pädagogischen Mitarbeitern bei Bedarf vorbereitete Angebote im musischen oder hauswirtschaftlichen Bereich durchgeführt werden.

Qualifikationen pädagogischer Mitarbeiter

Die Fluktuation der Spielplatzbesucher, der große Altersunterschied, die erhöhte Konfliktbereitschaft unterschiedlicher Besucherstrukturen und die Abhängigkeit von Witterungsverhältnissen erfordern von den pädagogischen Mitarbeitern ein hohes Maß an Flexibilität und Improvisationsfähigkeit. Einerseits kann das Spielplatzgelände selbst durch seine vielfältigen Aktionsbereiche indirekt Spielangebot sein, zum anderen versuchen die Mitarbeiter aber auch mit spielpädagogischen Methoden als Bezugspersonen direkt auf das Verhalten der Kinder einzuwirken. Die pädagogischen Mitarbeiter auf einem Bau- oder Abenteuerspielplatz sollten sich keinesfalls als Animateure mit

---

[1] Minister f. Arbeit, Gesundheit u. Soziales, NRW (Hrsg.): *Pädagogisch betreute Spielplätze,* Düsseldorf 1982.

einem festen Freizeitprogramm verstehen, sondern Kindern durch ganzheitliche Angebote für alle Entwicklungsbereiche Spiel- und Lebenshilfe vermitteln.

Spielaufgaben

1. *Besuchen Sie einen Bau- oder Abenteuerspielplatz in Ihrer Nähe. Beobachten Sie die Spielaktivitäten an einem Nachmittag oder in den Schulferien. Berichten Sie über Ihre Spielbeobachtungen.*

2. *Nehmen Sie Stellung zu folgender Aussage:*

   „Im gleichen Maße wie unsere Städte unpersönlich, die Menschen einsamer werden, und ziellose Kinder in Hauseingängen herumlungern, wächst die Bedeutung von menschlicher Anteilnahme und Betreuung im Leben außerhalb des Hauses. Dies gilt besonders auch für Spielplätze." (Vgl. S. 66 Spielraum ist Bewegungsraum und S. 101 Spielraum ist Lebensraum)

   Gestalten Sie in Teamarbeit mit bildnerischen Mitteln einen Bau- oder Abenteuerspielplatz. Berücksichtigen Sie dabei die o.a. Planungsbeispiele.

3. *Vergleichen Sie die Spielaktivitäten von Kindern im Grundschulalter auf einem herkömmlichen Spielplatz und einem Bau- oder Abenteuerspielplatz hinsichtlich folgender Aspekte:*

   → *Anzahl der Kinder,*

   → *pädagogische Betreuer,*

   → *aufgesuchte Spielorte, -geräte,*

   → *beobachtete Sozialformen,*

   → *Dauer der Spielabläufe,*

   → *Erfahrungsmöglichkeiten.*

4. *Überlegen Sie zu den genannten Bedürfnissen von Grundschulkindern konkrete Spielvorschläge, die Sie auf einem Bau- oder Abenteuerspielplatz umsetzen könnten. Beziehen Sie dabei besonders Abenteuer- und Erlebnisspiele mit ein.*
   Beschreiben Sie die dafür notwendigen Materialien und Spielregeln.

5. *Beschreiben Sie mögliche Konfliktbereiche auf Bau- oder Abenteuerspielplätzen und erläutern Sie spielpädagogische Maßnahmen als Lösungsvorschläge.*

Das Spielmobil

Aufgrund von fehlenden Spielplätzen in dicht bebauten Wohngebieten wurden Anfang der 70er Jahre mobile Spielplatzbetreuungen eingerichtet. Auf diese Weise konnten mit geringem materiellen Aufwand ein- bis zweimal wöchentlich auf freien Plätzen wie Schulhöfen oder Marktplätzen Spielangebote für alle Altersgruppen gemacht werden.

mobile Spielplatzbetreuung

In den folgenden Jahren wurde die Idee der mobilen Spielplatzbetreuung vielfach erweitert und unter dem Sammelnamen Spielmobil (benannt nach der damals bekannten Kindersendung *Das feuerrote Spielmobil*) populär.

Ziel der Spielmobile

Spielmobile sind mit Spielmaterialien ausgestattete Fahrzeuge, die zu bestimmten Zeiten Orte anfahren, um dort Spielangebote zu machen.

„Das zentrale Ziel der Spielmobile, ihr ideeller ‚Inhalt‘ (und darauf bezogen die materielle Ausstattung) sind das Spiel, das Spielen und die Spiele. Alle anderen auch legitimen Ziele und Inhalte sind diesbezüglich zunächst sekundärer Natur (von ‚Stadtgeschichte‘ über ‚Interkulturelles Miteinander‘ bis ‚Umweltlernen‘).“[1] Spielmobile werden in der Regel von den Kommunen (durch das KJHG[2] gehört die Spielförderung zu den kommunalen Pflichtaufgaben) finanziert, organisiert und durchgeführt, das bedeutet, dass die Teilnahme bei Spielmobil-Programmen kostenlos ist.

Konzepte der Spielmobile

Spielmobile weisen unterschiedliche Formen, Inhalte und Schwerpunkte auf, sind aber in ihrer Grundkonzeption durch folgende Merkmale gekennzeichnet:

→ „Spielmobile beleben und aktivieren Orte zu Spielräumen mit situations–spezifischen thematischen Spielideen.

→ Spielmobile schaffen einen aktuellen Lebensweltbezug, indem sie die konkrete Umgebung in die Spielaktionen miteinbeziehen.

→ Spielanimation bezieht Fantasiewelten mit ein, indem sie ein breit gefächertes Material- und Rollenspiel ermöglicht. Dabei werden im Spiel Realität und Fiktion miteinander verwoben.

→ Die Professionalität der Spielmobilbetreuer sichert die Gleichzeitigkeit unterschiedlicher, auch altersspezifischer Spielangebote ebenso wie die nötigen Sicherheitsstandards dieser Angebote.

→ Spielmobilaktionen bieten im Stadtteil auch die Chance für Kinderöffent–lichkeiten, d. h. zu Treffgelegenheiten für viele Kinder an einem Ort zu einer bestimmten Zeit mit der Chance des Kennenlernens und einem kinder–spezifischen Gesamtmilieu.

→ Das Spiel der Kinder unterliegt keiner Bewertung und keinem für alle gemeinsam verbindlichen Ziel: Spielen ist frei, Kinder spielen in eigener Regie.“[3]

---

[1] Zacharias, W.: *Das Spielmobil*, Beitrag in: von der Horst, R. (Hrsg.): *Handbuch Spielraum*, Spielraum Fachinformation, Winsen.

[2] Kinder- und Jugendhilfegesetz.

[3] Zacharias, W.; ebenda S. 41.
Weitere Informationen: *Bundesarbeitsgemeinschaft Spielmobile e.V. Europäisches Netzwerk der Spielmobilarbeit*, Marktplatz 4, 88677 Markdorf.

Spielaufgaben

1. *Stellen Sie fest, ob in Ihrer Stadt ein oder mehrere Spielmobile eingesetzt werden. Informieren Sie sich über den nächsten Einsatztermin und Einsatzort.*

   Nehmen Sie an einem Spielmobileinsatz teil. Protokollieren Sie Ihre Hospitation anhand folgender Aspekte:

   → *Einsatzdatum,*

   → *Einsatzort,*

   → *Zeitrhythmus / Zeitdauer,*

   → *Anlass des Spielmobileinsatzes,*

   → *Ausstattung,*

   → *pädagogische Mitarbeiter,*

   → *Teilnehmer (Anzahl / Alter),*

   → *Verlauf des Spielmobil-Programms,*

   → *besondere Vorkommnisse,*

   → *eigene Anmerkungen.*

2. *Über welche Kompetenzen sollten Ihrer Meinung nach pädagogische Mitarbeiter in einem Spielmobil insbesondere verfügen?*

Qualifikation:
Spielpädagogin/
Spielpädagoge

Die Spielleitung wirkt mit ihren persönlichen Fähigkeiten und Handlungsweisen direkt auf die Spielenden. Spielpädagogen müssen daher über spielpädagogische Kompetenzen verfügen. Neben den individuellen und beruflichen Voraussetzungen ist ein besonderes pädagogisches Verantwortungsbewusstsein erforderlich für die Beobachtung von Spielsituationen, die Beurteilung von Spielmaterialien sowie die Planung von Spielaktionen. Von großer Wichtigkeit erscheinen außerdem die spielfachliche und die individuelle Weiterbildung.

1 Spielleitung
2 Spielbeobachtung
3 Spielbeurteilung
4 Spielplanung
5 Fort-/Weiterbildung

1 Spielleitung

Das Spiel des Kindes in der jeweiligen Spielentwicklungsstufe auf angemessene Weise zu fördern, ist die zentrale Aufgabe von Spielpädagoginnen, also auch von der Spielleitung. Die Bezeichnung *Spielleitung* umschreibt, dass pädagogisch ausgebildete Fachkräfte einzelne Kinder oder Spielgruppen aktiv beobachten, unterstützen und auch Spielprozesse initiieren. Dieses erfolgt einerseits durch die Bereitstellung und Gestaltung geeigneter Rahmenbedingungen (Raum, Material, Zeit, Partner, s. S. 27 ff.) aber auch durch eine kompetente Persönlichkeit. Die Spielleitung plant und begleitet Spielprozesse, wobei sie in enger Beziehung zur Spielgruppe steht. Spielleiter sind für die Kinder immer auch Modell und Vorbild, an denen sie sich bewusst und unbewusst orientieren.

Über welche Kompetenzen sollte die Spielleitung verfügen? Die Basis bildet sicherlich die eigene Spielmotivation und ein sicheres Auftreten um ohne Spielhemmungen agieren zu können. Entscheidend ist dabei aber auch, dass sich die Spielleitung nicht in den Vordergrund spielt. Hintergrundwissen über

→ Merkmale des Spiels und Spieltheorien (s. S. 21 ff.),

→ Phasen der kindlichen Spielentwicklung (s. S. 44 ff.; 63 ff.; 98 ff.),

→ Spielarten/Spielformen (s. S. 31 ff.; 68 ff. 104 ff.),

→ Spiel in der sozialen Entwicklung (s. S. 58 ff.; 62 ff.; 98 ff.),

→ institutionalisierte Spielkonzepte (s. S. 56 ff.; 80 ff.; 131 ff.),

ist eine weitere Voraussetzung. Weiterhin sind Kenntnisse über die Spielregeln und Spielmaterialien notwendig, zu deren erfolgreicher Anwendung planerische und organisatorische Fähigkeiten erforderlich sind.
Für die erfolgreiche Leitung einer Spielgruppe ist es notwendig, bereits im Vorfeld didaktisch-methodische Überlegungen anzustellen. Darüber hinaus verfügt eine qualifizierte Spielleitung über soziale Kompetenzen und ist in der Lage spielpädagogische Handlungsweisen anzuwenden, z. B. indem sie:

→ persönliche Spielfreude zeigt (durch Mimik/Gestik, Echtheit, Blickkontakt, verständliches Sprachverhalten, Mitspielen etc.),

→ neue Spiele und Spielregeln anregend, kurz und klar erklärt und vormacht,

→ Gruppenprozesse wahrnimmt (Motivation und Interesse; Über- bzw. Unterforderung Einzelner/der Gruppe; Cliquenbildung; Stimmung; Außenseiter/Randpositionen etc.),

→ Hilfestellungen gibt (beruhigende und einfühlsame Reaktionen bei unsicherem Verhalten der Mitspieler, einzelne Spieler/die Gruppe positiv verstärkt, niemanden bloßstellt, Schüchterne nicht bedrängt etc.),

→ Problem-/Konfliktsituationen löst (Ruhe bewahrt, Spielablauf ändert oder ggf. abbricht, getroffene Entscheidungen neu überdenkt, gemeinsam eine Lösung findet, eine konsequente Entscheidung trifft etc.) und

→ spontan und flexibel auf unvorhersehbare Situationen reagiert.

Weiterhin verfügt sie über die Bereitschaft Spielerfahrungen detailliert zu reflektieren um Schlussfolgerungen und Konsequenzen in neue Spielprozesse einzubringen. Dies geschieht unter anderem durch eine sporadische oder regelmäßige Teamarbeit mit anderen Spielleitungen.

Spielaufgaben

1. *Erstellen Sie Ihr eigenes Spielleitungs-Persönlichkeitsprofil, indem Sie die folgenden drei Aufgaben bearbeiten und für sich auswerten.*

I. Als Teilnehmerin/Leiterin einer Spielgruppe bin ich gewöhnlich ein:

Typ	Eigenbeurteilung	Fremdbeurteilung	Fremdbeurteilung
Mitläufer	1 2 3 4 5 6	1 2 3 4 5 6	1 2 3 4 5 6
Vermittler	1 2 3 4 5 6	1 2 3 4 5 6	1 2 3 4 5 6
Ideenbringer	1 2 3 4 5 6	1 2 3 4 5 6	1 2 3 4 5 6
Miesmacher	1 2 3 4 5 6	1 2 3 4 5 6	1 2 3 4 5 6
Sachverständiger	1 2 3 4 5 6	1 2 3 4 5 6	1 2 3 4 5 6
Organisator	1 2 3 4 5 6	1 2 3 4 5 6	1 2 3 4 5 6
Humorist	1 2 3 4 5 6	1 2 3 4 5 6	1 2 3 4 5 6
Optimist	1 2 3 4 5 6	1 2 3 4 5 6	1 2 3 4 5 6
Außenseiter	1 2 3 4 5 6	1 2 3 4 5 6	1 2 3 4 5 6
Sprecher	1 2 3 4 5 6	1 2 3 4 5 6	1 2 3 4 5 6
Kritiker	1 2 3 4 5 6	1 2 3 4 5 6	1 2 3 4 5 6
Liebling	1 2 3 4 5 6	1 2 3 4 5 6	1 2 3 4 5 6
Stiller Teilnehmer	1 2 3 4 5 6	1 2 3 4 5 6	1 2 3 4 5 6

Erweitern Sie ggf. die Positionen und kreuzen Sie zunächst Ihre Haltung an. Lassen Sie sich anschließend von einigen Personen Ihrer Lerngruppe einschätzen.

II. Welche Fähigkeiten sollte eine Spielleitung besitzen?

Erweitern Sie die angegebenen Beispiele und erstellen Sie in der Lerngruppe eine Feed-back-Liste *(s. Bsp.). Führen Sie in der Lerngruppe z. B. Kreisspiele durch und füllen Sie anschließend die* Feed-back-Liste *aus.*

Begeisterungsfähigkeit	10	20	30	40	50	60	70	80	90	100 %
Ich = Eigeneinschätzung										
1. Fremdeinschätzung										
2. Fremdeinschätzung										

Beobachtungsfähigkeit	10	20	30	40	50	60	70	80	90	100 %
Ich = Eigeneinschätzung										
1. Fremdeinschätzung										
2. Fremdeinschätzung										
... **Fortsetzung** ...	10	20	30	40	50	60	70	80	90	100 %

III. Erstellen Sie Ihren Spiel-Stern.

Stellen Sie fest, wo Ihre Spielinteressen und Schwerpunkte liegen. (Die nachstehenden Spiel-begriffe können Sie selbstverständlich ändern/ergänzen.) Anschließend skalieren Sie die Linien von 10 % innen – 100 % außen und setzen jeweils auf jede Linie Ihren Wertungspunkt.

Verbinden Sie abschließend alle Wertungspunkte miteinander.

a) als Spielleitung:

b) als Teilnehmerin:

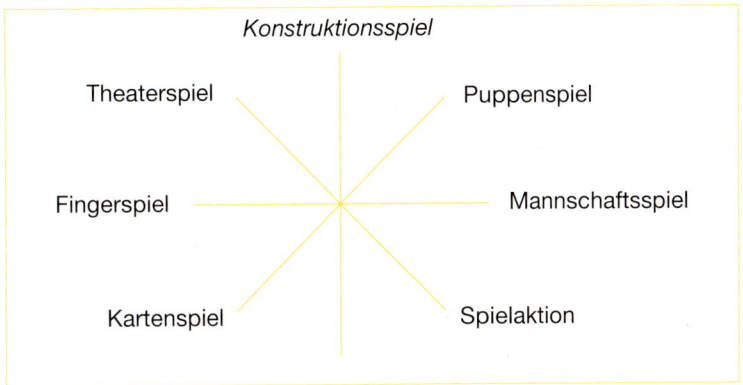

2. *Überlegen Sie in der Lerngruppe einige allgemeine Regeln für das richtige Verhalten der Spiel-leitung in einer Spielgruppe. Erstellen Sie eine Übersicht unter Beachtung der folgenden Bezugspunkte: Planung, Durchführung, Reflexion.*

3. *Diskutieren Sie in der Lerngruppe die Aussage von U. Baer: Das Wichtigste ist nicht die Bewer-tung mit subjektiven, individuellen Noten, sondern das Nachdenken über die verschiedenen spielpädagogischen Fähigkeiten!*

4. *Stellen Sie Ihre Auslegung des Begriffes* Animation *bildlich dar.*

5. *Sammeln Sie in Ihrer Lerngruppe Fragen zum richtigen Verhalten einer Spielleitung. Wählen Sie aus Ihrer Lerngruppe „Experten", die im anschließenden „Expertengespräch" zu den Fragen-komplexen Antworten geben:*

→ *Soll ich als Spielleiterin mitspielen?*

→ *Was mache ich mit Spielvorschlägen, die gerade nicht in mein Konzept passen?*

→ *Was mache ich bei Lampenfieber?*

→ *Wie stelle ich eine gute Beziehung zur Spielgruppe her?*

→ *Wie komme ich zu guten Spielideen für Spielketten oder Spielaktionen
   (s. auch Spielen im Beruf Extra)?*

6. *Diskutieren Sie in Ihrer Lerngruppe, welche Aspekte eine Spielleitung im Anschluss an eine Spieleinheit mit der Spielgruppe reflektieren sollte.*

2 Spielbeobachtung

Beobachtungs-
anlässe

→ Welche Spielbereiche bevorzugen Kinder während der Freispielphase?

→ Welche sozialen Spielformen überwiegen in der Spielgruppe?

→ Welche aktuellen Spielbedürfnisse sind erkennbar?

→ Wann wird die Außenspielfläche/der Spielplatz von den Kindern genutzt?

→ Welche Spielmittel sollen neu angeschafft werden?

→ Welche Spiele sind im Spielkreis beliebt/nicht beliebt?

→ Welche Impulse könnten die Rollenspiele der Kinder anregen?

→ Warum favorisieren/meiden einige Kinder Konkurrenzspiele?

→ Warum streiten sich die Kinder einer Spielgruppe?

Intention

Diese und ähnliche Fragestellungen ergeben sich aus dem alltäglichen Spielgeschehen. Zugleich bilden sie mögliche Anlässe für eine methodische Spielbeobachtung mit den Intentionen:

→ Spieltätigkeiten zu erfassen,

→ Spielsituationen zu durchschauen,

→ Spielbedürfnisse/Spielinteressen wahrzunehmen,

→ Spielverhalten zu verstehen,

→ Defizite/Stärken zu erkennen,

→ Spielimpulse/Spielmittel anzubieten,

→ Spielkreise/Spielaktionen zu planen,

→ Spielräume zu gestalten/zu benutzen.

aktive
Wahrnehmung

Die Spielbeobachtung ist eine aktive und intensive Auseinandersetzung mit einer Spielsituation und den Spielpartnern. Diese Wahrnehmung von Spielsituationen und Spielprozessen ist eine grundlegende spielpädagogische Kompetenz.

„Spielpädagogen benötigen Einfühlungsvermögen und Nähe zum Geschehen, müssen sogar teilweise in der Spielsituation beteiligt sein, um das Wahrgenommene in seinem Spielcharakter interpretieren zu können."[1]

---

[1] Hellmich, U.: *Einführung in die Spielpädagogik*, a. a. O. Seite 122 f.

Eine Spielbeobachtung kann infolgedessen nie vorurteilslos und distanziert sein, sie enthält große Anteile an subjektiven Einschätzungen und Bewertungen. Bei allen Spielbeobachtungen müssen bezüglich der Ergebnisse und möglicher Konsequenzen einige wichtige Faktoren berücksichtigt werden: **Konsequenzen**

→ die Wahrnehmung eines Beobachters ist nie objektiv,

→ Eigenwahrnehmung und Fremdwahrnehmung können stark differieren,

→ der Beobachter steht immer in einer Beziehung zu dem/den Spielenden,

→ Spielende fühlen sich beobachtet und können deswegen ein anderes Verhalten zeigen,

→ Spielende entwickeln sich während des Beobachtungszeitraumes weiter,

→ Aussagen müssen immer mit einem Beispiel belegt werden,

→ Interpretationen der Beobachtungsergebnisse sollten höchst sorgfältig vorgenommen werden.

Es werden unterschiedliche Methoden zur Spielbeobachtung benutzt: **Methoden**

→ **Standardisierte Spielbeobachtungen** arbeiten mit vorgegebenen Rating-Skalen oder Kategoriesystemen, um etwa Lern- und Entwicklungsschwierigkeiten zu erfassen. Sie sollen hier nur erwähnt werden, da der Umgang eine hohe Sachkenntnis erfordert und in der Regel eine umfangreiche Vorbereitung sowie intensive Schulung der Beobachter.[1]

In der alltäglichen Spielpraxis werden überwiegend die zwei folgenden Methoden angewandt:

→ **Unsystematische Zufalls- und Alltagsbeobachtungen**, die überall sowie zu jedem Zeitpunkt erfolgen können, wobei Beobachtungstätigkeit und Beobachtungsdauer variabel sind. Wenn sich die Spielleitung ihrer Beobachterrolle bewusst wird, hält sie den Verlauf der beobachteten Spielsituation in Form eines Gedächtnisprotokolls schriftlich fest.

→ **Systematische Beobachtungen**, die den genauen Verlauf (Zeitraum, Ort, Beteiligte, Spieltätigkeit, Problem, Dialoge u. a. m.) einer Spielsituation wiedergeben. Bei systematischen Beobachtungen wird die Intention vorab festgelegt. Die Beobachtungen und ihre Ergebnisse werden in Form von Verlaufsprotokollen, auf Hörkassette oder als Videoaufnahme festgehalten.

Werden zufällige oder systematische Spielbeobachtungen direkt im Anschluss sorgfältig reflektiert, ergeben sich veränderte oder gar neue Ansatzpunkte für spielpädagogisches Handeln. *(Beispielsweise könnte die wiederholte Beobachtung und Analyse des Spielkreises ergeben, dass die Kinder mehr Konzentration, Rücksichtnahme und Spielfreude zeigen, wenn sie ihrem Körpergefühl entsprechend gemütlich sitzen dürfen statt im starren Stuhlkreis.)*

---

[1] Ebd.

mediale
Protokolle

Der Einsatz technischer Medien kann durch eine Wiederholung der Ton- oder Bildaufnahmen für die Auswertung der Beobachtungsergebnisse im Team sehr effektiv sein. Der Aufwand ist allerdings beträchtlich und immer an ein engagiertes Team gebunden.

Schriftliche Beobachtungsprotokolle dagegen können fast zu jeder Zeit von pädagogisch qualifizierten Fachkräften angefertigt und als Gedächtnis- bzw. Verlaufsprotokoll systematisch in einem pädagogischen Tagebuch festgehalten werden. Sie können bei Reflexion oder Fallbesprechung hinzugezogen werden.

Mögliche Beobachtungskriterien für das Erfassen des geleiteten Spielkreises

→ Beobachter: Datum:
→ Beobachtungszeitraum: .... bis .... Uhr
→ Wo findet der Spielkreis statt?
→ Welche/wie viele Kinder/Erwachsene sind beteiligt?
→ Welche Spielatmosphäre herrscht zu Beginn/am Ende?
→ Gibt es einen thematischen Schwerpunkt?
→ Wie reagieren die Kinder auf die Lied-/Spielvorschläge?
→ Welche Spiele wecken besonders ihre Spielfreude?
→ Wie/wann zeigen die Kinder Unsicherheiten/Unlust/Ängste?
→ Welche Hilfen bekommen sie? Von wem?
→ Sind alle Kinder gleichmäßig am Geschehen beteiligt?
→ Welche Verhaltensweisen zeigt die Spielleitung überwiegend?
→ Mit welchen spielpädagogischen Mitteln leitet sie den Verlauf?
→ Wie beeinflusst Ihr Verhalten das Verhalten der Kinder?
→ Weitere Angaben zur beobachteten Spielsituation.
→ Wie fühlen Sie sich/was beschäftigt Sie?
→ Welche Schlussfolgerungen ziehen Sie aus Ihrer Beobachtung?

Mögliche Beobachtungskriterien für das Erfassen des Spielverhaltens eines Kindes

→ Beobachter: Datum:
→ Beobachtungszeitraum: .... bis .... Uhr
→ Beobachtungsort: ....
→ Codierter Name des Kindes:.............
→ Angaben zum Geschlecht, Alter, Nationalität u. Ä.
→ Kurze Beschreibung des äußeren Erscheinungsbildes.
→ Warum wurde das Kind ausgewählt?
→ Welche Gefühle haben Sie gegenüber diesem Kind?
→ Womit spielt das Kind? (Material)
→ Was spielt es? (Spielinhalt, Spielform)
→ Wie verhält sich das Kind bezüglich des Tempos, der Ausdauer, der Aufmerksamkeit, Körperbewegungen, Gefühlsäußerungen, Sprache u. a. m.
→ Weitere Angaben zur beobachteten Spielsituation.
→ Wie fühlen Sie sich/was beschäftigt Sie?
→ Welche Schlussfolgerungen ziehen Sie aus Ihrer Beobachtung?

Mögliche Beobachtungskriterien für das Erfassen einer Spielsituation

→ Beobachter: Datum:
→ Beobachtungszeitraum: .... bis .... Uhr
→ Beobachtungsort: ....
→ Wer ist an der Spielsituation beteiligt?
  (Codierte Namen der Kinder, Angaben
  zum Geschlecht, Alter, Nationalität u. Ä.)
→ Begründung für die Wahl dieser Situation.
→ Beschreibung des Situationsverlaufs;
  Wiedergabe der Dialoge
→ Welche Auswirkungen hat das Spielver-
  halten?
→ Welche Konsequenzen ziehen die Betei-
  ligten?
→ Weitere Angaben zur Spielsituation.
→ Wie fühlen Sie sich? Was beschäftigt Sie?
→ Welche Schlussfolgerungen ziehen Sie
  aus Ihrer Beobachtung?

Mögliche Beobachtungskriterien für das Erfassen der Spielverhaltens während der Freispielphase

→ Beobachter: Datum:
→ Beobachtungszeitraum: .... bis .... Uhr
→ In welchen Spielzonen befinden sich die
  Kinder?
→ Welche Spielzone wählen Sie für Ihre
  Beobachtung? (Begründung)
→ Wer spielt mit wem? (Solo-, Parallel-, Kol-
  lektivspiel?)
→ Was/womit spielen die Kinder?
→ Welche Rollenspielthemen sind erkenn-
  bar?
→ Werden auch andere Kinder zum Mitspie-
  len zugelassen?
→ Welche Bedürfnisse äußern die Kinder?
  Wie äußern sie sie?
→ Auf welche Weise sind Sie an der Spielsi-
  tuation beteiligt?
→ Was wissen Sie über das Spielverhalten,
  den Spielentwicklungsstand der Kinder?
→ Weitere Angaben zur beobachteten Situa-
  tion.
→ Wie fühlen Sie sich? Was beschäftigt Sie?
→ Welche Schlussfolgerungen ziehen Sie
  aus Ihrer Beobachtung?

Spielaufgaben

1. *Führen Sie in Ihrer Lerngruppe eine Spielaktion durch. Legen Sie Beobachtungskriterien fest und wählen Sie ein Beobachtungsteam. Werten Sie die Spielaktion aus. Welche Schlussfolgerungen ziehen Sie?*

2. *Führen Sie in Ihrer Lerngruppe eine Videobeobachtung durch. Legen Sie vorher Beobachtungskriterien fest. Welche Schlussfolgerungen ziehen Sie?*

3. *Beobachten Sie in Ihrer Praktikumsstelle ein spielendes Kind, seine Freispielphase, den angeleiteten Spielkreis und eine besondere Spielsituation. Erstellen Sie jeweils ein Protokoll.*

3 Spielbeurteilung

„Welchen Teletubby soll ich Mia (3; 4 J.) schenken?" „Warum darf ich hier kein Spielgewehr haben?" „Spielt Moritz (6; 3 J.) immer noch mit Puppen?" „Das Spiel ist langweilig, können wir ohne Würfel spielen?" „Dürfen alle Kinder an alle Spielplatzgeräte?" „Welche Computerspiele sind für Kinder geeignet?" „Kann man Spielzeug auch selbst herstellen?" „Warum bringt Max ständig seinen Kassettenrecorder mit?" „Welche Jo-Jos sind die besten?" „Warum

Background

funktioniert der Kicker nicht?" „Könnt ihr euch mal mehr Fischer-Technik anschaffen?" Wie viel und welches Spielzeug braucht welches Kind in welchem Alter?

Mit derart vielschichtigen Fragen werden die Mitarbeiterinnen in Tagesstätten, Kindergärten, Horten und offenen Freizeiteinrichtungen immer wieder konfrontiert. Viele Fragestellungen implizieren dabei das Bedürfnis des Kindes und signalisieren die Orientierungslosigkeit mancher Erwachsener.

Ob das vom Kind gewünschte Spielzeug einem echten Spielbedürfnis oder einem animierten Wunsch (Werbung, Statussymbol, Gruppendruck) entspricht und ob es sich dabei um gutes Spielzeug handelt, ist nicht leicht festzustellen. Fachkundige Antworten sowie einfühlsame Reaktionen deuten dabei auf die spielpädagogischen Kompetenzen der Mitarbeiterinnen. Aber alle Anfragen können auch sie nicht direkt aus ihrem pädagogischen Alltag heraus beantworten sondern müssen sich mittels einschlägiger Fachliteratur[1] sachkundig machen.

Spiele-Einteilung Nach welchen Kriterien kann Spielzeug eingeteilt und beurteilt werden? Zunächst einmal kann Spielzeug in fünf Kategorien[2] gegliedert werden.

Kategorien	Beispiele
Spielmaterial zur Identifikation, zum Liebhaben	Puppe, Teddy, Bilderbuch usw.
Spielgeräte zum Sichbewegen	Roller, Ball, Inliner usw.
Spielsachen zum Werken, Konstruieren, Gestalten	Säge, Spielbausteine, Papier usw.
Spiele zum Regelspiel	Brett-, Karten-, Tischspiele usw.
Spielzeug für Rollen- und darstellende Spiele	Spielauto, Verkleidung, Masken usw.

Spiele-Bewertung Die Spielzeugherstellung und der Spielzeugvertrieb sind nicht in erster Linie an spielpädagogischen Haltungen ausgerichtet, sondern an marktwirtschaftlichen. Eine vom Hersteller vorgegebene Altersangabe sollte in der Regel als grobe Orientierung aufgefasst werden, eine verantwortliche Auswahl und Bewertung von Spielzeug stellt das berechtigte Anliegen des Kindes in den Mittelpunkt. Spiele und auch Spielzeug können daher auch nach ihrer Intention eingeteilt und beurteilt werden wie die Zusammenstellung zeigt:

---

[1] Literaturangaben im Anhang.
[2] Baer, U. *Spielpraxis*, Kallmeyersche, Seelze-Velber 1995.

Bestimmung	Bewertungsaspekte
Spielzeug für einzelne Entwicklungsstufen	Dauerspielzeug Billigspielzeug Qualitätsspielzeug
Spielzeug für Kinder mit Behinderungen	Serienmäßig veränderbares Spielzeug für spezielle Spiel- & Bewegungsbedürfnisse
Video-/Computerspiele	Typen der elektronischen Spiele Inhaltliche Ausgestaltung Spannung und Attraktivität
Kriegsspielzeug	Was ist Kriegsspielzeug? Welche Faszination geht davon aus? Welche Strategien helfen dagegen?
Spielplatzgeräte	Geprüfte Sicherheit Umweltaspekte Material
geschlechtsspezifisches Spielzeug	Jungenspielzeug Mädchenspielzeug Wirkung und Bedeutung

Allgemein anerkannte Beurteilungskriterien sind von dem unabhängigen *Arbeitsausschuss Gutes Spielzeug* erarbeitet und publiziert worden. Die folgende Auflistung vermittelt einen Überblick der wichtigsten Grundsätze und Kriterien für Beurteilung und Auswahl von Spielzeug[1]:

Beurteilungskriterien

→ Das Alter und der Entwicklungsstand des Kindes sind grundsätzlich zu beachten.

→ Fantasie und Vorstellungsvermögen werden durch Spielzeug angeregt/verhindert.

→ Spielzeug hilft Umwelterfahrungen zu vertiefen.

→ Mehrere Spielvarianten ermöglichen vielfältiges Spiel.

→ Gestaltung, Form und Farbe beeinflussen die Vorstellungswelt der Kinder.

→ Größe und Gewicht des jeweiligen Spielzeug hängen ab vom Spielzweck und vom Alter des Kindes.

→ Die richtige Anzahl und Menge hängen ab von der Spielfreude und dem Spielerfolg.

→ Konstruktion und Mechanik sollen unkompliziert und durchschaubar sein.

→ Dem Spielzweck entsprechen die Haltbarkeit und Lebensdauer.

→ Material und Verarbeitung sollten gängigen Sicherheitsnormen (GS, TÜV geprüft u. Ä.) und Qualitätsnormen entsprechen.

→ Das Spielzeug sollte umweltverträglich sein.

→ Gutes Spielzeug gibt es in jeder Preislage.

---

[1] Vgl.: Arbeitsausschuss Gutes Spielzeug, a. a. O.

Erst wenn die Mitarbeiter in sozialpädagogischen Einrichtungen die Kinder bei Spieltätigkeiten ausgiebig beobachten (bezüglich der Spielmotivation, Spielgewohnheit, Spielfähigkeit) und die vorherrschenden räumlichen Spielbedingungen berücksichtigen, gelangen sie zu spielpädagogisch richtigen Entscheidungen bei der Auswahl und Anschaffung von Spielmaterial und Spielangeboten.

Spielaufgaben

1. *Erstellen Sie in Ihrer Lerngruppe eine Hitparade der beliebtesten Spiele.*

2. *Ihrer Lerngruppe wird ermöglicht, einen Kindergarten mit geeignetem Spielzeug auszustatten (zwei altersgemischte Gruppen mit Kindern zwischen 2–10 Jahren). Erstellen Sie einen Auswahl-Katalog und begründen Sie Ihre Entscheidungen.*

3. *Erörtern Sie in Ihrer Lerngruppe: Warum gibt es geschlechtsspezifisches Spielzeug?*

4. *Erfinden Sie in Ihrer Lerngruppe ein Gütesiegel für Kindergartenspielzeug.*

5. *Führen Sie bei Kindern eine Befragung durch: Mein Lieblingsspielzeug. Fassen Sie die Umfrageergebnisse in einem Überblick zusammen. Welche Schlussfolgerungen ziehen Sie?*

6. *Diskutieren Sie in Ihrer Lerngruppe die Auswirkungen von Spielzeugmangel und von Spielzeugüberfütterung. Stellen Sie die erarbeiteten Thesen anschaulich gegenüber.*

4 Spielplanung

zentrale
Aufgabe

Zu den zentralen Aufgaben der Spielpädagogen zählt die Planung und Durchführung von Spielangeboten. Spielkreise und Spielsituationen können zwar spontan aus der Lust an gemeinsamen Spielen entstehen, ihre Ergebnisse kommen dann aber zufällig zustande und bleiben ohne Zusammenhang zu anderen pädagogischen Ereignissen. Positive wie negative Eindrücke bleiben in diesen Fällen ohne Konsequenzen, wirken aber auf weitere Spielaktivitäten. Geplante Spielaktivitäten finden mit unterschiedlichsten Spielgruppen (Kleinkinder, Kindergartenkinder, Grundschulkinder etc.) in allen pädagogischen Institutionen statt und die initiierten Spiele können an den vielen Orten und in verschiedenen Raumformen durchgeführt werden, wobei für spezielle Spielangebote die Raumausstattung oder Spielumgebung entscheidend sind.

„Planung verhilft [...] dazu, eine möglichst große Vielfalt von Spielen anbieten zu können, und schafft damit erst die Voraussetzung für Flexibilität in der konkreten Situation. Daneben entwickelt der Spielleiter auch ein Gespür dafür, was in den Spielen seines langsam wachsenden Repertoires steckt und wie diese Spiele in Beziehung stehen zu den Bedürfnissen und Interessen der Spieler. Damit schafft er sich Grundlagen für eine *flexible Planungskompetenz*."[1]

flexible Planungs- kompetenz

„Ist angemessen geplant worden, werden die Spiele Spaß bringen. Die Spieler können das herauslassen, was in ihnen steckt und *Gestalt* annehmen möchte. [...] Gelungene Spielstunden können dazu beitragen, dass sich die Spieler in ihren Fähigkeiten weiterentwickeln. Sie bieten Ansatzpunkte, dass die Spieler ihre Lebenssituation mit erweiterten Bewusstseins- und Handlungsmöglichkeiten zu bewältigen lernen."[2] Die Gestaltung erfolgreicher Spielsituationen setzt also differenzierte Planung voraus, um eine Über- oder Unterforderung durch Auswahl der Spiele oder Umfang der Spielmittel sowie die Komplexität einer Spielgruppe zu vermeiden. Nachstehende didaktisch-methodische Planungshilfen geben einen organisierten Überblick:

Planungshilfen

Planungsschritte	Planungsinhalte
1. Spielgruppe	Zusammensetzung, allgemeine Situation, aktueller Anlass, Information zum Erfahrungsstand, zur Spielmotivation und Stimmung u. a. m.
2. Zielsetzung	Allgemeine wie pädagogische Spielintention, Förderung in den Lernbereichen, Situationsangemessenheit, eigene Interessen und Bedürfnisse, gemeinsame Zielabsprachen u. a. m.
3. Vorbereitungen	Gesamtspieldauer, Materialbeschaffung, Spielraumgestaltung, personelle Absprachen u. a. m.
4. Einstieg	Motivation und Aufmerksamkeitssteigerung durch eine auflockernde Einführung mit simultanen Kontakt- und Bewegungsspielen u. a. m.
5. Ablaufstruktur	Flexible Reihenfolge der Spielinhalte, Spielformen und Spielarten, Art der Einführung, Spannungsaufbau durch angemessene Steigerung der Schwierigkeiten, Dynamik der einzelnen Spiele, Freiräume für Spielvorschläge aus der Gruppe, Auswahl der Akteure u. a. m.
6. Alternative	Reservespiele bei mangelnder Akzeptanz der Planung, mögliche Störfaktoren, Reaktionen bei auftretenden Schwierigkeiten u. a. m.
7. Abschluss	vorherrschende Atmosphäre, ausgleichendes, kooperatives Abschlussspiel, gemeinsame Reflexion, Schlussfolgerungen und Konsequenzen u. a. m.

---

[1] Fritz, J.: *Theorie und Pädagogik des Spiels*, a. a. O. Seite 157.
[2] Fritz, J. *ebd.* Seite 141.

methodische Umsetzung

Insbesondere bei angeleiteten Rollenspielen und anderen Darstellungsspielen werden Auseinandersetzungen über geeignete methodische Umsetzungen geführt. Ebenfalls werden die Angebotssituationen geplant, bei denen Kinder erfolgreich Spielmaterial herstellen oder neue Spiele, Spielregeln entwickeln. Für alle größeren Spielveranstaltungen und für themenbezogene Spielaktivitäten sind im Vorfeld grundsätzliche Überlegungen zu treffen, die in Form einer *Checkliste*[1] von den Beteiligten (Spielleitung und Mitspieler) gemeinsam angelegt und überprüft werden können, wobei aber nicht immer alle Aspekte gleichwertig zutreffen.

Checkliste					
Ziele und Inhalt	**Materielle Planung**	**Personelle Planung**	**Informationsplanung**	**Problem Management**	**Nachbereitung**
Intention	Räumlichkeiten	Koordination	Werbung	Schwierigkeiten	Auswertung
Thema Zielgruppe	Geräte	Mitarbeiterverantwortung	Einladung	Gegenmaßnahmen	Öffentlichkeitsarbeit
Erwartungen	Material	Gast-Mitarbeiter	Träger-Information	u. a. m.	Technische Nacharbeit
Angebote	Kosten	u. a. m.	Teilnehmer-Information		Administrative Nacharbeit
Programmteile	Geldquellen		Teilnehmer-Lenkung		u. a. m.
Ablaufstruktur	Rechtsangelegenheiten		u. a. m.		
Zeitplan	u. a. m.				
Motivation					
u. a. m.					

Spielaktionen

Spielaktionen setzen Kenntnisse über die Spielauswahl und Verlaufsplanung voraus und eignen sich insbesondere für Kindergartenkinder und Grundschulkinder, da sie ganzheitliche Spielerlebnisse vermitteln.[2]

Spielaktionen sind auf eine bestimmte Zielgruppe abgestimmt, beziehen sich auf pädagogische Themenstellungen oder Zielsetzungen und umfassen unterschiedliche Ablaufstrukturen wie Spielketten, Stationenspiele, Ringspiele, Rallyespiele. Spielaktionen erfordern ein umfangreiches Spielrepertoire, einen erheblichen Materialaufwand, Spielraumänderungen, die Einbeziehung des Spielumfeldes, erhöhten Bedarf an Spielleiterinnen und Spielhelfern, größeren Zeitaufwand und eine intensive Vorbereitung.

Spielkette

Die Spielkette ist eine Folge von mehreren aufeinander aufbauenden Spielen (Einstieg, Höhepunkt, Abschluss), die durch eine Rahmenhandlung/-geschichte miteinander verbunden sind, z. B. Die Geschichte vom Gespenst im Schloss Kürbisstein und dem Drachen Feuerzacke (s. Spielen im Beruf Extra). Die Inhalte beziehen sich aufeinander, um ein (pädagogisches) Ziel gemeinsam anzusteuern. Alle Spiele werden (als Simultan-, Partner-, Kleingruppenspiel) nacheinander von allen Spielern (ca. 10–20) gleichzeitig durchgeführt. Zur Realisierung benötigen sie viel Zeit (45–60 Minuten), großen Spielraum, geringen Materialaufwand.

---

1 Baer, U. *Spielpraxis*, Kallmeyersche, Seelze-Velber 1995.
2 vom Wege/Wessel: *Spielketten und Spielaktionen*, Herder Verlag, Freiburg 2000.

Stationenspiel	An verschiedenen frei wählbaren Spielstationen können die Spieler in beliebiger Reihenfolge unterschiedliche Spielangebote (ggf. mit einem Themenbezug, z.B. auf dem Medienrummelplatz) durchführen, wobei die Angebote angeleitet werden oder frei spielbar sind. Das Stationenspiel eignet sich vorzugsweise für die unterschiedlichsten Spielfeste in Institutionen, da auch das Wohnumfeld einbezogen werden kann.
Ringspiel	Die Gesamtgruppe wird in gleichwertige Kleingruppen (ca. 5–8 Spieler) aufgeteilt und diese begeben sich gemeinsam (jeweils mit einem Spielhelfer) nach vorher vereinbarter Reihenfolge zu den Spielstationen. Alle Spiele an den Stationen dauern ähnlich lang, sodass kein Wartestau entstehen kann. Das Ringspiel eignet sich besonders für realistische Umweltthemen, z.B. Schulhofforscher.
Rallyespiel	Ähnlich wie bei der Spielkette beginnt die Rallye, z.B. die Waldrallye, mit einem Einstiegsspiel und analog zum Ringspiel wird die Gesamtgruppe in gleichwertige Kleingruppen aufgeteilt. Diese begeben sich nacheinander mit zeitlichem Abstand (bei jüngeren Kindern jeweils mit einem Spielhelfer) zu den vorbereiteten Spielstationen (mit Kontrollaufgaben). Am Ende treffen sich alle Spielgruppen zum gemeinsamen Abschlussspiel.

Trotz gründlicher Überlegungen und Berücksichtigung absehbarer Schwierigkeiten können alle Spielplanungen einen unvorhersehbaren Verlauf nehmen und nicht zu den beabsichtigten Zielen führen. Konflikte und Probleme, größere wie kleinere, treten bei allen Spielveranstaltungen auf und können sich bei der Durchführung durch alle Spielsituationen ziehen.

Begleiterscheinung

Nach abgeschlossenen Spieleinheiten oder Spielaktionen finden gemeinsame Gespräche oder andere Formen der Rückmeldung statt (z.B. Bilder malen, Interview, Blitzlichtrunde). Dabei werden:

Auswertungsgespräch

→ Eindrücke geschildert,

→ Gefühle formuliert,

→ Vorlieben/Abneigungen für bestimmte Spiele geäußert,

→ Beobachtungen und Erfahrungen mitgeteilt,

→ Spielleiter- /Gruppenverhalten ausgewertet.

Dabei erweitert die Spielleitung ihre Erfahrungsgrundlage und die Spieler übernehmen Selbstverantwortung. Es entstehen Perspektiven für weitere Spielaktivitäten. Grundsätzlich finden solche Auswertungsgespräche nicht zwanghaft, sondern nur bei echtem Interesse der Beteiligten statt. Die Aussagen werden in Ich-Form gemacht und eventuell erst später generalisiert.

Die systematische Reflexion, also das gründliche, kritische Nachdenken über die Begleiterscheinungen und den Verlauf der Spielprozesse im Anschluss der Spielaktionen, ist ein unverzichtbarer Bestandteil der didaktischen Analyse. Dabei werden die Planung und das methodische Vorgehen ebenso gründlich geprüft und kritisch betrachtet wie die Spielauswahl, das Erreichen der Ziel-

systematische Reflexion

setzung, die Art der Sozialbeziehungen in der Spielgruppe als auch das eigene Verhalten in Beziehung zur Spielgruppe und einzelner Spieler. Je nach Intention und Entwicklungsstand werden alle Spieler, Helfer sowie die weiteren Spielleiter der Spielaktion in die Fragestellungen der Reflexion einbezogen. Daneben ist es eine große Hilfe für Spielleiter mit wenig Spielerfahrung, wenn sie Reflexionsergebnisse dokumentieren. Nur so können die richtigen Schlussfolgerungen für zukünftige Spielaktionen gezogen werden.

Reflexion/Auswertung:
→ Reichten die Informationen über die Spielgruppe bezüglich Gruppenstruktur, Sozialgefüge, Spielerfahrungen, Wünsche, Interessen, Bedürfnisse, Defizite, Stärken aus?
→ Reichten die Kenntnisse über die einzelnen Spieler bezüglich individueller Wünsche, Interessen, Bedürfnisse, Defizite, Stärken aus?
→ Stimmten Organisation und Rahmenbedingungen wie Materialvorbereitung, Zeitplanung, Raumgestaltung, Durchführung? Gab es Abweichungen? Ergeben sich Alternativen?
→ Stimmten die Spielauswahl und Spielkenntnisse bezüglich der Spielregeln, Reihenfolge, Anordnung? Gab es Misserfolge/Erfolge? Welche Schlussfolgerungen werden abgeleitet?
→ Wie wurden die Spielintention und das Thema erreicht, verstanden und umgesetzt? Gab es ein starres Festhalten oder situative Änderungen? Welche Konsequenzen ergeben sich?
→ Wie ist die Spielgruppe mit ihren Spielern umgegangen? Wie haben sich einzelne Spieler, Spielpartner in die Spielprozesse eingebracht? Welche Spiele wurden positiv angenommen? Entstand Konkurrenzverhalten oder Kooperation? Gab es tief greifende Konflikte?
Welches Verhalten zeigte die Spielleitung bezüglich der persönlichen Befindlichkeit, des Umgangsstils, der Motivation und Unterstützung, der Steuerung des Spielablaufs und der Angemessenheit in Konfliktsituationen? Welche Konsequenzen ziehen Sie?

Spielaufgabe

1. *Planen Sie mit Ihrer Lerngruppe unter Einbeziehung der o. g. Checkliste ein Spielfest für Ihren Ausbildungsgang. Führen Sie das Fest durch und reflektieren Sie anschließend wie im obenstehenden Beispiel vorgegeben!*

Feste feiern
Willst du wissen, wann
man Feste feiern kann?
Wenn der Schnupfen vorbei ist,
wenn es März oder Mai ist,
wenn das Wurstbrot gut schmeckt,
wenn man Käfer entdeckt,
wenn das Radio tobt,
wenn der Lehrer dich lobt,
wenn die Drachenschnur hält,
wenn die Schule ausfällt
und am Geburtstag von Katze und Hund
und aus jedem anderen Grund!

G.Bydlinshe

5 Fort-/Weiterbildung

Der Satz *„Einmal Spielpädagoge immer Spielpädagoge"* reicht heute als Grundverständnis nicht aus, so schnelllebig wie die heutige Zeit ist, so rasch verändert sich der Spielzeugmarkt, entstehen neue Spielinteressen und so schnell bewegt sich auch das Arbeitsfeld des Spielpädagogen. Untersuchungen und Forschungen berichten in immer kürzeren Zeiträumen über den wechselnden Stellenwert der Spielbedürfnisse bei Kindern und Jugendlichen und das sich im Wandel befindliche Spielverhalten.

Grundverständnis

Wurden in der Vergangenheit beispielsweise bestimmte Spielmaterialien noch verschmäht, weil sie zweifelhafte Spielinteressen weckten, so sind sie gegenwärtig aus dem ganz normalen Spielalltag des Kindes nicht mehr wegzudenken (z. B. batteriebetriebene Puppen und Spielzeugautos oder Kunststoffspielzeug). Einzig das Kriegs- und Horrorspielzeug werden zu Recht weiter geächtet. Gleichzeitig – differenzierter als je zuvor werden pädagogische Gegenstrategien in Weiterbildungsveranstaltungen wie Fachpublikationen diskutiert und in der sozialpädagogischen Praxis umgesetzt.

Vergangenheit und Gegenwart

Wie schon an anderer Stelle erwähnt, gibt es zahlreiche öffentliche und regionale Träger und Institutionen, die Vorträge, Kurse, Veranstaltungsreihen oder Tagungen zu bestimmten spielpädagogischen Inhalten durchführen. Die vielfältigen Angebote umfassen dabei einführende und vertiefende Fragestellungen zu aktuellen und traditionellen Sichtweisen der Spielpädagogik. Die Auseinandersetzung findet jedoch nicht nur auf der theoretischen Ebene statt, denn aktualisierte praktische Spielerfahrungen begleiten die erlangten Erkenntnisse.

Theorie und Praxis

Zu speziellen Themenbereichen werden immer wieder langfristige und berufsbegleitende Seminare und Fortbildungen angeboten, die grundlegende Einführungen in die Spiel- und Theaterpädagogik geben und meistens mit einem Qualifizierungszertifikat abgeschlossen werden (Adressen im Anhang). Spielpädagogisch Interessierte sowie spielpädagogische Fachleute unterstützen folglich gleichermaßen eine positive Spielentwicklung des Kindes, wenn sie sich mit

Berufsbegleitung

→ Spieltechniken und Spielmaterialien,

→ Spielinhalten und Spielthemen,

→ Spielinteressen und Spielbedürfnissen,

→ Spielverhaltensweisen,

→ spieltherapeutischen Handlungsweisen,

→ Spielbeurteilungen

etc. beschäftigen.

Medienpräsenz Angesichts der breiten Medienpräsenz ist einerseits die Beschaffung von Informationen nicht mehr sehr umständlich, sodass alle Interessierten sich jederzeit sachkundig machen können, andererseits wirken die Medien und der Umgang mit ihnen auch stark auf die Spielprozesse der Kinder. Diese Zweigleisigkeit müssen spielpädagogische Fachkräfte immer im Blick haben. Typische Informationsquellen der Spielpädagogik sind

→ Theorie- und Praxispublikationen,

→ Bücher und Karteien mit Spielesammlungen (Buchhandel und Bibliotheken),

→ spielpädagogisch ausgerichtete Zeitschriften,

→ Artikel in pädagogischen wie allgemeinen Zeitschriften. (Adressen im Anhang)

Relativ neu als Informationsquelle ist der Zugang zum *Internet*, hier werden nach Eingabe von Suchbegriffen, z. B. Spielpädagogik, bestimmte Suchmaschinen aktiviert, die zu den gewünschten Auskünften führen und Vorschläge für weitere Fundorte geben.

regionale Informationen Weitere populäre, meist regional ausgerichtete Möglichkeiten zur Informationsbildung bieten

→ diverse Spielausstellungen (finden meist in Kunstmuseen statt),

→ größere und kleinere Spielzeugmuseen (z. B. in Köln, München),

→ Spielmärkte und Spielmessen (z. B. in Remscheid, Essen, Nürnberg),

→ Spieliotheken (analog zu Bibliotheken), in denen Spiele ausprobiert und ausgeliehen werden,

→ Arbeitsgemeinschaften, Jugendverbände, Beratungsstellen für Sport, Spiel und Freizeit.

Spielaufgaben

1. *Ermitteln Sie bei örtlichen Trägern der freien Kinder- und Jugendhilfe spielpädagogische Veranstaltungen. Erstellen Sie eine Übersicht.*

2. *Sichten Sie in der nächstgelegenen Bücherei/Bibliothek Fachbücher und Fachzeitschriften zur Spielpädagogik. Erstellen Sie eine Übersicht der Kategorien.*

3. *Wo findet in Ihrer Nähe eine Spielausstellung, Spielmesse oder ein Spielmarkt statt? Planen Sie mit Ihrer Lerngruppe einen Besuch.*

4. *Wo gibt es in Ihrer Nähe eine Spieliothek? Planen Sie mit Ihrer Lerngruppe einen Besuch und ermitteln Sie die Ausleihbedingungen und das Spieleangebot.*

5. *Planen und organisieren Sie mit ihrer Lerngruppe für Ihren Ausbildungsgang eine spielpädagogische Fortbildung.*

Literaturverzeichnis

Arbeitsausschuss *Gutes Spielzeug von A-Z*, Ulm 1992/16.

Arbeitsgemeinschaft Natur- und Umweltbildung e.V. (Hg.) Wißmann-Hardt: *Waldkindergärten*, Bergisch-Gladbach 1997.

Baacke, D.: Der ökologische Ansatz zur Beschreibung und Erklärung des Verhaltens Jugendlicher, in: Deutsche Jugend 1980.

Baer, U.: *Spielpraxis*, Kallmeyersche Verlagsbuchhandlung, Seelze-Verber 1995.

Baer, U.: *Wörterbuch der Spielpädagogik*, Lennoz, Basel 1981.

Benjamin, W.: *Über Kinder, Jugend und Erziehung*, edition suhrkamp, Frankfurt 1969.

Bettelheim, B.: *Ein Leben für Kinder*, dtv, München 1990.

Brinkhoff/Hainka/Senninger/Völkening: *Projektarbeit mit Kindern und Jugendlichen*, AA-Verlag für Pädagogik, Köln 1998.

Boal, A.: *Theater der Unterdrückten*, Suhrkamp, Frankfurt 1989.

Broich, J.: *Gruppenspiele anleiten*, Maternus, Köln 1991.

Broich, J.: *Rollenspiele-Praxis*, Maternus, Köln 1999.

Büchsenschütz/Regel: *Mut machen zur gemeinsamen Erziehung*, Rissen, Hamburg 1991.

Bühler, Ch.: *Psychologie im Leben unserer Zeit*, Droemer & Knaur, München 1962.

Bundesvereinigung Lebenshilfe (Hg.): *Gemeinsam Leben und Lernen im Kindergarten*, Lebenshilfe Verlag, Marburg 1996.

Bundeszentrale für gesundheitliche Aufklärung (Hg.): *Kinderspiele,* Köln 1993.

Bundeszentrale für politische Bildung (Hg.) *Computerspiele auf dem Prüfstand,* Info-Dienst, Bonn.

Deinet, U.: *Im Schatten der Älteren*, Juventa, München 1987.

Deutsches Jugendinstitut (Hg.) *Ein Kindergarten für behinderte und nichtbehinderte Kinder*, München 1984.

Eickelberg-Quednau: *Offene Arbeit mit Kindern*, in Sozialministererium NRW, (Hg.) Info-Post Nr.2, Düsseldorf 1996.

Erhardt, V.: *Kinderspiel*; in: Fuhrmann (Hg.): *Gedichte für Anfänger*, Rowohlt, Hamburg 1980.

Feibel, T.: *Kinder Software-Ratgeber 2000*, Heyne, München 2000.

Feibel, T.: *Multimedia für Kids*, Rowohlt, Reinbek 1997.

Flitner, A. (Hg.): *Das Kinderspiel*, Piper, München 1973.

Freudenreich/Gräßer/Köberling: *Rollenspiele*, Schroedel, Hannover 5/1981.

Fritz, J.: *Selbsterfahrungsspiele*, Grünewald, Mainz 1997.

Fritz, J.: *Spielzeugwelten*, Juventa, Weinheim 1989.

Fritz, J.: *Theorie und Pädagogik des Spiels*, Juventa, Weinheim 1993.

Gauly, B.: *Lasst die Kinder entscheiden*, in: Kindergarten heute, Heft 1/2000.

Griesbeck, J.: *Eine Gruppe leiten*, Don Bosco, München 1983.

Grüneisl, G.: *Spielen mit Gruppen*, Klett, Stuttgart 1974.

Heimlich, U.: *Einführung in die Spielpädagogik*, Klinkhard, Bad Heilbrunn 1993.

Helmig, H.: *Montessori-Pädagogik*, Herder, Freiburg 1977.

Huck-Schade, J.: *Die Kinderspiele von Pieter Bruegel d. Ä.*, in: Gruppe und Spiel, Heft 3/98.

Huizinga, J.: *Homo Ludens*, Rowohlt, Reinbeck 1965.

Hupperts, N.: (Hg.): *Kindergärten für Kinder*; PAIS Verlag, Oberried 1999.

Internationale Vereinigung der Waldorfkindergärten, *Der Waldorfkindergarten – Komm mit*, Stuttgart 1999.

Jaffke, F.: *Spielen und Arbeiten im Waldorfkindergarten*, Stuttgart 1991.

Jaffke, F.: *Waldorf-Pädagogik*, in Kindergarten heute-spezial, Freiburg 1996.

Kersten, R.: *Schwarzes Theater, Puppen & Masken*, Eppsteinstr. 22, Frankfurt 1990.

Klawe, W.: *Arbeit mit Jugendlichen*, Juventa, München 1986.

Knecht, G.: *Spielaktionen auf dem Schulhof*, in: Gruppe & Spiel Sonderheft/98: *Spiele im öffentlichen Raum*, Kallmeyersche Verlagsbuchhandlung, Seelze-Velber 1998.

Kretschmann, F.: *Abenteuer- und Erlebnisprojekte in der Offenen Kinderarbeit*, Bezugsadresse: KIHOT-NW, Marzellenstr. 32, 50668 Köln.

Kreuzer, K.: (Hg.): *Handbuch der Spielpädagogik*, Schwann, Düsseldorf 1983.

Krieg, E.: (Hg.): *Hundert Welten entdecken – Die Pädagogik der Kindertagesstätten in Reggio Emilia*, NDS Verlagsgesellschaft, Essen 1993.

Kirsch, J.: *Die Waldorfpädagogik*, Verlag Freies Geistesleben 1997.

Korte, J.: *Lernziel Friedfertigkeit – Vorschläge zur Gewaltreduktion in Schulen*, Beltz&Gelberg, Weinheim 1994.

Kükelhaus, H./**zur Lippe**, R.: *Entfaltung der Sinne*, Fischer TB, Frankfurt 1990.

Landschaftsverband Westfalen-Lippe (Hg.): *Arbeitshilfe gemeinsame Erziehung*, Münster 1998.

Lenzen, H.: *Mediales Spiel in der Schule*, Luchterhand, Neuwied 1974.

Manz, H: *Worte kann man drehen*; Beltz&Gelberg, Weinheim 1974.

Merker/Rüsing/Blanke: *Spielprozesse im Kindergarten*; Kösel, München 1980.

Ministerium für Arbeit, Gesundheit und Soziales NRW (Hg.): *Pädagogisch betreute Spielplätze*, Düsseldorf 1982.

Ministerium für Arbeit, Gesundheit und Soziales NRW (Hg.): *Spielen*, Düsseldorf 1989.

Ministerium für Arbeit, Gesundheit und Soziales NRW (Hg.): *Spielen – Erprobungsmaßnahme des Landes NRW, Verbesserung der Spielsituation für Kinder*, Düsseldorf 1989.

Montessori, M.: *Grundlagen meiner Pädagogik*, in: Grundlagen und Grundfragen der Erziehung, Quellentexte 18, Quelle&Meyer, Heidelberg 1968.

Montessori, M.: *Kinder sind anders*, Klett-Cotta, Frankfurt 1980.

Neill, A.S.: *Theorie und Praxis der antiautoritären Erziehung*, Rowohlt, Hamburg 1969.

Oerter, R.: *Psychologie des Spiels*, Beltz Verlag, Weinheim 1999.

Paritätischer Wohlfahrtsverband NRW (Hg.): *Gemeinsam leben, gemeinsam spielen, gemeinsam lernen*, Wuppertal 1995.

Paritätischer Wohlfahrtsverband NRW (Hg.): *Zukunft in Vielfalt*, Heft 16 9/96, NRW-Schriften.

Petermann, F./ **Petermann**, U.: *Training mit aggressiven Kindern*, Beltz&Gelberg, Weinheim 1991.

Piaget, J.: *Nachahmung, Spiel und Traum*, Klett, Stuttgart 1969.

Polinski: *Spiel und Bewegung mit Babys*, Rowohlt, Reinbek 1993.

Preuschhoff, G. /**Preischhoff**, A.: *Gewalt an Schulen – was dagegen zu tun ist*, Papy-Rossa, Köln 1992/93.

Prokop E.: *Was ist eigentlich Freilandpädagogik*, in: Kindergarten heute, Heft 5/1999.

Regel, G.: *Zusammenwirkende Strukturelemente offener Kindergartenarbeit*, in: Kindergarten heute, Heft 1/92.

Regel, G.: *Der offene Kindergarten – Eine Weiterentwicklung die überzeugt*, in: Kindergarten heute, Heft 9/97.

Retter, H.: *Spielzeug*, Beltz Verlag, Weinheim 1979.

Ruse, D.: *City Adventures*, Ökotopia, Münster 1996.

Schenk-Danziger, L.: *Entwicklungspsychologie*, Östereichischer Bundesverlag, Wien 1991.

Scheuerl, H.: *Das Spiel*, Beltz Verlag, Weinheim 1954.

Schlamp, R.: *Rot und Blau ist dem Kasperl sei Frau – Figurentheater in Schule und Freizeit*, Don Bosco, München 1981.

Schriever, R.: *Kulturarbeit selbermachen*, Bd. 4, Amt für Jugendarbeit des EkvW, Haus Villigst Schwerte.

Schriever, E./**Wehmeier**, U.: *Spielwerkstadt*, GPM, Düsseldorf 1989.

Sef, R.: *Die Waggons* , in: *Das große Lalula*, Ellermann Verlag, München 1971.

Seitz, T. (Hg.): *Masken – Bau und Spiel*, Don Bosco, München 1991/4.

Sommerfeld, V.: *Krieg und Frieden im Kinderzimmer*, Rowohlt, Hamburg 1992.

Sozialpädagogisches Institut NRW (Hg.): *Kennen Sie Horte in NRW?* Köln 7/1998.

Sozialpädagogisches Institut NRW (Hg.): *Projektpost: Schulkinderhaus – Naturnahe Schulgelände Gestaltung,* Köln 4/1994.

Sozialpädagogisches Institut NRW (Hg.): *Schulkinderhaus – Hort und Schule unter einem Dach*, Köln 1997.

Sportjugend NW: *Praxismappe Abenteuer/Erlebnis*, 1994, Bezugsadresse: Sportjugend NW, Friedrich-Alfred-Str. 25, 47055 Duisburg.

Steiner R.: *Die Erziehung des Kindes vom Gesichtspunkt der Geisteswissenschaft*, Dornach 1992.

Strick, R.: *Spielzeugfreier Kindergarten*, in Becker-Textor (Hg.): *Ohne Spielzeug*, Herder Freiburg 1998.

Sütterlin, S.: *Als die Klötze denken lernten*, in: Geo Wissen, Gruner & Jahr, Hamburg, Heft 1/1999.

Thomas, I.: *Bedingungen des Kinderspiels in der Stadt*, Metzler Verlag Stuttgart 1979.

Verbraucher Zentrale NRW (Hg.): *Spielzeugland*, Düsseldorf 1998.

vom Wege, B./Wessel, M.: *Spielketten und Spielaktionen*, Herder, Freiburg 2000.

Wehle, G.: *Schattenspiel – ein Spaß für groß und klein*, Luchterhand, Neuwied 1991.

Weitz, R.: *Für Mädchen und Jungen zum Selbermachen*; in: Fuhrmann (Hg.): *Gedichte für Anfänger*, Rowohlt, Hamburg 1980.

Winner, A.: *Der spielzeugfreie Kindergarten*, München 1996.

Zacharias, W.: *Das Spielmobil*, in: von der Horst, R (hg.) *Handbuch Spielraum*, Winsen, o.J.

Zimmer, R.: *Schafft die Stühle ab*, Herder Verlag, Freiburg 1995.

Zimmer, R.: *Handbuch der Bewegungserziehung*, Herder Verlag, Freiburg 1999/9.

Fachzeitschriften/Periodika

Flimmo, Programmberatung für Eltern, Heinrich-Lübcke-Str.27, 81737 München.

Gruppe und Spiel, Kallmeyersche Verlagsbuchhandlung, 30918 Seelze-Velber.

Kinderzeit – Sozialpädagogische Blätter, B&B Verlag, 33102 Paderborn.

Klein & Groß, Luchterhand Verlag, 56564 Neuwied.

Kindergarten heute, Herder Verlag, 79080 Freiburg.

Internet-Adressen

http://montessori.pfaffenhofen.de

http://people.freenet.de /Textor/Montessori

www.flimmo.de

www.geo.de

www.lego.de

www.montessori.de

www.mut.com

www.vz-nrw.de

www.waldkindergarten.de

www.waldorf.net

www.Waldorfkindergärten.de

www.wüerzburg.de/waldkindergarten

www.kmwsspielplatz.de

Materialien

AG-SOS-Rassismus, Haus Villigst, 58239 Schwerte.

Bundesarbeitsgemeinschaft Spielmobile e.V. Europäisches Netzwerk der Spielmobilarbeit, Marktplatz 4, 88677 Markdorf.

Computerspiele auf dem Prüfstand – Informationsdienst – Loseblattsammlung, erscheint 2–3-mal jährlich mit je 8 Besprechungen von aktuellen Computerspielen. Kostenlos als Abo erhältlich bei: Bundeszentrale f. Politische Bildung, Referat Neue Medien, Postfach 2325, 53013 Bonn.

Senatur f. Jugend u. Sport, Abt. Jugendschutz, Am Karlsbad 8–10, 10785 Berlin: „Liste gewaltfreier Jugendspiele".

Informationen zur Erlebnispädagogik: Erlebnispädagogik e. V., Fährsteg 3, 21337 Lüneburg.

Bildquellenverzeichnis

Stichwortverzeichnis